STUDY AND PRACTICE OF
EDUCATING STUDENTS IN VOCATIONAL AND
TECHNICAL NORMAL COLLEGE

职教师范生培养研究与实践

郭丽君　王慧　吴磊　曹艳◎著

经济管理出版社
ECONOMY & MANAGEMENT PUBLISHING HOUSE

图书在版编目（CIP）数据

职教师范生培养研究与实践/郭丽君等著 . —北京：经济管理出版社，2021. 8
ISBN 978 - 7 - 5096 - 8176 - 3

Ⅰ. ①职…　Ⅱ. ①郭…　Ⅲ. ①中等专业学校—师范教育—师资培养—研究
Ⅳ. ①G718. 3

中国版本图书馆 CIP 数据核字（2021）第 147518 号

组稿编辑：郭丽娟
责任编辑：郭丽娟　赵天宇
责任印制：黄章平
责任校对：王淑卿

出版发行：经济管理出版社
　　　　　（北京市海淀区北蜂窝 8 号中雅大厦 A 座 11 层　100038）
网　　　址：www. E - mp. com. cn
电　　　话：（010）51915602
印　　　刷：唐山玺诚印务有限公司
经　　　销：新华书店
开　　　本：720mm×1000mm/16
印　　　张：16
字　　　数：262 千字
版　　　次：2021 年 8 月第 1 版　　2021 年 8 月第 1 次印刷
书　　　号：ISBN 978 - 7 - 5096 - 8176 - 3
定　　　价：88. 00 元

前　言

　　2019年初，国务院印发《国家职业教育改革实施方案》（以下简称《职教20条》），明确了职业教育作为一种类型教育，与普通教育具有同等地位，提出了深化职业教育"三教"（教师、教材、教法）改革的任务，翻开了职业教育发展的新篇章。其中，教师是职教改革的根本。中等职业教育作为现代职业教育的基础，如何为中等职业教育培养优秀的师资是促进中等职业教育健康、快速发展的基石。

　　职教师范生是中等职业教育教师队伍的主要来源，职教师范生的培养质量深刻影响着中职教师的质量和水平。本书通过文献分析、个案研究、问卷调查等方法，探究了四个核心问题：①中等职业教育教师队伍建设现状如何？有哪些制度约束？②基于课程模块设计、教学内容、教学实践、课外活动等人才培养环节如何构建适应职业技术师范教育特色的人才培养模式？③如何培养兼具师范能力和专业发展潜力的职教师范生的核心素养？④职教师范生培养的实践成效如何？如何进一步优化？

　　本书首先通过文献分析，对中等职业教育发展的历史进行了系统梳理，明确了中等职业教育在生源、教师队伍建设、专业设置上存在的困境，进一步明晰了中等职业教育师资队伍建设对于促进中等职业教育发展的重要地位。其次具体分析了我国中等职业教育教师队伍培养与培训现状、存在的制度约束。基于此，研究分别从课程教学、课程实习实践、第二课堂等不同路径，描述了湖南农业大学职教师范生的具体培养方案，建构了颇具特色的职教师范生培养模式及核心素养培养体系。最后通过实证分析，以学习满意度作为培养质量的表征指标，科学呈现培养方案的实施效果及影响因素，提出职教师范生的培养路径。具体研究结果如下：

第一，通过调查与文献分析发现，由于我国现代职业教育体系不尽完善，致使我国中职教师队伍存在"双师型"教师缺乏、专业课教师与实习指导教师数量偏少、教师学历水平总体偏低、教师的职业认同感低等问题，迫切需要探索一条能促进我国中等职业教育发展的教师队伍建设路径。

第二，基于新时代国家职教师范生培养的政策及相关标准要求，结合国内外高校的职教师范生培养模式分析，发现我国现行培养模式：在培养目标上，强调"三性"合一；在培养过程上，突出产教融合；在课程体系上，凸显实践能力培养的共性。但同时也面临着职教师范生生源质量欠佳，职教师范生对职教教师职业认同感不高，职教师范生本科阶段培养时间不足，本科院校的专业设置难以满足中职学校专业多样化的需求，培养院校"双师型"教师比较缺乏，企业参与办学的积极性不高等困境。部分培养单位在职教师范生培养过程中存在人才培养理念滞后、课程设置欠科学、教学内容脱离现实需求、教学方法与手段较落后、实践教学质量不高、教学评价待完善等问题。最后以"湖南农业大学"为例，探索了颇具特色的懂农爱职、德知技并重、理实一体、政校企协同、六艺并举的"五维一体"职教师范生培养模式。

第三，以中国学生发展核心素养框架为基础，明确了职教师范生需具备的六大核心素养：人文底蕴、科学精神、学会学习、健康生活、责任担当、实践创新等，然后，以湖南农业大学教育学院为例，通过实践探索、问卷调查等形式，对职教师范生的核心素养养成现状及存在的问题进行分析，研究发现：职教师范生核心素养整体水平较高，学会学习和实践创新相对水平高，责任担当、人文底蕴、健康生活处于中间水平，科学精神相对水平低。再根据湖南农业大学教育学院多年职教师范生的核心素养培养实践，构建了以"六求"素质拓展为核心，一体两翼三平台，以活动教育为载体，以第一课堂和第二课堂为支撑，以专业文化平台、志愿服务平台、实习实训平台为依托，围绕"园丁工程"六大活动板块，实施专业文化品牌活动，通过完善整体框架、深化专业内涵、创新活动形式，融入人才培养过程的第二课堂的"园丁工程"育人体系。

第四，以职教师范生的学习满意度为因变量，基于相关社会学习理论、学生参与理论，从学生个体因素、组织因素、社会文化因素等的内、外两个方面，全面系统分析了学校提供的支持、课程教学、教师、学生的个体期望、学生的自我效能感、学生的认知投入、努力程度等对学生满意度的作用机制。研究发现：当前职教师范生的学习满意度整体处于中等偏上程度，还有较大提升空间。主要影响因素：一是学生的先前学习经历。高中就读于普通高中的师范生，其认知策略的调用和管理水平可能表现更佳，学习效率更高，进而学习满意度更高。二是学校组织环境提供的支持、课程教学、教师教学、学生的个体期望、学生的自我效能感、学生的认知投入、努力程度等对学习者的学习结果满意度都具有显著的正向影响。其中，学生的个体认知投入对学习结果满意度的影响最大，其次是个体期望，教师的教学和组织人文、人际环境也表现出较显著的影响。

第五，基于以上分析，本书从内、外两个方面提出高校中职师范生培养的路径。一方面，职教师范生培养需要职教师范生培养院校优化培养方案，突出职教师范生的人才培养特色；以市场为导向，衔接职位需求；更新传统认识，深化职业认同；重构职教师范生课程体系，优化教学环境，创新教学方法，夯实教学过程，实施个性化教学评价，形成教学性、职业性、学术性的职教师范生人才培养模式。另一方面，改革的顺利实施需要强大的支持体系来保障。首先建立以规范招生制度、完善办学质量监管评价机制、健全高层次应用型人才培养制度、细化职教师范生就业政策等为核心的制度体系，宏观上奠定职教师范生人才培养的坚实基础。其次通过以深化产教融合的协同育人模式，为职教师范生提供产教深度融合的实践平台，切实达成"双师型"师资培养目标，微观上落实优秀师资的培养举措。

中等职业教育作为职业教育的基础，对职业教育事业的发展发挥着举足轻重的作用，然而，高素质师资队伍的缺乏已成为当前中等职业教育发展的瓶颈之一。笔者对所在单位多年的中等职业教育师范生人才培养的经验进行系统梳理与研究，希望该书发挥抛砖引玉的作用，有更多的学者加入中等职业教育师范生的培养研究，共同为这一研究议题的深入与实践贡献力量。

目 录

第一章　中等职业教育的发展概述[①]

随着社会经济的快速发展，产业转型升级，对高素质职业技术工人的需求越来越紧迫，人民对通过教育获得快速发展的愿望与需求也愈发强烈。因而，职业技术教育的重要性逐渐凸显。党的十八大以来，党中央、国务院也制定出台了一系列加快发展现代职业教育的政策和文件，从顶层设计上为职业教育绘就了发展蓝图。2019 年初，国务院印发《国家职业教育改革实施方案》（以下简称《职教 20 条》），提出了深化职业教育改革的路线图、时间表、任务书。其中，明确了："职业教育与普通教育是两种不同教育类型，具有同等重要地位。"[②] 职业教育作为一种类型教育，翻开了职业教育发展的新篇章。

中等职业教育作为中国职业教育体系的一部分，无疑对我国经济、社会及人的发展都发挥着重要作用。

中等职业教育与区域经济发展紧密相关。现有文献多采用实证分析方法，从中等职业教育规模、中等职业教育质量、经费投入等维度来测量其对区域经济发展的影响以及两者之间的关系，在具体影响机制及作用大小上存在差异。如郑钦华（2019）利用实证分析发现，广东省中等职业教育和经济增长存在正相关关系，但两者发展并不协调；广东省中等职业教育与经济增长之间的影响是双向的，且广东省中等职业教育对经济增长的促进强度要大于经济增长对中等职业教育的积极影响；中等职业教育质量、规模、结构对经济增长均有影

---

① 本章的主要数据皆引自：中华人民共和国国家统计局. 中国统计年鉴［M］. 北京：中国统计出版社，1999－2020.

② 国务院. 关于印发国家职业教育改革实施方案的通知［EB/OL］. http：//www. gov. cn/zheng ce/content/2019－02/13/content_ 5365341. htm.

响，其中中等职业教育质量对经济增长的影响更为密切。[①] 王磊（2011）通过数据研究发现职业教育规模与经济增长之间不仅存在稳定的均衡关系，而且正相关。职业教育发展是经济增长的原因。[②] 李瑶（2018）利用2014年截面数据，采用多元统计分析技术因子分析和等级差分析方法对京津冀地区城市群中等职业教育发展与区域发展协同水平进行实证分析。结果显示，中职教育发展水平与经济发展水平处于"协同"程度的城市有北京、沧州、张家口，而中等职业教育投入水平最高的是石家庄。[③]

中等职业教育与区域经济发展之间的关系并未表现出线性相关。研究表明，盲目扩展中等职业教育规模并不能明显促进经济的高质量发展，还需注重中等职业教育质量，[④] 而且在具体的教育质量类型上这种影响也存在差异。如王伟（2017）运用动态面板GMM模型研究2003～2015年全国31个省份职业教育质量对经济增长的影响。结果显示，以"职业教育吸引力"为代表的外部教育质量对经济产出有正向促进作用，以"学生职业能力"为代表的内部教育质量却对经济增长有较强的抑制作用。[⑤]

中等职业教育对区域经济的发展也表现出了地域差异。如王伟（2017）通过实证研究发现东部地区作用效果好于西部地区，西部地区又优于中部地区。[⑥] 蔡文伯等（2021）利用2006～2016年的省际面板数据，结合动态面板GMM模型与面板门槛效应模型实证分析中等职业教育与经济发展之间的关系，结果表明：东、中、西部经济发展不均衡，对区域经济的发展也表现出不同的影响。东部地区由于经济发展水平高，资金充足，对高素质技术工人需求量大，对职业教育投入力度与质量把控力度相对较大，而西部地区经济的基数较

① 郑钦华. 广东省中等职业教育对经济增长贡献的实证研究［D］. 广东技术师范大学，2019.

② 王磊. 职业教育与经济增长关系的实证检验——基于中国1998年–2007年数据的验证［J］. 清华大学教育研究，2011，32（2）：77–82.

③ 李瑶. 京津冀一体化视阈下中等职业教育与区域经济协同实证研究［D］. 天津职业技术师范大学，2018.

④ 蔡文伯，莫亚男. 助力经济高质量发展：中等职业教育增质抑或增量——基于系统GMM模型与门槛模型的实证检验［J］. 现代教育管理，2021（1）：93–99.

⑤⑥ 王伟. 职业教育质量对经济增长影响的实证分析——基于动态面板GMM模型［J］. 教育学术月刊，2017（8）：58–63.

小，国家向西部倾斜的政策较多，在一定程度上放大了教育质量对于促进经济增长的贡献作用。①

综上所述，现有研究结论呈现出一致性：中等职业教育对区域经济的发展具有正向推动作用，但经济增长质量的提升并不以教育规模的提升为前提，而需要重视中等职业教育质量的提升，进一步完善中等职业教育与区域经济发展需求之间的融合途径，使中等职业教育培养的人才与新常态下经济发展的需要相适应。

中等职业教育质量对于区域经济的推动作用，从外因来看是政府政策推动、资金投入、教学规模等因素，但从内在机理上分析，按照舒尔茨的人力资本理论，具体的作用机制应是中职教育通过提高人类的知识技能、劳动素质来促进生产发展，从而助力经济增长。社会经济发展与中等职业技术人才之间相互促进、协同发展。中等职业教育的发展，是符合社会、经济发展的规律的。纵观世界经济社会发展的进程，都经历由劳动密集型向技术密集型转化，再向知识密集型转化的过程。与进程相对应的就是构成了由"生产、制造"—"流通、销售"—"服务、配送"这"三环节"组成的全产业链。不同阶段对人才的需求决定了社会经济运行所需的劳动力结构，亦即由劳动密集型的金字塔形结构，向技术密集型的洋葱头形结构，再到知识密集型的橄榄形结构逐步演变。② 由于种种原因我国社会经济的发展，几乎是第一次工业化、第二次工业化、第三次工业化进程同时进行，因而，对于人才的需求较为复杂且变化较快，对于劳动者素质要求也高。迄今我们已建立了最完整的工业制造产业链，服务业也在不断扩展、完善。这一成就的背后是我国培养了大量接受过中等教育，特别是中等职业教育的高素质中级人才。而对于许多农村贫困地区的人来说，通过中等职业教育，提升了个人劳动素养，实现了个体发展、脱离贫困。

---

① 蔡文伯，莫亚男.助力经济高质量发展：中等职业教育增质抑或增量——基于系统 GMM 模型与门槛模型的实证检验［J］.现代教育管理，2021（1）：93－99.

② 姜大源等."中等职业教育发展问题"专家笔谈（一）［J］.中国职业技术教育，2018（5）：5－15.

2020 年 4 月 20～23 日，习近平在陕西考察时强调"要推进城乡义务教育一体化发展，缩小城乡教育资源差距，促进教育公平，切断贫困代际传递"。教育公平，是指国家对教育资源进行配置时所依据的合理性的规范或原则。"合理"是指要符合社会整体的发展和稳定，符合社会成员的个体发展和需要，并从两者的辩证关系出发来统一配置教育资源。教育公平内涵包含：起点公平，确保人人都享有平等的受教育的权利和义务；过程公平，提供相对平等的受教育的机会和条件；结果公平，教育成功机会和教育效果的相对均等，即每个学生接受同等水平的教育后能达到一个最基本的标准，包括学生的学业成绩上的实质性公平及教育质量公平、目标层面上的平等。这三者之间的关系为确保人人都有受教育的机会是前提和基础，提供相对平等的受教育机会和条件是进一步的要求，也是教育成功机会和教育效果相对均等的前提。然而，所有的公平都是相对的，在追求权利公平的同时也要兼顾效率。如果仅满足了孩子上学的权利，最终却成为了"就业难"的一员，如此便失去了公平。

一直以来，中国政府通过各种政策举措致力于最大化促进教育公平。一是 2009 年开始逐步实施中职教育免费政策，保证贫困家庭孩子能够有学上，从而实现教育起点的公平；二是国家加大财政性教育经费投入，积极引入第三方办学资源，加大中等职业学校教师培训，提升教师职业技术素养，合理配置教育资源，实现分配公平，以实现教育过程的公平；三是提升中等职业教育教学质量，促进了个体成长，实现教育结果的公平。

综上所述，中等职业技术教育为中国的经济和社会发展做出了巨大贡献。中等职业教育的发展遵循了我国的国情和国策，也符合世界经济发展规律。结合我国现有的实情，中等职业教育不仅不能消亡，更要变革式发展。而在快速变革发展的过程中，对我国中等职业教育的发展历史进行梳理，实时总结与回望，将有利于我们更正确、更稳定地走好未来我国中等职业教育的发展之路，为中国产业的转型升级、教育现代化进程的推动奠定坚实的基础。

第一节 中国中等职业教育发展的历史

中华人民共和国成立 70 多年来，中等职业技术教育遵循我国的国情，作为职业教育的基础阶段，为区域经济的发展、人才培养以及教育公平、社会稳定等发挥了重要作用。不同学者依据不同的视角，对中等职业教育的发展历程进行了不同的阶段划分。如张文龙和谢颖（2019）依据中职政策，把中华人民共和国成立后的中职教育改革发展分为了五个阶段，即扩大规模阶段（1949～1980 年）、调整结构阶段（1980～1991 年）、健全规范阶段（1991～2002 年）、建设体系阶段（2002～2015 年）及逐步开放阶段（2015 年至今）。[①] 王垚芝（2019）将中职人才培养目标的发展历程划分为四个阶段，即曲折探索阶段（1949～1976 年）、逐渐明确阶段（1977～1999 年）、不断完善阶段（2000～2012 年）、立足创新阶段（2013 年至今）。[②] 刘文全和马君（2019）基于中等职业教育政策文本分析了中等职业教育的历史使命变迁：中等职业教育为社会主义制度的筹建服务（1949～1957 年）、中等职业教育生存于社会主义制度的曲折发展中（1958～1977 年）、中等职业教育为社会主义市场经济体制探索服务（1978～1998 年）、中等职业教育推动 20 世纪社会经济的转型发展（1999～2009 年）、中等职业教育为新时代现代化经济体系服务（2010 年至今）。[③] 张兆诚等（2019）依据中等职业教育的成就将我国中等职业教育发展历程分为：整顿发展时期（1949～1957 年）、扩张调整时期（1958～1965 年）、改革创新时期（1978～1998 年）、全面发展时期（1999～2010 年）

---

① 张文龙，谢颖. 新中国成立 70 年中职改革发展回顾与展望——基于中职相关政策梳理的视角 [J]. 教育科学论坛，2019（12）：17－23.

② 王垚芝. 新中国成立 70 年中职人才培养目标的发展历程与特征 [J]. 教育科学论坛，2019（12）：24－30.

③ 刘文全，马君. 新中国成立 70 年中等职业教育的历史使命与变迁——基于中等职业教育政策文本分析 [J]. 中国职业技术教育，2019（24）：28－35.

和高质量发展时期（2014 年至今）。① 总体来看，虽然学者们的分析视角不同，时间段的划分存在细微差异，但都证明了一个结论：中国中等职业教育的发展与中华人民共和国成立以来的国情、国家政策、资源投入密切相关，是符合中国国情，适合中国社会发展规律的。基于以上分析，本书利用以国家统计局为代表的有关权威机构发布的教育统计年鉴数据，从人才培养的具体表现的视角划分中等职业教育的历史，清晰阐述我国中等职业教育在人才培养规模、人才培养目标、经费投入、师资队伍建设上的变迁规律，以历史经验为参照，明确我国中等职业教育的未来发展重心，促进我国中等职业教育内涵式发展。

一、中等职业教育的曲折恢复阶段（1949～1978 年）

中华人民共和国成立后，百废待兴，各行各业急需大量的一线人才参与经济恢复与建设。在中华人民共和国成立之前，历经多年的战争动乱，劳动人民没有接受文化教育的机会与权利，全国 5.5 亿人口，文盲率高达 80%。为尽快提升劳动人民素质，助力经济复苏。中国政府采取各种措施，加大各级各类学校招生规模，通过中小学基础教育培养初级、中级技术工人，在劳动人民中组织扫除文盲行动。1949 年 12 月，中华人民共和国成立后第一次全国教育工作会议召开，会议确定了全国教育工作的总方针，标志着中国从半殖民地半封建教育向新民主主义教育转变。② 1951 年颁布的中国第一个学制文件《关于改革学制的决定》中特别提到"技术学校没有一定的制度，不能适应培养国家建设人才的要求"，因而，在文件中，对各级各类学校的地位、年限和互相衔接的关系作了新的规定，专业化教师队伍初步形成。1954 年，政府又发布了《关于改进中等专业教育的决定》，其中明确指出"中等专业教育的状况与国家建设发展的要求不相适应"，因而，又进一步对中等专业教育的专业设置、

---

① 张兆诚，曹晔. 新中国成立 70 年来我国中等职业教育发展历程与成就［J］. 职教通讯，2019（23）：16－22.

② 王家源. 夯实千秋基业 聚力学有所教——新中国 70 年基础教育改革发展历程［N］. 中国教育报，2019－09－26.

培养目标、教材建设等工作做了详细的规定。① 为此逐渐明晰了中等职业教育为国家培养具有中等文化程度，既能够动脑又能够动手的，符合社会经济发展的新型劳动者的人才培养目标。随后的十年间，借鉴苏联模式，融入多方办学力量，中等职业教育得到快速发展。1962 年，中国中等专业学校数量达到了5229 所（中等专业学校包括中等技术学习、中等师范学校和职业中学）。中等职业教育的招生规模从 1949 年的 22.9 万人左右跃升到 1953 年的 66.8 万多人。"大跃进"式的发展再加上三年自然灾害，中等职业教育规模的迅速扩大已超出国民经济发展所能承受的范围。1965 年，招生规模人数下降到了 54.7万多人，但相比中华人民共和国成立伊始，招生规模仍扩大 2 倍多。培养了2000 多万毕业生和大批的劳动后备力量，为高级专门人才的培养奠定了基础。而 1966 年开始的"文化大革命"全盘否定了中等职业教育的影响，1967 年 7月 18 日《人民日报》发表题为《打倒修正主义教育路线的总后台》的文章，文中批判了半工半读制度的职业教育，已经初具规模，初建的中等职业教育体系遭到严重破坏。1976 年"文化大革命"结束，中等职业教育并未得到立即复苏。直到 1977 年，教育领域开始拨乱反正，邓小平在全国教育工作会议上提出扩大各级各类中等职业学校的比例，中等职业教育的招生规模才得到迅速扩张，达到 88.9 万多人。

　　这一阶段，是恢复—衰败—再启动的曲折发展阶段，具体表现在招生规模上，如表 1-1 所示。在此期间，中等职业教育随着中国国情，在培养主体上，大胆进行了多方合作办学探索。既给了中等职业教育办学的自主权，又解决了办学经费问题，初显职业教育的"职业"特征，在短时间内培养了大量有文化的技术工人，促进了经济发展。但也有教训：教育发展具有自身的发展规律，需与国家经济、社会发展水平相匹配，不能盲目扩张；职业人才的培养，不仅需要文化知识，更需要与社会需求相吻合的专业技能。在专业设置、课程设置上，需要进一步科学规范。

---

① 金一鸣. 中国社会主义教育的轨迹［M］. 上海：华东师范大学出版社，2000.

表1-1 1949~1978年中等职业教育在校生规模情况

年份	1949	1953	1965	1971	1978
中等职业教育招生数（万人）	22.8845	66.8418	54.7447	21.7570	88.9209

数据来源：国家统计局网站1999年统计年鉴数据。陈颖．我国中等职业教育发展的历史脉络与现实困境［J］．教育经济评论，2018（4）：91-108.

二、中等职业教育的规范与扩展阶段（1979~1998年）

"文化大革命"给职业教育带来了严重的破坏，致使我国中等教育的结构呈现单一化的特征。1978年，普通高中的在校生达692.9万人，而中等职业教育在校生达44.7万人，普职比达到1：15.5，两者之间的差距悬殊，如图1-1所示。

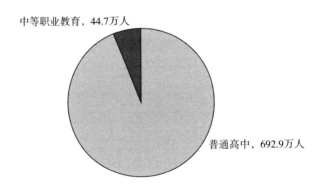

图1-1 1978年普职招生人数比较

改革开放后，中国的经济体制由计划经济体制转变为社会主义市场经济制度，产业结构发生了巨大改变，高技能人才严重缺乏。1980年普通高中的毕业生总数为616.2万人，而高等学校的招生数仅为28.1万人，普通高中毕业生的升学率仅为4.56%，大量未升入高校的毕业生，由于没能得到充分职业技能训练便进入就业市场，无法快速适应企业对于技术人才的需求，人才培养结构调整迫在眉睫。1980年10月国务院批转《关于中等教育结构改革的报告》，中等职业教育迎来了机遇期。职业教育得到了快速恢复。1985 年《中共中央关于教育体制改革的决定》提出"以中等职业技术教育为重点，逐步建立从初级到高级、行业配套、结构合理、与普通教育相沟通的职业技术教育体系"。通过合并、转型等，将部分普通高中改办为职业中学，中等职业教育学校数由 1978 年的 2760 所增加到 1980 年的 6383 所，再到 1985 年达到 11627 所，增长近 1 倍。1980 年中等职业教育的招生数为 77.5 万人，到 1985 年中等职业教育招生数增加到 182.9 万人。到 1990 年底，各类职业技术学校已发展到 16000 多所，在校生超过 600 万人，同时全国建有就业训练中心 2100 余所，每年培训待业人员 90 多万人；高中阶段各类职业技术学校和普通高中的招生数之比已接近一比一，中等教育结构单一的状况有了较大改变。

但是，1991 年，《国务院关于大力发展职业技术教育的决定》认为我国职业教育发展无论规模、规格还是质量都还不能适应经济建设和社会发展的需要，在整个教育事业中仍然是很薄弱的环节。职业技术教育的专业设置和专业结构有些方面与社会需要结合得不够紧密等问题，提出职业技术学校及其专业设置发展要根据实际需要合理规划布局。随后，国家教委印发了《普通中等专业学校办学水平评估指标体系（试行）》《关于制定职业高级中学（三年制）教学计划的意见》《关于职业技术教育教材规划工作的意见》《关于普通中等专业教育（不含中师）改革与发展的意见》、教育部《面向 21 世纪教育振兴行动计划》《职业教育法》等相关文件，我国的中等职业教育有了制度保障，明确了改革方向，通过专业开设、课程设置与教学改革，实现中职生职业素养和职业技能的协同发展，职业教育进入了良性规范的轨道。1998 年，中等职业学校达到 14183 所，招生人数达到 384.4 万人。

在这一阶段，中等职业教育结构得到调整，职业教育与普通教育两轨并行、同时发展的教育体制基本形成，职业教育建立独立体系的条件逐渐成熟，基础逐渐具备。管理体制基本理顺，规模不断扩大，内在改革不断深化，人才培养也不断适应经济发展需要。整体呈现蓬勃发展的态势，如图 1-2 所示。

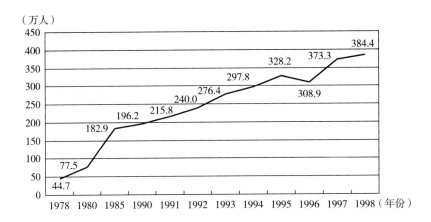

图 1－2　1978～1998 年中等职业教育招生人数变化趋势

三、中等职业教育的创新阶段（1999～2019 年）

1978～1998 年，中等职业教育培养了大量适合时代需要的初、中等技术人才，提升了我国的人力资本，助力改革开放。然而，1997 年，亚洲金融危机爆发，全球经济下滑，中国的经济下行压力也较大。同时，经过近二十年的改革开放，我国经济发展也面临着突破瓶颈、加快进入下一个发展轨道的需求。因此，进一步扩大改革开放，积极融入全球市场经济体系成为国家重要战略发展目标。在这样的多重环境下，我国政府明确了加快科技发展的方向。新的战略目标的实现对人才培养提出了更高要求。1998 年，《中华人民共和国高等教育法》出台，政策目标由"稳步发展高等教育"转为"积极发展高等教育"，在诸多方面为高等教育提供加速发展的通道，1999 年，《面向 21 世纪教育行动振兴计划》发布，明确指出，高等教育规模要有较大扩展。同时，中等职业学校逐步取消工作分配，对于许多普通家庭来说，就读中等职业学校的回报率降低，中等职业教育人才培养质量偏低，随着经济全球化不断深入，中等职业教育的人才培养已无法满足当时的人才需求，就业出现困难，中等职业教育出现了改革开放以来第一次下降。进入 21 世纪后，虽然我国政府在 2000 年出台的《关于全面推进素质教育、深化中等职业教育教学改革的意见》中明确指出：中职教育要切实贯彻国家的教育方针，转变教育观念，树立以全面发展为基础、以能力为本位的新教育观，培养符合社会主义现代化建设要求，德智体美等全面发展，具有综合职业能力，从事生产、服务、技术和管理等一线工作的高素质劳动者和初、中级专门人才。2002 年颁布的《国务院关于大力推进职业教育改革与发展的决定》进一步对职业教育人才培养目标进行了再界定，但是在落实上，却显得较为乏力。高校大量扩招，必然带来大量的就业需求，高校扩招后，自 2002 年开始，我国就业人数呈现指数级上升。但高校人才培养主要以学科知识学习、学术研究为主的知识型人才培养为目标，大量的大学毕业生难以对口就业，对于家庭的教育投入和人力投入来说，是一种巨大的浪费。同时，对于企业来说，仍陷于人才缺口的泥潭，产业升级、结构调整得不到有力的人才驱动。为改变这一不利状况，2002～2005 年，中央连续召开全国职业教育工作会议，颁发了《国务院关于大力推进职业教育改革与发展的决定》《关于组织制订推进职业教育发展专项建设计划的指导意见》《关于推进职业教育若干工作的意见》《关于大力发展职业教育的决定》等多项文件，重申要加大经费投入，大力发展职业教育的方针，建立和完善"有中国特色的现代职业教育体系"。随后，在 2005 年、2006 年教育部连续扩招 100 万名中职学生，2007 年继续扩招 50 万名中职学生，要求到 2009 年达到 868 万名中职学生。同时重点建设 1000 所"示范校"。

除扩大教育规模外，政府也出台相关文件，加强基础能力建设，提升内涵质量。例如，2008 年，印发《教育部关于进一步深化中等职业教育教学改革的若干意见》，大力推动教育教学改革；2010 年制定的《中等职业教育改革创新行动计划（2010－2012 年）》，进一步深化和推动了中等职业教育的改革创新。中等职业教育的发展进入新阶段。

教师是人才培养目标的具体践行者。我国政府也高度重视中职教师师资队伍建设。不仅扩大中等职业教育教师队伍规模，同时也对职业学校教师专业水平、技能水平、教学水平提出了更高要求，《关于实施职业院校教师素质提高计划（2017～2020 年）的意见》与《中等职业学校教师专业标准（试行）》两大文件出台对职业院校师资队伍建设提出具体目标与规范要求，通过打造

"双师素质"教学团队、开发教学科研项目以及争创教学名师等活动提升职业院校师资水平。2000 年教育部出台了《关于 2000 年开展中等职业学校教师在职攻读硕士学位的通知》，鼓励中职教师通过在职培养培训提升学历层次，实现教师专业发展。

课程设置与开发是人才培养目标实现的载体。2008 年 12 月印发的《教育部关于进一步深化中等职业教育教学改革的若干意见》，要求教学从学科本位向能力本位转变，以培养学生的职业能力为导向，促进课程内容综合化、模块化，突出课程内容应用性和实践性。2009 年 1 月《教育部关于制定中等职业学校教学计划的原则意见》要求按照相应职业岗位（群）的能力要求，采用基础平台加专门化方向的课程结构，设置专业技能课程。2014 年《现代职业教育体系建设规划（2014—2020 年)》（以下简称《规划》）明确了其发展目标为形成适应发展需求、产教深度融合、中职高职衔接、职业教育与普通教育相互沟通，具有中国特色的现代职业教育体系。

教学经费是保障。"十一五"时期中央财政投入 100 亿元资金资助基本设施建设，重点建立完善助学金和学费减免等贫困资助制度。2005 年教育部《关于加快发展中等职业教育的意见》提出"逐步建立政府、受教育者、用人单位和社会共同分担、多种所有制并存和多渠道增加职业教育经费投入的新机制"。2006 年 7 月，制定了《财政部　教育部关于完善中等职业教育贫困家庭学生资助体系的若干意见》，逐步确立了中等职业教育免学费和助学制度。通过免学费的方式保障农村家庭孩子的就读权利，保障教育公平。《中等职业学校国家助学金管理办法》指出，国家助学金由中央和地方政府共同出资设立，逐渐形成以中央政府为主导，以财政为主体，社会各方参与，多元化助学手段并举的助学制度体系。2015 年，颁布了《教育部关于深入推进职业教育集团化办学的意见》，支持多元主体办学，中职教育办学、助学的资助体系逐步完善。2014 年，中职总投入达到 1906.5 亿元。

在这一阶段，中等职业教育在紧跟时代需求的背景下，办学规模与条件不断改善，提升了人才培养层次，满足了经济社会发展和产业结构调整升级的需要，实现了内、外并进的发展。到 2019 年，中等职业技术教育体系进一步完善。《职教20条》的出台、本科层次职业院校的建立,为中等职业教育创造了更为广阔的发展机遇与空间:如何探索出与普通教育融通、与高职教育衔接、与企业行业融合的新方式和新渠道,成为下一阶段的新的改革发展方向。

我国中等职业技术教育在一穷二白的基础上,经历着恢复—滑坡—止跌回升—高峰—再次滑坡……曲折、反复的波浪式发展历程。有着丰富的经验,也拥有宝贵的教训。经过70年的发展,中等职业教育的免学费和学生资助政策覆盖面扩大,生师比日趋合理。"双师型"教师队伍建设不断加强。技术技能型人才培养质量稳步提升。产教融合、校企合作不断深化。中等职业教育取得了巨大的成就。

纵观过去的70多年,中等职业教育在不同时间阶段呈现出不同的培养目标,这体现了我国职业教育发展的需要,也是职业教育政策适应经济增长和社会发展的体现。中等职业教育基本完成由政府举办为主向政府统筹管理、社会多元办学的格局转变,由追求规模扩张向提高质量转变,由参照普通教育办学模式向企业社会参与、专业特色鲜明的类型教育转变,大幅提升新时代职业教育现代化水平,为促进经济社会发展和提高国家竞争力提供优质人才资源支撑。为我国经济社会的发展、教育公平的保障、个体发展等都做出了不可磨灭的贡献。

第二节　中等职业教育发展现状及存在的困境分析

经过70年的发展,中等职业教育取得了巨大的发展与成就。但如果将它放置于整体的教育生态系统中,现今中等职业教育又进入到了一个下行的通道。

一、中等职业教育生源数量不足,质量偏低

一边是国家倡导大力发展职业教育,社会经济发展需要职业教育,而另一边是中职教育的发展仍然举步维艰,其中"招生"成为长期以来影响中等职

业教育发展的最重要问题。2001～2019 年，作为高中阶段教育的一部分，中等职业教育招生规模仅出现过两次提升，一次是在 2005 年，国务院颁布了《大力发展职业教育的决定》，为落实决定，教育部决定力争在 2005 年中等职业学校招生人数在 2004 年的基础上增加 100 万人，招生规模出现大幅提升。另一次是在 2009 年颁布中等职业教育免费政策后招生规模出现小幅提升，其他大多数时间中等职业教育与普通高中的招生规模一直存在差距，且近年来，这种差距呈现越来越大的趋势。如图 1－3 所示，至 2018 年，全国普通高中的招生规模达到 792.7 万人，而中等职业学校招生规模则下降到 557 万人。虽然2019 年有所回升，但是普职比却仍在扩大。

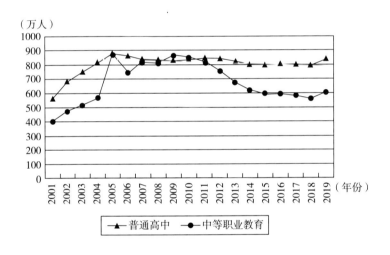

图 1－3　2001～2019 年高中阶段普、职招生人数对比

主要原因：第一，长期以来，我国传统观念对技术工人存在偏见，"万般皆下品，唯有读书高"的传统观念使得文凭一直是就业的敲门砖。在大多数人的观念中，读书就是为了升学，考入重点高等学府就预示着具备了良好的职业前景和优越的生活保障。因而，一直存在职业教育是"二等教育"的片面认识，职业教育应有的社会地位没有得到正确确认，学生表现出对于选择中等职业教育有些"无可奈何"的消极，大多数家长在普通高中求学周旋无望之

下，选择中等职业教育便成了无奈之举。尤其在中西部地区中经济不发达的农村、贫困地区，受狭窄视野的影响，许多人认为与其在中等职业学校浪费几年光阴，不如提早外出打工，补贴家用。因而，中西部地区、农村地区中等职业技术学校的辍学率较高。2015～2019 年，全国中等职业技术学校的学生的招生人数，几乎每年都维持在 600 万人左右，但每一年有近 100 万学生流失。具体情况如表 1 - 2 所示。

表 1 - 2　2015～2019 年中等职业教育招生、毕业、在校生、流失人数情况

年份	毕业人数（人）	招生人数（人）	在校生人数（人）	流失人数（人）
2015	5678833	6012490	16567024	1319456
2016	5336240	5933411	15990127	1174068
2017	4968770	5824303	15924968	920692
2018	4872764	5570492	15552634	1070062
2019	4934674	6003657	15764713	856904

数据来源：国家统计局网站 2015～2020 年统计年鉴数据。

第二，国家财政投入仍显不足。1999 年以来，虽然国家越来越重视职业教育，并且加大了职业教育投入，但由于财政投入上的分阶段性，国家在中等职业教育上的资金投入仍有不足。自 1999 年至今，国家大力发展高等教育，大学的连年扩招，导致普通高中也进行扩招。高中阶段教育主体由普通高中和中等职业教育两类构成。两者的主要生源都来自全日制初中毕业生，因而两者存在着生源之争。基于上述大众观念因素的影响，无论是家长还是学生，第一选择必然是普通高中，虽然在 2010 年《国家教育中长期发展规划》中提出了"根据经济社会发展需要，合理确定普通高中和中等职业学校招生比例，今后一个时期总体保持普通高中和中等职业学校招生规模大体相当"。2014 年国家政策再次明确了要确保普通高中教育和中等职业教育的招生规模大体相当，2017 年教育部、国家发展和改革委员会、财政部、人力资源和社会保障部四部委再次重申"普通高中与中等职业教育结构更加合理，招生规模大体相当"。在一定程度上减缓了中职学校总体的生源数量下滑速度，但是生源质量

的低下却不可避免。

第三，当前大众对职业教育的功能存在两种不同的认知：一是特殊功能论，认为职业教育要服务于个体职业技能培养，促进个体的就业，推动经济发展；二是普通功能论，认为职业教育是服务于人的发展的。两种观点的主要矛盾体现在职业教育是为职业而教育，还是通过职业而教育。不同的功能取向导致现实办学情况难免会出现左右摇摆。既希望中等职业教育的培养目标注重民主，促进学生的全面发展，又期望职业教育注重人才培养效率，学生获得职业技能，胜任职业技能需求。当前中国的中等职业教育功能认知上更倾向于普通功能论，中等职业教育参照普通教育办学，中等职业教育质量不高，缺乏个体独有特色。在专业设置、课程教学上并未有明显的职业特征，学生的职业技术技能未能得到明显提高，毕业后的就业优势难以体现。家长、学生并未获得如期的教育结果。多种因素叠加，使得现今仍无法摆脱社会偏见，接受度不高，中等职业教育发展受阻，甚至在国家提出"十三五"时期普及高中阶段教育的背景下，"在我国发展的现阶段，中等职业教育是否还需要？是否还有必要？"再次成为了热议话题。对于这个问题，从 2009~2019 年国家的政策文本导向来看，中等职业教育发展不仅是需要的，而且是必要的，甚至需要"以中等职业教育发展为重点，普及高中阶段教育"，培养更多的高素质技术人才，但如何破局，首先还是需要从多方面寻找提升职业教育吸引力的有力措施。

二、中等职业教育师资队伍建设亟待加强

1997 年，国家教委《关于加强中等职业学校教师队伍建设的意见》明确提出"我国中等职业教育教师队伍的现状与中等职业教育面向 21 世纪改革和发展的需要还很不适应"，经过若干年的发展，现今，教师队伍得到了扩大，结构得到了优化，但仍存在着许多问题，比较突出的有以下几个方面：

（1）教师数量严重不足、生师比过高，特别是专业课和实习指导教师数量不足，教师工作压力大，影响教学效果。如表 1-3 所示，中等职业学校的生师比从 2010 年才开始呈现逐步下降的态势，由 2010 年的 25.69 下降到 2019

年的 18.94。但相对于普通高中的生师比来说，生师比仍然很大，差距变迁规律如图 1-4 所示。

表 1-3　普通高中与中等职业学校生师比情况

年份	普通高中	中等职业学校
2005	18.54	21.34
2010	14.98	25.69
2015	14.01	20.47
2017	13.39	18.98
2019	12.99	18.94

数据来源：国家统计局网站 2005~2019 年中国统计年鉴数据。

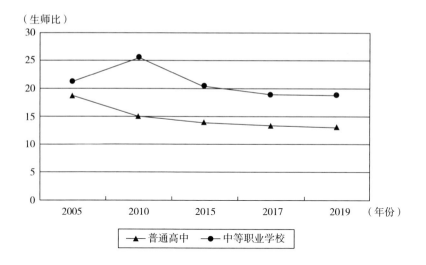

图 1-4　普通高中与中等职业学校生师比比较

（2）现有教师的学历层次相对较低。虽然随着国家对职业教育的大力投入，教师队伍不断壮大，但是在教师师资的水平上也存在不足，比如中等职业学校教师的学历层次相对偏低。截至 2019 年，具有硕士及以上学历的专任教师比例仅为 8.19%，大部分教师仅为本科层次。虽然早在 2000 年教育部就颁发了《关于 2000 年开展中等职业学校教师在职攻读硕士学位的通知》，但教师的学历层次不高，对比普通高中专任教师本科以上各学历层次，中职教师的占比都相对偏低，如表1-4所示。

表1-4 高中阶段各类学校教师学历层次情况

	学历层次	博士研究生	硕士研究生	本科	专科	高中阶段及以下
中等职业学校	人数（人）	430	52255	542051	45791	1670
	占比（%）	0.06	8.13	84.4	7.13	0.26
	学历层次	研究生		本科	专科	高中阶段及以下
普通高中	人数（人）	197002		1636615	25257	368
	占比（%）	10.60		88.02	1.36	0.02

数据来源：教育部网站2019年教育统计数据。

（3）"双师型"教师和兼职教师比例偏低、教师实践教学能力不足的大部分教师的职业教育意识淡薄，很多教师没有企业实践，不了解专业内容与产业结构、社会发展规划之间的关系，而使教学处于"封闭"状态缺乏专业实践经验和必需的专业技能。同时，也缺乏职业教育教学理论，教学科学意识认识不足，难以将专业知识有效传递给学生。

（4）教师队伍在数量、教龄、学历、职称的结构上存在不合理。

（5）教师队伍不稳定，特别是青年教师流失率较高。教师队伍逐渐呈现老龄化。不难看出，中等职业学校师资队伍建设问题已成为制约我国中等职业教育改革、发展和提高的关键问题。

主要原因：第一，顶层设计不足，尚未完善教师考核和激励机制。师资队伍建设目标定位不够明确，特别表现在执行过程中存在"朝令夕改"的随意性，目标常常流于形式。一些中职学校的考核和激励机制普遍不完善，缺乏制度，存在吃"大锅饭"的现象；制度不科学，朝令夕改，甚至缺乏公平，打压了教师工作积极性。第二，总量不稳定，且结构不够合理。主要表现在：活跃但是缺乏教学与实践经验的青年教师偏多，中年以上骨干教师比例偏低；人才职称结构不合理；女教师数量偏多等。究其原因，目前我国职业院校教师来源主要是由高校培养的师范生与非师范生、企业聘用的工程师等，教师职业准入门槛较低，待遇较差，因此，师资质量良莠不齐，尤其是欠发达地区县域职校教师极度缺乏，人才流失率高，不够稳定。第三，中国职教师资培养主要是四年本科教育或专升本"3＋2"模式，就效果来看，四年本科师范培养专业理论基础较好，但实践操作能力略显单薄，教育教学理论与实践能力有待加强；专升本"3＋2"模式培养下学生动手操作能力强，但专业理论基础弱，从教热情高，动力足；专业课教师实践能力不足，"双师型"素质有待提高。学校对于"双师型"教师的认定大多只停留在以"双职称"认定的肤浅理解上，对于"双师型"教师的"双素质"内涵缺乏关注。第四，兼职教师流动性大，素质有待提高。一方面，兼职教师的学历和技能等级偏低是普遍现象；另一方面，由于中职学校经费有限，酬劳较低，难以吸引高素质企业人才来学校任教。职业高中没有升学压力，没有严格考核与排名，随之也让老师失去了前进向上的动力，导致一些想有所作为的教师流失。

三、中等职业教育人才培养专业设置结构性失调

中等职业教育主要是培养与我国社会主义现代化建设要求相适应，德、智、体、美全面发展，具有综合职业能力，在生产、服务一线工作的高素质劳动者和技能型人才。中等职业教育是我国经济社会发展的重要教育支撑。经过几十年的发展，中等职业教育取得了快速发展，但中等职业教育的专业结构与国民经济发展对人才的需求结构之间的协调度处于较低的水平，"用工荒"现象频现。比如，2021年1月26日，中华人民共和国人力资源和社会保障部发布2020年第四季度全国招聘大于求职"最缺工"的100个职业排行，这100个职业中，有36个属于生产制造及有关人员，36个属于社会生产服务和生活服务人员，19个属于专业技术人员，6个属于办事人员和有关人员，1个属于党的机关、国家机关、群众团体和社会组织、企事业单位负责人，1个属于农、林、牧、渔业生产及辅助人员，1个属于不便分类的其他从业人员。排行显示，制造业人才需求继续保持旺盛势头。如冶炼工程技术人员、铸造工、汽车工程技术人员、金属热处理工等。而受疫情防控常态化的影响，社会管理和

社会服务事业人才需求加大。劳动力供给的结构性矛盾更加突出。①

企业需要人，但中职生的就业形势却不容乐观。其主要原因在于：其一，自 2016 年以来，中职毕业生升入高等院校的比例不断攀升。尤其是 2019 年为落实李克强总理在《政府工作报告》中提出的"今年高职院校大规模扩招 100 万人"的目标，教育部会同有关部委共同制定了《高职扩招专项工作实施方案》，提出"取消高职招收中职毕业生比例限制"，出台"高职扩招 100 万"等政策后，中职生的升学意愿强烈，比例大幅提高。

其二，专业设置与产业结构需求的吻合性不够。据国家统计局的统计数据显示，三个产业和主要行业对国内生产总值增长拉动的行业，2014～2018 年，不同行业中国内生产总值增加值较多的行业排名靠前的有农林牧渔业、制造业、批发与零售业、金融业、房地产业、建筑业，而靠后的酒店服务业和信息技术业的增长总值偏低。第一产业主要集中于农林牧渔，第二产业主要集中于制造业，第三产业主要集中于批发与零售业和金融业。第二产业的工业制造业对国民生产总值的贡献最大。第一产业中的农林牧渔业对生产总值的拉动，也是第三产业中多个行业之和。具体情况如表 1 - 5 所示。

表 1 - 5　2014～2018 年主要行业对国内生产总值增长的贡献情况

单位：亿元

行业	2014 年	2015 年	2016 年	2017 年	2018 年
农林牧渔业	57472.2	59852	62451	64660	67558.7
制造业	195620.3	199436	209508.9	233876.5	255937.2
批发与零售业	62423.5	62423.5	73724	81156.6	88903.7
金融业	46665.2	56299.8	59964	64844.3	70610.3
房地产业	38000.8	42573.8	49969.4	57086	64623
建筑业	44880.5	47761.9	51498.9	57905.6	65493
信息传输类	15939.6	17516.8	20124.1	23808.9	28733.5
餐饮	11158.5	12306.1	13607.8	15056	16520.6

数据来源：国家统计局网站 2014～2018 年统计年鉴数据。

---

① 环球网. 全国最缺工 100 个职业排行，有你中意的工作吗？〔EB/OL〕. https：//baijiahao. baidu. com/s? id = 1689933938525997923&wfr = spider&for = pc.

而现有职业教育的专业结构规模与产业结构需求之间存在较大的差距。以经济较为发达的浙江省为例，浙江省从专业人数来看，全省前十规模的专业分布在财经商贸类、教育类、交通运输类、信息技术类、加工制造类、医药卫生类和旅游服务类中，专业人数居多的大多在第三产业。[①] 再参考 2019 年全国的中等职业学校（机构）学生分科类情况数据（见表 1-6）。全国毕业生人数排名前五的行业分别是信息技术类、加工制造类、财经商贸类、交通运输类及教育类。专业型人才也大多分布在第三产业，而第一产业中农林牧渔业毕业生人数仅为 255381 人。由此可见，行业需求与中等职业学校的人才供应出现了偏差。

表 1-6　2019 年中等职业学校毕业生人数排名前五的科类情况

行业排名	1	2	3	4	5
行业	信息技术类	加工制造类	财经商贸类	交通运输类	教育类
人数（人）	659536	476416	473084	448401	443681

数据来源：教育部网站 2019 年教育统计数据。

其三，校企融合不足，人才培养与实际需求不能完全对接。从中华人民共和国成立伊始，鼓励第三方参与办学一直是职业教育积极探索之路。1996 年《职业教育法》规定"企业、事业组织应当接纳学校和职业培训机构的实习和教师实习，对上岗实习的，应当给予适当的劳务报酬"。虽然在国家层面，通过法律、法规、政策对校企合作进行了积极推动与调控，但实际上由于企业在合作中，首先是考虑学校如何能够为企业创造经济效益，虽然通过设定"订单班"的形式参与合作，但实际企业还需要考虑设备、资金、场地、人员、劳务费等付出，因而对于参与合作的热情并不高。现有的合作形式也只是将企业作为了整个学制中最后一年的实习基地，而企业也仅将学生作为廉价劳动

---

① 俞佳飞. 高等教育普及化进程中的中等职业教育：现状、困境与对策——基于浙江省中职毕业生发展状况的调查［J］. 职业教育（评论版），2020（5）：3-12.

力。校企合作成为浅层次的"合作"，学校按自己的教学大纲教学，企业按工作流程让学生实践，双方融合流于表面。甚至出现"虚假订单""就业陷阱"等情况，严重损坏了学校和学生的个人利益以及对职业教育的信心，不利于营造正能量的职业教育环境。

第三节　国外中等职业技术教育发展的经验及启示

一、德国中等职业教育

德国的"双元制"是职业教育改革与发展的成功案例。所谓"双元制"，即职业教育是由政府和企业合作办学，职业教育支出也由双方共同承担，其中国家承担 1/3 的经费支出，企业则承担另外 2/3 的经费。德国职业教育的立法权在各州，各级州政府负责管理职业学校。"双元制"的另一个主体企业要接受联邦政府的管理，因此，联邦政府对于统筹全国职业教育的发展起到了重要作用。目前在德国，2/3 的年轻人初等以上的教育和培训是通过职业教育培训获得的。德国职业教育备受世界上许多国家的推崇。它的中等职业教育包括职业高级中学、技术高级中学、专科学院及职业预科学校在内的多种类型职业学校。

德国职业教育人才培养目标倾向于为职业而教育和通过职业而教育相结合的指导思想。德国具备完备的职业教育体系，除"双元制"学校外，还有全日制职业专科学校、专业高等学校等其他类型职业学校。学生可以根据自己的兴趣、发展需要和天赋挑选适合自己的学校。根据联邦德国基本法的规定，学生必须接受 10 年的义务教育，然后由教师推荐，家长决定选择进入不同的中学。进入中学阶段，分为三个类别、两个阶段接触职业教育，但接受职业培训主要集中在第二阶段，即中等职业教育阶段。双元制也是从这个阶段开始实施。在第二阶段完成后，学生根据自己的学业水平及自己的选择，进入不同类别的高校或继续参加高级职业培训进入职场。在具体的人才培养目标上，尽管在双元制职业教育中，作为学徒的学生有专门的工作岗位，但是德国职业教育没有局限于岗位任务，其舍弃以"学科"为导向，注重职业素养培养，关注学生的职业能力发展，强调学生的知识、价值观、解决问题的能力发展是作为人的整个人生中最为重要的目标。他们认为，现代技术工人既要有能力完成定义明确的、预先规定的和可展望的任务，与此同时，他们又要考虑到自己"作为在更大的系统性的相关关系中"所产生的影响，这就要求具有灵活性和以启发性的方法解决限定的问题。这向我们彰显了一种全新的趋势，即从完全的岗位能力本位的职业能力观向更为复杂的关系中的职业能力观转变。[1]

1992～2016年，德国中等职业教育总体规模呈现小幅增长态势，占高中阶段教育的比例虽然小幅下降，但仍稳定在70%以上，依然是高中阶段教育的主体；双元制职业教育规模呈现缩小趋势，但仍是中等职业教育的主体，同时其他多种形式的学校职业教育占据了半壁江山，多样化的中等职业教育已经成为德国中等职业教育的重要特征；生源质量不断提高且呈现多样化的特点，越来越多的学生具有普通高校或应用科学大学的入学资格；中等职业教育的国际化水平不断提高，对其他国家青年的吸引力不断增强。

德国职业教育的教师培养过程较为规范，进入门槛条件较高。以德国萨克森州"双元制"职业教育教师培养为例，其主要生源为普通中学教育（文理中学、职业文理中学）或经过"双元制"职业学校培训的毕业生，必须要有会考成绩。文理中学和职业文理中学的毕业生可选择一个职业，经过3～3.5年的职业教育定向学习作为职业准备，或者进入应用型科技大学或者研究性的综合大学学习期间参加至少1年的企业实践经历。毕业于"双元制"职业学校的学生，在劳动市场工作了一段时间后，希望继续进入应用技术大学深造时，需要在专业高等学校学习1年，再参加考试并合格后，进入应用型科技大学，如图1-5所示。

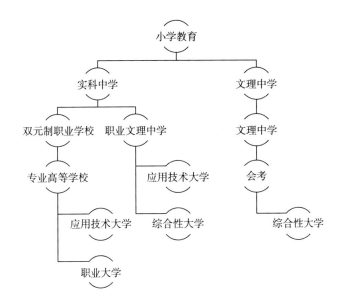

图 1-5 德国职业教育师资来源过程

在正式上岗成为职业学校教师前，教师的教育分为两个阶段：第一个是大学教育阶段，第二个是大学讨论课实习预备阶段。每一个阶段都要以国家考试作为结束，检验考核学生们在每个阶段所习得的理论知识以及实习中获得专业能力的情况。第一次国家考试是进入第二阶段实习预备期的前提。大学教育阶段（萨克森州职业教师培养规定在德累斯顿工业大学）一般共计 10 学期（学士 6 学期，硕士 4 学期），需完成 300 学分。预备阶段至少为 12 个月，一般为 18 个月，最多为 24 个月，以（第二次）国家考试作为该阶段的终点。如果通过了该国家考试，则取得了相应的教师资格。预备阶段的任务是在大学学术培养的基础上的职业学校实践学习，包含了处理学生的课堂教学和教育教养等问题以及独立上课等任务，如图 1-6 所示。

因此，德国职业教育的师资培养以教师的专业教学能力为主，注重教育学学科知识的传授。培养教师的以行动导向教学理念为主的案例教学、项目教学等能力，并且通过 1 年半的职业学校的见习，逐步提升教师的行动能力。从上述流程可知，德国职业教育教师的培养流程偏长，因而，德国职业教育教师数量短缺，相关部门采取了一系列措施鼓励更多的人才加入职业教育领域，教师

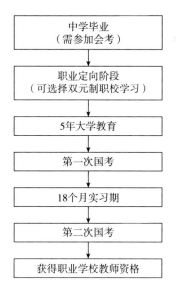

图 1 - 6 德国职业学校教师培养流程

数量获得了一定提升。如，中等职业学校教师分为全日制、部分时间制和小时制三种类型。1992 ~ 2016 年，德国中等职业学校的教师总数由 1992 年的 126519 人增加到 2016 年的 155220 人，增加 28701 人，增长率为 18.49%。其中，全日制教师增加 4085 人，增长率为 5.08%；部分时间制教师增加 9658 人，增长率为 59.21%；小时制教师增加 14958 人，增长率为 50.26%。因此，小时制与部分时间制教师增速明显，全日制教师增长速度稳中有增。通过不同类型教师的占比数据分析可知，全日制教师占中等职业学校教师总数的 54.46%，部分时间制教师占中等职业学校教师总数的 16.73%，小时制教师占中等职业学校教师总数的 28.81%。全日制教师依然是德国中等职业学校师资队伍的主体，但部分时间制和小时制教师占比已接近一半，教师队伍的构成呈现出多样化趋势；企业培训师傅的资格可以通过多种途径和方式获得。①

---

① 徐涵. 德国中等职业教育发展趋势——基于 1992—2016 年的数据分析［J］. 中国职业技术教育，2020（30）.

二、美国中等职业教育

与许多其他国家一样，美国社会对职业教育的定位不高，也存在着一种对大学学位的"执念"。许多学生和家长都认为，事业成功的唯一路径就是持有大学学位，职业教育被定义为低于学士学位层次的教育。造成了普通大学生的过度供应，而随着美国劳动力市场技术变革的迅猛发生，许多行业对教育和技能水平的要求提高，许多大学生并不具备劳动力市场对其知识和技能的特定需求。因此，20世纪以来，美国的职业教育体制已经历了多次变革。在这些变革中，改革宗旨与目标为根据社会发展需求，以职业教育课程改革为焦点，缩小工人能力与市场对技能的需求之间的差距，确保技术工人的供应。因此，美国职业教育以技能型人才培养为主。

美国没有形成如同德国那样独特存在的职业教育体系。美国的职业教育是融合式的，即深入地渗透到各级教育中。在中等教育阶段，美国独立设置的职业学校很少，其职业教育主要融合在综合中学中，职业教育的大部分课程都是在高中阶段最后两年（中等职业教育11~12年级）和高等教育的前两年（通常为社区学院或技术学院）实施。实施中等职业教育的机构主要包括以下三种：综合高中、全日制生涯与技术教育学校及地区或区域生涯与职业教育中心。这三种机构在生涯与技术教育方面各有特色：综合高中主要聚焦于学术教育。与综合高中不同，全日制生涯与技术教育学校强调生涯与技术教育课程和学术课程的整合。而地区或区域生涯与职业教育中心为那些参加综合性高中学术课程学习，并且业余时间参加生涯与职业教育中心生涯与技术教育课程学习的学生提供服务。美国教育部、美国教育科学研究所和美国国家教育统计中心的一项纵向研究表明：几乎所有美国公立高中的学生都参加了某所学校提供的生涯与职业教育教学；2009年，95%的九年级学生参加了公立学校提供的生涯与技术教育计划，或是在校园，或是在合作学校，如一个地区的生涯与技术教育学校、高等教育机构或其他的高中附属机构。[①]

---

① 孙翠香．美国中等职业教育的现状、特点及启示［J］．职业技术教育，2015（19）：70-75．

由于社会对职业教育的认可较低，与文化课教师相比，各州政府对于职业教育教师的培养投入相对不足。培养质量和供给跟不上发展需求。职业教育教师工资待遇不高，使大学毕业生不愿选择成为一名职业教育教师，同时也使从各行各业招募合格人才担任职业教育教师难以实现。为解决美国一些州出现的职教教师短缺问题，美国通过颁布一系列的职业教育法案来推动与保障职业教育师资培养。如，2006 年，美国颁发《卡尔·D. 帕金斯生涯与技术教育法案》（即帕金斯法案Ⅳ），提出要"促进专业人员从产业界到教师岗位的过渡，替代性路径的职教教师培养方式则反映该法案的关注点"。[①] 2012 年，美国教育部颁发《投资美国的未来——生涯与技术教育变革蓝图》，提出要支持专业人员与行业协会合作培养职教教师，并使用标准化的方式来评价教师的有效性。2017 年又出台《加强 21 世纪的生涯与技术教育法案》，提出州政府制定职教教师资格，既不可要求太高而成为招聘职教教师的障碍，又要保证职教教师的质量，以提高职教教师的保留率。目前，美国职业教育已基本建立起有自身特色的法律保障体系，为美国职业教育师资培养提供了法律保障。[②]

美国职业教育支出的来源是多途径的。而美国实行的联邦政府和州政府分立的行政体制决定了中等职业教育的政府支出也主要由这两个行政主体共同提供。美国联邦政府和州政府的财政支持是美国职业教育发展资金的重要来源。当前，为了解决中等职业教育面临的问题，联邦政府和部分州政府加大了对职业教育的投入，美国中等职业教育得以蓬勃发展。[③] 具体而言，美国的职业学校多以社区学院的形式存在，州及以下各级政府承担职业教育大部分支出，其余社会力量和企业提供经费补充。以中等职业教育为例，美国对中等职业教育的财政支出主要还是通过相关政策和法律对各级政府的拨款数量及比例有明确的规定，在具体的承担比例上，联邦政府、州政府、地方政府和家庭承担的学

① Zirkle C J, Martin L, Mccaslin N L. Study of State Certification/Licensure Requirements for Secondary Career and Technical Education Teachers［J］. National Research Center for Career & Technical Education，2007.

② 左芊. 美国职业教育师资培养的特色、经验及其借鉴［J］. 职教论坛，2019（8）：171 – 176.

③ 禹文颂. 我国中等职业教育财政制度研究［D］. 中南财经政法大学，2018.

费比例分别约为 10%、20%、45% 和 10%，联邦政府通过直接设立拨款渠道，经各州政府进行专款专用的形式切实保障职业政府经费拨付到位。这种方式能够很好地发挥联邦政府在宏观调控上的优势，从全国总体发展的层面上推动中等职业的发展。

三、英国中等职业教育

英国的中等职业教育起步比较晚，20 世纪 80 年代，英国为提高本国工人技能水平，增强国家竞争力，调动年轻人接受职业教育的积极性，英国政府采取一系列措施发展中等职业教育。直至《1988 年教育改革法》颁布，英国职业教育才进入了新的发展阶段。1993 年，英国政府计划效仿德国实施现代学徒制，在经历了建立、发展和不断完善的过程后，逐步建立起了完善的关于现代学徒制培养的法律体系，对现代学徒制的职责、职能、组织架构、实施举措及利益驱动等进行严格的规范，以法律形式保障了现代学徒制地位。如，既有综合性法律法规《学制、技能、儿童与学习法案》，也有单一性部门规章制度《产业培训法》。在现代学徒制的实施过程中，英国职业教育以学生能力的培养为基础，各不同类别的学徒制培训内容框架大都包括三个要素：可迁移的关键技能、能力本位技能、知识本位要素；培养标准由企业进行设计，以能力考核为主，实行国家职业资格（National Vocation Qualification，NVQ）制度，改革和优化了职业技能证书获得方式，学生在获得职业资格的同时，也会获得技术和技能证书。1～4 年的培训时间根据不同学生、不同专业设置不同时段。在此过程中，也逐步建立起以城市技术学院和继续教育学院为主体的、独立的职业高中教育网络体系，为推动英国社会发展培养了大批人才。

在师资培养上，1994 年，英国教育部和就业部首次颁布了职业教育的教师国家标准，该标准从"专业知识""教学关键领域""个人技能和品质"3个维度提出了 15 条能力标准，标志着英国职业教育教师标准化培养的开启。此后，随着英国职业教育的发展，标准得以不断完善。其中，在职业教师的资格认证上，英国主要从知识与技能、学历与经历，以及职业生涯不同阶段标准等方面做出了明确规定。第一，英国要求职业教育教师学历必须是硕士及以上，且在企业的工作经历要达到 5 年以上。第二，理论与技能。教师只有达到规定的理论知识、教学艺术与技术能力等标准，才能获得合格教师资格。第三，众多培训机构。高等教育机构、继续教育机构、私立培训机构等都可以开展合格教师资格培训，学习者可以根据自身情况，选择不同的培训机构。第四，分段制定标准。即对职前、职中的职业教育教师的培训形式及学习时间等做了不同的规定。以新教师入职培训为例，新教师要在入职后的 5 年内完成为期 3 个学期的培训，并在每个学期末进行一次评估，分别评价新教师合格教师资格的达标程度、新教师学习进展情况、新教师是否完成入职培训任务并达到要求标准。第五，对等使用。即不同资格证书的教师承担的人才培养层次也是不同的。①

经费保障上，英国现代学徒制中学徒所有的学习费用由政府提供支持。政府按照参加学徒制培训的人数与拨款标准来确定拨款金额。18 岁以下青年参加学徒制培训的可免除全部学费；19 ~ 25 岁参加学徒制培训则视不同情况而定，完成 3 级水平职业资格的学徒同样免收学费，并支付其用于学徒制培训 2/3 的费用；超过 25 岁，政府则根据行业的不同需求决定资助程度。大部分学徒在培训机构完成免费的脱产学习，且获得工资报酬。英国政府为了获得长期稳定的经费保障现代学徒制的推行，向所有英国境内的公立和私立机构征收学徒税，其税额是每个企业缴纳总工资支出的 5%。② 学徒制法规明确规定了纳税企业将获得 15000 英镑的政府津贴以抵消所纳学徒税款，并同时享有学徒制税经费的支配权。③

四、启示

德国、美国、英国等国家的中等职业教育尽管在办学形成、办学历程、办

① 翟志华. 从发达国家职业教育教师标准看我国的"双师"建设——以德国、美国、英国和澳大利亚为例［J］. 武汉工程职业技术学院学报，2020（12）：78 - 82.

② 翟海魂. 英国中等职业教育发展研究［D］. 河北大学，2004.

③ 陈蕊花，刘兰明，王芳. 英国现代学徒制嬗变历程、战略管理及经验启示［J］. 职教论坛，2020（2）：164 - 170.

学目标、教师队伍建设、经费支出方式等方面有所区别，但是各国都具备了相对完善的法律制度保障职业教育的发展。并且在师资培养、职业教育人才培养标准上都制定了较为严格的培养标准。例如德国的《联邦职业教育法》、美国的《职业教育法》等，为各国职业教育的发展提供了根本保障，保障其健康、可持续发展。为中国中等职业技术教育的发展提供了一定的参考作用。

（一）完善职业教育办学的相关法律法规，推动职业教育健康规范成长

德国对职业师资培训也有明确的法规，除了《标准》外，还有具体的《教师培训中专业知识和教学法要求》《师范考试规定 2》《萨克森州学校法》《继续支付工资的法律》《母亲保护法》《假期法》《兼职规定》《12 个月见习期的管理规定》等，它们对于职业教育教师的学历资格、考核、实习、继续教育、休假等方面都有具体而严格的法律规定，这些国家的法律法规为教师培养培训提供了强有力的支持。参照各国职业教育发展经验，结合我国社会发展需求实际，2019 年，国务院印发了《国家职业教育改革实施方案》（以下简称《职教 20 条》），该方案涉及职业教育体制机制创新的制度包括："学历证书 + 若干职业技能证书"制度；学历证书和职业技能等级证书互通衔接、符合国情的国家资历框架制度；"文化素质 + 职业技能"的"职教高考"制度；职业教育"双师型"师资聘用、试用制度；企业和学校工作人员相互兼职兼薪的制度；民办职业教育的准入、审批、退出制度；职业教育经费投入制度；职业教育奖学金制度；职业教育质量评价和督导评估制度等，这些制度的有效实施，需要有完善的法制法规提供坚实的后盾。

（二）积极推动产业融合，校企融通，精准育人

我国中等职业教育的生源质量较差，专业结构与人才需求出现了结构性失衡状态，一是通过职业教育课程、教学及评价方式的改革，提高中等职业教育的质量，提升社会对中等职业教育的认可度；二是国家、地方政府和企业应出台相关政策，提高技术技能人才的薪资待遇和社会地位，吸引优秀学生就读中等职业教育；三是学习并创新"双元制"办学模式，向在学校与企业或其他社会机构的两个或两个以上学习地点的双元或多元办学及运行格局的教育转变。但这种多元办学模式不是各自为政，而是学校、企业、政府等多方早在一

个教育系统内部结构的框架下实施的系统的、跨界的、整合的教育行为。职业教育所涉及的教育活动，不仅要注重普通教育所关注的学校、学习和教育这三要素构成的领域，还要关注普通教育较少顾及的企业、工作和职业这三要素构成的领域，使中等职业教育培养出既具备文化知识又具备高素质的职业技能的优秀人才。通过人才质量的提升，提高中等职业教育的社会认可度。

（三）完善中等职业教育教师培养体系，促进中等职业教育教师发展

中职教师的培养与培训是中等职业教育人才培养工作能否实施的重中之重，因此，中职师资队伍建设工作应作为主要工作来完成。

职前，现有职业技术师资培养院校要保持与职业院校之间的合作与联系，及时了解职业院校师资专业需求、能力需求，科学设定职业教育师资培养课程体系，创新职教师资人才培养模式，凸显职业教育教师的专业性、教学性、职业性。培养出能够"下得去、用得上、留得住"的职教后备人才。同时，一些热门但师资力量短缺的专业，相关的应用型本科院校也可积极组建职业技术师范院校，开设相应专业进行招生培养，或引导综合性大学通过整合教育资源等方式设立职教师资培养学院或学科点。

职后，提供职教师资再学习的机会，出台相关政策以及激励机制，鼓励中职教师继续深造，提高整体学历水平；各地区通过实施职业院校教师素质提高计划、出台职业学校兼职教师管理办法、推进校企共建"双师型"教师培养培训基地等措施，加强"双师型"教师队伍建设。通过设定灵活的人才引进政策，不断吸引优秀企业人员进入职教师资队伍，壮大职业教育师资队伍，降低生师比，给予教师人文关怀，积极为教师减负，让教师有获得感、归属感。

（四）深入推进中高职课程衔接，重新定位中等职业教育人才培养目标

2007年，《教育部关于进一步做好高等学校各类招生管理工作的通知》（教发〔2007〕13号）规定，从2007年起，下达普通专升本、五年制高职（招收初中毕业生）和高校对口招收中职毕业生的招生计划，自此，中高职衔接完成了基于办学实体开展的学制衔接。但中职教育和高职教育作为同一教育类型中的两个不同层次，其协调发展的核心在于中高职课程能够科学合理地衔接。课程衔接并不仅仅是某一课程在内容上的衔接，还涉及培养目标、专业设

置、课程内容、教学实施、外部环境保障等方面。构建纵向贯通、横向一体的中高职衔接课程体系，一是应明确中高职人才培养定位和规格，实现人才培养目标的衔接；二是应持续更新并推进专业目录、专业教学标准、课程标准等的建设和在职业院校的落地实施，发挥标准在中高职课程衔接中的基础引领作用；三是重视国家和区域职业标准的建设，以 1 + X 证书制度为试点破解中高职各自为政的困境；四是参与推进职业教育"学分银行"建设，通过尝试开展学分互认，搭建中高职课程衔接的保障机制；五是由点及面，从衔接模式、评价考核、生源对象和师资问题等"课程"的上位系统考虑中高职教育的衔接问题。

《职教20条》进一步明确了职业教育作为一种类型教育的内涵，标志着我国职业教育的人才培养由单一需求转向双重需求，由单维思维转向多维思维，向既关注个性需求又关注职业需求的现代的职业教育转变。

第二章　中职教师队伍建设概述

　　我国现代社会经济的发展与职业教育息息相关，职业教育在新时代被重新定义为重要的国家战略且继续大力发展。随着经济发展日新月异，产业结构快速转化升级，我国社会经济的发展对职业院校的人才培养模式提出了更高的要求。产业经济升级势必需要大批掌握前沿技术、职业素养好的高素质技能型人才，所以职业院校肩负着培养相关人才的重要任务。国家要求职业院校必须紧靠先进的科学技术，把握产业升级的机会，利用国家政策进一步提高人才培养质量，提高教师队伍的师资力量。每年都有数以万计的教师进入中等职业学校，他们是中职学校教师队伍的主力军，他们的专业技术发展水平直接影响着未来中等职业教育的发展水平。教师的质量对学校发展有着不容小觑的影响，如果一个学校拥有一大批优秀教师，其学校教学质量自然会比较高。如何加强中职"双师型"教师队伍建设，提高教师整体素质，对深化我国职业教育教学改革具有重要的理论价值和现实意义。

　　教育是国之大计，党之大计。习近平总书记明确指出："国家繁荣、民族振兴、教育发展，需要我们大力培养造就一支师德高尚、业务精湛、结构合理、充满活力的高素质专业化教师队伍，需要涌现一大批好老师。"中等职业教育学校建设高水平的教师队伍，必须提高教师队伍的总体素质和专业化水平，按照好老师的"四有"标准，即"有理想信念、有道德情操、有扎实学识、有仁爱之心"，打造能够遵守师德规范，涵养教育情怀，拥有专业教学能力，具有家国情怀，乐于从教，热爱教育事业的教师队伍[①]。中等职业教育要发展，必须要提升中职教师政治、社会、职业地位，进一步提高教师生活和经济待遇，大力营造全社会尊师重教的良好氛围，增强教师职业的吸引力和教师的荣誉感、获得感和幸福感。政府和中等职业学校要重视教师的作用，为教师发展提供平台和机会，使他们能够充分发挥"人类灵魂的工程师、人类文明传承者"的作用，担负起"传播知识、传播思想、传播真理，塑造灵魂、塑造生命、塑造新人"的时代重任[②]。

第一节　中职教师队伍现状、问题及影响因素

一、中职教师队伍建设现状

教师，有广义和狭义之分。从广义角度来说，是指把自己的直接经验、知识或技能传授给受教育者。从狭义角度来讲，教师秉承国家意志，通过社会的委托，有计划、有目的、有组织地对受教育者传授知识的专业人员。中等教育体系是职业教育中不可或缺的重要部分，我国实施的是双轨教育制度，中职教育在九年义务教育结束后重新分支出来的一支可以培养高素质劳动者和技术人才的教育轨道。本书的研究对象是狭义的中等职业学校的教师。中职教师主要分为文化课教师、专业课教师和实训课教师三类，笔者通过调研把专业课教师和实训课教师在本书中统称为专业课教师，他们与普高教师一样根据国家课程目标及专业要求对学生实施有针对性的技术教育教学，指导学生习得职业技能。

改革开放以来，特别是党的十八大以来，职业教育教师培养培训体系基本

---

① 钱艾兵. 人本教育思想视野下提升高校教师队伍素质的策略探析［J］. 湖北省社会主义学院学报，2019（3）：67–70.

② 陈宝生. 认真学习贯彻全国教育大会精神　开启加快教育现代化、建设教育强国新征程［J］. 人民教育，2018（19）：7–10.

建成，教师管理制度逐步健全，教师地位待遇稳步提高，教师素质能力显著提升，为职业教育改革发展提供了有力的人才保障和智力支撑。但是，职业教育教师队伍存在着教师来源单一、数量不足、校企合作和双向流动不顺畅、结构性矛盾突出、管理体制机制不灵活、专业化水平偏低等问题，特别是"双师型"教师和教学团队缺乏，这些问题都成为制约职业教育改革发展的难题和瓶颈。

（一）全国中职学校专任教师规模情况

2019 年，全国中等职业学校教职工 801482 人；校本部教职工 798471 人，约占学校教职工人数的 99.6%；专任教师 642197 人，约占学校教职工人数的 80.13%，约占校本部教职工人数的 80.41%。女性专任教师 353701 人，约占专任教师人数的 55.08%，文化基础课教师 270664 人，约占专任教师人数的 41.15%，专业课教师 347353 人，约占专任教师人数的 54.09%，实习指导课教师 24180 人，约占专任教师人数的 3.77%。2011～2018 年专任教师呈现递减趋势，减少了 45493 人，2019 年比 2018 年增加了 6736 人①。中职学校专任教师分布在农林牧渔类、资源环境类、能源与新能源类、土木水利类、加工制造类、石油化工类、轻纺食品类、交通运输类、信息技术类、医药卫生类、休闲保健类、财经商贸类、旅游服务类、文化艺术类、体育与健身类、教育类、司法服务类、公共管理与服务类等学科。专任教师分布排名前五的分别是信息技术类、加工制造类、财经商贸类、文化艺术类和教育类。从产业划分看，第一产业最少，第二产业和第三产业相对较多，学科分布存在着一定的不均衡现象。中职学校的农林牧渔类专业开设少，专任教师数量不多，培养的学生也较少，相对于农业的发展，中职学校跟不上社会需求。

（二）全国中职学校教师队伍质量状况

1. 中职专任教师年龄结构分析

2019 年，全国中职专任教师 642197 人，其中，29 岁及以下的专任教师 105556 人，约占专任教师总人数的 16.44%；30～34 岁的专任教师 102322 人，

---

① 教育部.2010 – 2019 年教育统计数据［EB/OL］. http：//www.moe.gov.cn/s78/A03/moe_560/jytjsj_ 2019/.

表 2－1　2019 年全国中等职业学校（机构）分科专任教师数　单位：人

	合计	其中：女	正高级	副高级	中级	初级	未定职级
专任教师	642197	353701	2533	158939	247629	153489	79607
其中：女	353701	—	1217	78674	135722	91300	46788
文化基础课	270664	158359	768	77317	106968	56059	29552
专业课	347353	186164	1698	77119	131336	90855	46345
农林牧渔类	17590	8109	136	5511	7064	3625	1254
资源环境类	1325	554	4	376	482	321	142
能源与新能源类	1758	700	6	449	667	372	264
土木水利类	10304	4760	56	2417	3736	2943	1152
加工制造类	44948	16862	234	10963	17251	11780	4720
石油化工类	2501	1229	20	848	979	497	157
轻纺食品类	4198	2449	17	887	1509	1124	661
交通运输类	24049	8553	100	3783	7632	7500	5034
信息技术类	59694	30567	174	12862	24957	14344	7357
医药卫生类	23651	16401	315	5505	8932	6016	2883
休闲保健类	1738	1097	6	236	585	507	404
财经商贸类	37955	25835	148	9240	14223	9620	4724
旅游服务类	18318	12169	45	3675	6643	5037	2918
文化艺术类	35156	22942	201	5576	12758	10697	5924
体育与健身类	14551	4185	59	3094	5594	3876	1928
教育类	33866	21661	117	8416	12699	8697	3937
司法服务类	1726	742	5	243	500	322	656
公共管理与服务类	5007	2836	16	942	1806	1300	943
其他	9018	4513	39	2096	3319	2277	1287
实习指导课	24180	9178	67	4503	9325	6575	3710

数据来源：中华人民共和国教育部网站 2019 年教育统计年鉴。

约占专任教师总人数的 15.93%；35～39 岁的专任教师 114808 人，约占专任教师总人数的 17.88%；40～44 岁的专任教师 99496 人，约占专任教师总人数的 15.49%；45～49 岁的专任教师 99658 人，约占专任教师总人数的 15.52%；50～54 岁的专任教师 82089 人，约占专任教师总人数的 12.78%；55～59 岁的专任教师 36833 人，约占专任教师总人数的 5.74%；60 岁及以上的专任教师

1435 人，约占专任教师总人数的 0.22%。从 2009～2019 年专任教师年龄总体趋势来看，随着 2011～2018 年专任教师递减，各年龄阶段专任教师相应递减，但是，2019 年比 2018 年有所增加①。

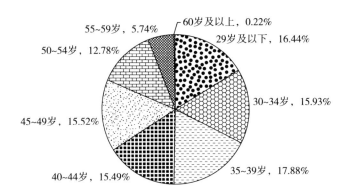

图 2－1　2019 年中职专任教师年龄结构占比

数据来源：中华人民共和国教育部网站 2019 年教育统计年鉴。

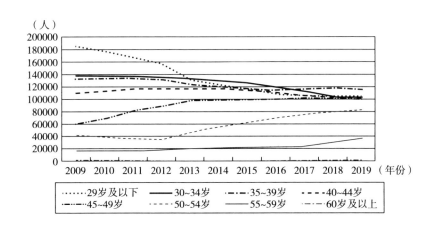

图 2－2　2009～2019 年中职专任教师年龄情况

数据来源：中华人民共和国教育部网站 2009～2019 年教育统计年鉴。

---

① 教育部 . 2010－2019 年教育统计数据［EB/OL］. http：//www. moe. gov. cn/s78/A03/moe_ 560/jytjsj_ 2019/.

2. 中职专任教师学历结构分析

2019 年，中职专任教师中博士研究生 430 人，硕士研究生 52255 人，本科生 542051 人，专科生 45791 人，高中及以下学历学生 1670 人；占比分别约为 0.07%、8.14%、84.41%、7.13% 和 0.26%。专任教师学历中占比最大的是本科生，硕士研究生、专科生、高中及以下学历学生依次递减，占比最少的是博士研究生。从 2009～2019 年专任教师学历总体趋势来看：2010～2013 年博士研究生由 534 人上升到 915 人，增加了 381 人，呈总体递增趋势；2013～2019 年博士研究生减少了 485 人，10 年总体减少了 104 人，减幅约为19.48%，呈总体递减趋势。2010～2019 年中职专任教师中硕士研究生由26807 人上升到 52255 人，增加了 25448 人，增幅约为 94.93%，总体呈逐年递增趋势。2010～2019 年本科学历的专任教师人数总体变化不大，有增有减，10 年总共增加 2212 人，增幅约为 0.41%。2010～2019 年专科学历的专任教师呈逐年下降趋势，总共减少 62427 人，减幅约为 57.69%。2010～2019 年高中及以下学历的专任教师呈逐年下降趋势，总共减少 3886 人，减幅约为 69.94%。

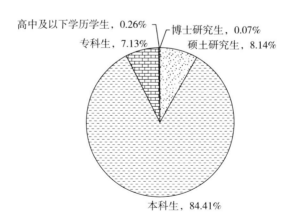

图 2 - 3 2019 年中职专任教师学历结构占比

数据来源：中华人民共和国教育部网站 2019 年教育统计年鉴。

图 2 - 4　2010~2019 年专任教师学历情况

数据来源：中华人民共和国教育部网站 2009~2019 年教育统计年鉴。

3. 中职专任教师和聘请校外教师职称结构分析

2019 年，中职专任教师中，正高级职称 2533 人，副高级职称 158939 人，中级职称 247629 人，初级职称 153489 人，未定职级 79607 人，实习指导课教师 24180 人，占比分别为 0.39%、24.75%、38.56%、23.90%、12.40%、3.77%。正高级职称中博士研究生 55 人，硕士研究生 492 人，本科生 1892 人，专科生 82 人，高中及以下学历学生 12 人，分别占比为 2.17%、19.42%、74.69%、3.24%、0.47%；副高级职称中博士研究生 162 人，硕士研究生 12254 人，本科生 142373 人，专科生 4104 人，高中及以下学历学生 46 人，占比分别为 0.10%、7.71%、89.58%、2.58%、0.03%；中级职称中博士研究生 166 人，硕士研究生 22263 人，本科生 210177 人，专科生 14692 人，高中及以下学历学生 331 人，占比分别为 0.07%、8.99%、84.88%、5.93%、0.13%；未定职级中博士研究生 18 人，硕士研究生 10829 人，本科生 129720 人，专科生 12505 人，高中及以下学历学生 417 人，占比分别为 0.04%、8.06%、72.72%、18.10%、1.09%。2010~2019 年专任教师职称变化为：正高级职称的专任教师仅在 2010 年到 2011 年增加了 285 人，2011~2019 年呈逐年减少趋势，10 年减少了 2019 人，降幅约为 45.43%；副高级职称的专任教师除 2015 年和 2018 年外，总体呈上升趋势，10 年增加了 19266 人，增幅为 13.79%；中级职称的专任讲师是除 2011 年外，总体呈减少趋势，10 年减少了 27448 人，降幅为 9.98%；未定职级的专任教师除 2012 年和 2015 年外，总体呈增加趋势，10 年增加 20018 人，增幅为 33.59%。

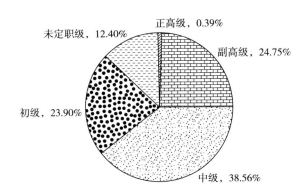

图 2-5　2019 年专任教师职称占比

数据来源：中华人民共和国教育部网站 2019 年教育统计年鉴。

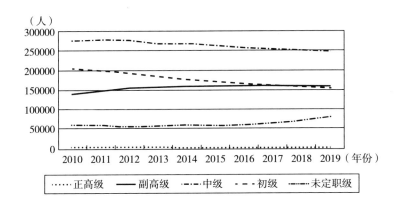

图 2-6　2010～2019 年专任教师职称情况

数据来源：中华人民共和国教育部网站 2010～2019 年教育统计年鉴。

2019 年，中职聘请的校外教师 81000 人中，女性专任教师 39917 人，正高级职称 2019 人，副高级职称 13002 人，中级职称 22758 人，初级职称 12266 人，未定职级 30955 人，实习指导课教师 6404 人，外籍教师 111 人，占比分别为 49.28%、2.49%、16.05%、28.10%、15.14%、38.22%、7.91%、0.14%。正高级职称中博士研究生 83 人，硕士研究生 405 人，本科生 1328 人，专科生

154 人，高中及以下学历学生 49 人，占比分别为 4.11%、20.06%、65.78%、7.63%、2.43%；副高级职称中博士研究生 127 人，硕士研究生 1662 人，本科生 10124 人，专科生 978 人，高中及以下学历学生 111 人，占比分别为 0.98%、12.78%、77.86%、7.52%、0.85%；中级职称中博士研究生 67 人，硕士研究生 2100 人，本科生 16788 人，专科生 3615 人，高中及以下学历学生 188 人，占比分别为 0.29%、9.23%、73.77%、15.88%、0.83%；初级职称中博士研究生 58 人，硕士研究生 924 人，本科生 9135 人，专科生 2066 人，高中及以下学历学生 83 人，占比分别为 0.47%、7.53%、74.47%、16.84%、0.68%；未定职级中博士研究生 57 人，硕士研究生 1761 人，本科生 21514 人，专科生 6621 人，高中及以下学历学生 1002 人，占比分别为 0.18%、5.69%、69.50%、21.39%、3.24%。2010～2019 年外聘教师中，具有职称的除个别年份外，总体呈减少趋势，没有职称的总体呈增加趋势。没有职称的大部分是企业人员，这说明在外聘教师中企业技术人员等在增加，校企合作在加深。

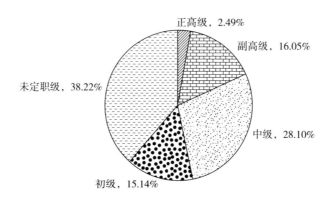

图 2 - 7　2019 年外聘教师职称占比

数据来源：中华人民共和国教育部网站 2019 年教育统计年鉴。

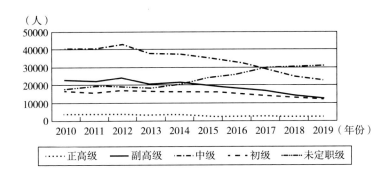

（人）

图 2 - 8   2010 ～ 2019 年专任教师职称情况

数据来源：中华人民共和国教育部网站 2010 ～ 2019 年教育统计年鉴。

二、中职教师队伍存在的问题

（一）教师结构难以适应职业教育质量的提高要求

建构合理的结构是师资队伍建设的首要目标，其存在的问题是亟须解决的首要问题。总体来看，各校在师资队伍结构方面，其年龄结构、职称结构、学历结构、专业结构、学术梯队结构、专兼职结构等都不尽合理，存在"总量少、骨干缺、结构偏、待遇低、管理难"的问题[①]。

1. 专业课教师和配备不够

专任教师约占学校教职工人数的 80.13%，但是，文化基础课教师约占专任教师人数的 41.15%，专业课教师约占专任教师人数的 54.09%，实习指导课教师约占专任教师人数的 3.77%。近十年来，专任教师人数整体减少，专任教师中，基础课、文化课教师偏多，专业课和实习指导教师少，专业理论课教师企业经验欠缺，部分教师的专业不对口，有的地方甚至出现文化课教师上专业课的现象。专业课教师缺乏直接导致中职学校学科发展不均衡，专业建设不足，既不能适应专业发展需要，也不能满足国家发展和地方经济建设的需求。中职学生的技能水平的高低直接关系到学生就业和发展，教学环节中，实

---

① 张伟罡.当前中等职业学校师资队伍建设的几点思考［J］.职教论坛，2012（7）：63 - 65.

习指导教师对学生实习实训、实践操作能力等方面的指导显得尤为重要，但是，目前中职学校的专任教师和校外聘请的教师中，实习指导教师占比偏小，数量严重短缺，导致指导学生专业实习和具体实操不够，效果不佳，学生的实践能力、创新能力、动手操作能力欠缺。

2. 教师队伍学历结构不佳

教师队伍学历结构不佳。中职学校专任教师的博士研究生只占中职专任教师的 0.07%，高层次人才缺乏导致学术骨干和学术带头人难以培养，学科建设存在困境，学科专业整体实力不强，教学科研能力欠缺，难以形成结构合理、能力突出、专业水平高的教学科研团队。硕士研究生占比在 8% 左右，特别是年轻教师和专业骨干中研究生占比不高，既不能满足自身发展需要，也不能满足学校建设和现代职业教育的发展需求。中职学校专任教师大部分是本科学历，占比达到 84% 左右，理论水平和实践能力还不够，学术科研能力还不强，在指导学生专业学习上还存在薄弱环节。中职专任教师忙于教学工作，一方面缺乏自身发展动力，另一方面学历提升的渠道还没有完全打通，部分教师存在得过且过的现象，继续深造的意愿不强，发展后劲不足。

3. 教师队伍职称结构不合理

在中职教师队伍中龄资低，中、初级职称教师比重大，学历结构偏低，高技能教师匮乏。重点专业具备高级职称的教师少，学科专业教师梯队尚未形成，不能发挥教师传帮带的效果。学校高级职称占专任教师的 25% 左右，正高级职称只占 0.39%，高级职称中的专任教师硕士及以上学历的比例低，科研能力不足、教学水平不突出，指导学生成果不显著，在职称评聘中受制于指标和教学科研成果不多，在评聘竞争中没有优势，职称晋升空间不大，制约了个体和学校的发展。

4. 专业骨干教师力量不足

各校重点建设专业课教师数量普遍不足，不能有效地支撑重点专业的建设和发展。如有的学校重点建设专业项目师资严重短缺，青年教师比例偏低，后继骨干力量发展薄弱，致使重点建设专业年富力强的教师各项管理工作负担过重，精力不能集中于教学科研和学科建设。学科带头人和骨干教师的认定缺乏规范化，培养力度不够，造成很多学校在实际工作中起支撑作用的骨干教师和学科带头人数量明显不足，缺少年富力强的专业骨干教师。有些学校没有明确的学科带头人认定制度和程序，培养体系没有建立，导致教师自己也不清楚自己的能级，成长发展不快①。

（二）"双师型"教师缺乏

中职学校主要是为地方经济发展提供智力支持和人才保障，为社会培养具备满足生产制造业所需基础知识和技术能力的初中级应用型、技术型人才。因此，作为中职教师不仅要教好专业理论知识，还要带好学生的专业实践、技能操作，这就需要中职学校不断提高教师的素质和能力，建设一支理论知识扎实、专业技能过硬、实际操作能力较强的"双师型"师资队伍。目前，"双师型"教师在中职学校中发展不顺，同时，"双师型"教师的培养政策可操作性不强，缺少具有职教特色的教师资格证书制度，学校师资培养培训跟不上国家发展和社会需求。

"双师型"教师数量明显不足，没有达到教育部规定的比例，缺乏专业师资尤其是缺乏"双师型"师资已经成为中等职业教育发展的"瓶颈"。我国职业教育的专业教师绝大多数是非师范类高校毕业生直接进入职业学校任教，缺乏生产、建设、管理、服务的实践经验，没有经过严格系统的师范教育和教师培训，教育教学理论与专业技能水平均达不到中职教育的要求，理论与实践相脱节的现象较严重。不少中职院校的教师是从普通高中转岗而来，或者是招收的研究生、本科毕业生，中等职业教育需要的既有技术又有能力的教师普遍缺乏。有丰富实践经验的企业兼职教师目前占中职教师的比例很小，与教育部要求的比例存在差距。许多教师在教学过程中多采用传统教学，使用现代化教学手段偏少；老师讲得多，启发学生参与、讨论得少；理论讲解得多，实践操作得少等问题仍然存在，这和"双师型"教师的要求也存在差距。同时，中职教师队伍中存在一些名不副实的"双师型"教师，社会各界对"双师型"教

---

① 宁永红，凌志杰．中等职业学校师资队伍建设的薄弱环节及应对策略［J］．职业技术教育，2012，33（13）：49-54.

师的认识有偏差，认为只要是有职业资格证书的教师就是"双师型"教师，为了能拿到职业资格证书，并被认定为"双师型"教师，出现了教计算机的拿心理咨询师证，教会计的拿电工证，教数学的拿营养师证，甚至行政人员也拿个厨师资格证的现象。为了满足"双师型"教师的资质，造成教学需求与实践情况相脱离的结果，这也与"双师型"教师的培养初衷相违背。由此可见，"双师型"教师数量少、比例低、素质要求不达标，真正符合要求的"双师型"教师缺口大，这也是中职师资队伍建设中亟待解决的问题。

（三）中职教师的职业认同感不高

中职教师流失严重，职业幸福感不强，职业吸引力不足，学校内部人事管理制度改革力度不够，难以留住高水平人才，缺乏合理、准确的教师编制规划和有效的编制管理约束机制。学生心理问题多，教育难度大，教师任务重、心理压力大，难有获得感。同时，在中职学校争抢学生和优秀生源，中职学校为了生存发展把工作重点放到了招生上，把压力下放到教师身上，出现全员下乡包村宣传招生，既增加了教师的工作任务，又使招来的学生素质参差不齐，导致学校的工作混乱，课堂教学秩序难以维护。学校缺乏有效的专业教研活动，教师管理上缺乏有效的竞争机制，教师成长动力不足，容易出现工作得过且过、积极性不高的现象，导致一些教师寻求其他平台和发展空间。中职学校的教育是一个动态的过程，部分学生在素质、能力、成绩上水平不高，学生文化基础薄弱、学习积极性不高，学校教学设备落后，重管理、轻教学等一系列问题，导致中职学校的教师无法实现自我价值，心灰意冷，丧失教学热情和责任心。此外，由于缺乏专任教师，一个专任课教师一个学期要承担三到四门，甚至更多课程的教学任务，对于一些新增专业，很多年轻教师甚至没有经过专业的学习培训就要直接教学，在工作过程中，也难以得到老教师的指导，由此产生巨大的教学压力，而往往这种高投入却又得不到相应肯定和回报，青年教师的成就感不强。中职学校每年扩招，而中职学校的教师没有得到相应补充，这样就加重了原有教师教育教学的负担，致使老师在教学中感到身心力竭，存在"心有余而力不足"的现象，一些教师甚至出现厌岗、厌教情绪，"换岗"或者"跳槽"情况增多，这也造成教师队伍的不稳定。中职学校的教师高级职称评定指标有限，难度也比较大，有些教师在工作多次没有评到职称后，积极性减弱，放松了对自己的要求，工作态度懈怠，有些教师面对职业倦怠等问题时缺乏自我调控能力，减弱了对事业的追求和对职业的热爱①。

第二节　中职教师在职培训的问题分析

一、中职教师在职培训的现状与问题

经济基础决定上层建筑，教师专业水平的高低在很大程度上可以决定中国教育的发展能走多远。所以中职教育对国家的重要性不言而喻，是推动国家经济发展的重要途径。通过对某中职学校的一线教师以及教师发展部门的领导的访谈并结合多年来笔者所在高校承担中职学校在职培训任务的实践和经验，总结出中职教师在职培训目前存在的问题。

1. 教师对职后培训缺乏积极性

首先，访谈中所有的教师都是比较愿意参加教师培训的，但是这个"愿意"的程度建立在培训内容能够吸引教师的基础之上。反之，中职教师参与的兴趣度就很低，J教师在访谈中提到："如果在培训之前，我们获知这个培训内容不佳而感到不感兴趣，参与的积极性就没有那么高了，一般情况下大家还是会挑一挑（培训内容）。"其次，培训主办方的参培专家（也就是授课教师）由于自身的水平参差不齐，从而在课堂上无法吸引这些参培的中职教师，导致了培训效果不佳的情况出现。就像专业课教师W老师所说："有些培训给我的感觉是省级培训比较随意。他的培训确实是针对我的专业的，但是这些讲课的专家不是来自职业院校的，而是来自大专院校的，跟我们的专业有点脱节了，讲课的水平也不太高，不能有效地活泛课堂，甚至有些专家的水平还比不上我们自己。"最后，时间安排不合理也是导致教师积极性不高的原因之一。

---

① 韩培庆. 中职教师职业倦怠成因及对策 [J]. 中等职业教育，2004（24）：17－19.

一是中职教师认为教学任务重，难以额外抽出时间来参加培训，繁重的教学任务使教师无暇顾及培训。同时，中职教师认为培训对于实际教学没有太大实操借鉴意义，所以对于参加培训持无所谓的态度。二是培训时间多安排在假期，部分教师认为影响了假期休息，所以对培训产生了抵触心理。

2. 教师参培机会少且分配不均衡

在湖南省的中职教师培训中，开展了不同组织层次的培训，比如省级培训（以下简称省培）、市级培训（以下简称市培）及校级培训（以下简称校培），另外，由国家组织的培训称为"国培"。大部分教师参加的都是"市培"和校培，省培和国培参加得比较少或者完全没有参加过。在访谈中，Z 老师就提道："国培的名额本来就比较少，然后分摊到各个学校里面就更少了。另外全省分下来，每个学校能够有名额已经不错了，省培和市培我参加过，国培我还没有参加过。"笔者从某市中小学教师培训计划的通知文件中发现，在 2019 年中，除去一些新教师培训，中职文化课语文、数学、外语主题培训人数为 150 人，其他专业课培训和信息化相关的培训一共是 270 人，且培训的时间比较短，而且从文件中可以看出，绝大多数培训都是集中研修。专业课教师在访谈中告知笔者，他一次培训也没参加过，能参加的培训都是靠自己寻找而得。另外，不是所有教师都有资格参加"省培""国培"，只有本专业的骨干教师或者学科带头人才有参培的资格。名额限制是很少有教师参加"省培""国培"的关键原因。市培和校培大部分是讲座式培训，对教师的吸引力小，反而参加过"省培""国培"的教师大部分反映良好，证明大部分的教师都是特别想参加这种大型的国家级或者省级培训的。

通过对培训情况调查发现，国培和省培名额有限，中职学校选派参加国培项目的教师大部分是专业带头人、"双师型"教师、优秀青年教师、卓越校长及中高职衔接专业教师等，普通一线教师难以获得培训机会。省级培训能参与的教师必须为公共课骨干教师、班主任等，一次参与培训的学校的指标最多能有两名教师。就好比 Z 老师所说的，"一个教研室有 30 多位老师，一年也就2~3 个名额，10 年才 30 个名额，怎么够分"？W 老师也反映："国培的机会非常少，迄今为止我只参加过一次。我之前是教礼仪课的，我报过一个国家级的礼仪培训，但是因为全国报名人数实在是太少了，后来就取消了。在 2015 年的时候，学校有一个运动项目，我是学体育的，这个运动项目来了一个国培指标，于是我就参加了这次国培，全省只有我一个人参加了这次国培。"某学校教师发展部门的 Z 主任回应了这个现象，"固定的校本培训一般都是在寒暑假，每次大概两三天，就在自己学校开展。有时候各个教研室会组织培训，我们都会组织相应人员参加。国培和省培就没有固定次数，有时候培训项目多一点，有时候少一点，参培人数一般一年不会超过 20 个人"。

综上所述，由于教师人数多、基数大，而一些重要的有助于提升教师专业能力的培训少且名额有限，无法让所有有培训需求的教师都获得外出培训的机会，这种境况反映出中职教师培训存在机会过少而且培训机会分配不均的现象。

3. 参培内容固化，难以契合教师需求

职业教育有着自身的专业性，职业教师也具备其他普通教师所共同拥有的特点。所以，职业教师不仅要教授文化知识，还要对受教育者进行某些具体行业、专业技能知识的传递。所以，在培训中，培训内容的设置是中职教师职后培训的关键环节。培训内容如何去选择、如何去安排，则是必须根据职业教师的知识结构和未来专业发展来安排的。基于职业教师的专业特殊性，职业教育的培训一般分为两大类：一类是教育理论与教学实践知识培训，另一类是职业理论与技能培训。职业教师的教育理论知识还必须与职业教育的专业实践能力紧密联系在一起，理论和实践紧密结合，中职教师培训的效能才能切实提高。但是基于笔者所做的调查得知，大部分教师所参与的培训都是集中研修，也就是讲座式培训，以纯理论为主，只有少部分的教师参加了企业实践与现场操作，例如，正如市场营销的 C 老师所说的，"我没有最理想的培训，但是有最不理想的，有一次出差，在一个比我所在的城市经济落后很多的地方培训，让我感觉不好，然后他讲的那些内容和我们也没多大关系。我们市场营销这个专业在中职本来就处于比较弱势的地位，很多时候就把它和财经放到一起，叫财经商贸大类，你一把它放到那个大类里面去，就是老牌的财会和现在新兴的电子商务，我们市场营销就夹杂在两者中间，处于'要死不活'的状态，培训讲的东西不是财会类的就是电子商务类的，市场营销的很少，我希望的培训是让老师能够实实在在地学到一些东西，让我们专业课老师能够多在企业和那些专业方面实操厉害的专家那里得到沟通交流学习的机会"。访谈中，笔者得知目前中职教师的职后培训缺乏理论与实践的深度融合，培训内容没有契合职业教师的需要，专业教育理论和实践结合的培训不够具体、深入，流于形式，也就是所谓的"不接地气"。

4. 参培方式单一，培训缺乏实效

从上文获悉，参加国家级培训和省级培训的机会是比较少的，通常是参加市级培训和校本培训。在笔者调查的教师中，部分中职教师反映理论讲授与专家专题讲座是他们参与培训的两种主要形式，至于企业车间实地考察和实际操作这样的实践性强的操作方法他们经历得比较少。众所周知，职业教师的教学知识能力结构不同于普通教师，他们的实践性和学科专业性很强，不同的专业知识、不同的操作技术需要不同的培训方法来实施。大部分教师认为在他们自身的教学课堂上缺乏师生互动和经验交流，而这些实际的问题才是教师培训问题中急需解决的问题。虽然一定要提升教师的理论知识，但是熟练的操作技能对职业教师来说更是十分重要的，没有实践技能，培训学习再多的理论知识都只能成为空谈。目前，大多数中职学校的培训形式都以职教基地培训为主，而真正让教师到企业实践的较少，且效能低下。在采访过程中，某中职学校语文教研组组长 Z 老师提道："我觉得要举办一些普及型的培训，能够让更多老师参加，这是从学习的角度来说；另一个角度就是专业提升的方面，我认为是需要为培训划分档次，提高培训老师的水平，这些方法能够更有利于专业成长的。比如暑假学校开展的培训，是教老师们如何做课题，像课题这样的是我们老师的短板，讲解的老师都是高校的教授，一是他们自己的本专业，二是比较高端，经验丰富，像教授如何做课题，老师就会积极性比较高。所以如果培训有这样的内容，就会非常容易激发老师的兴趣。另外，我觉得培训能够和我们自身专业比较贴切是有指导意义的。我们学校也是在考虑，进行大面积的教师培训，就是整个学校都进行，因为市里面的培训还是比较少的，所以我是希望我们学校多举办这样富有实践意义的培训，而不总是集中起来进行理论方面的讲座，这样是没有多大的意义的。"

二、中职教师在职培训的影响因素分析

(一) 师资因素

职业教育是我国高中阶段教育的重要组成部分。2017 年教育部出台《高中阶段教育普及攻坚计划 (2017 – 2020 年)》，"提高中等职业教育招生比例"作为四大攻坚计划之一被写入其中。因此，深化发展中职教育迫在眉睫。专业发展是中职教育的重要载体，专业教师对中职教育的发展起着举足轻重的作用。

中职教师参加教师培训的最主要目的是希望提升自己的专业能力及实操能力。不管是文化教师还是专业教师，都希望自己能够在工作中系统学习相应的专业教育理论、教学方法和教改经验，能够参加各类教学研讨活动，通过这些培训培养活动能够对自身教学实践中存在的突出问题进行教学反思，从而得到持续的专业素质的提升[①]。不论参加什么形式的培训，教师的初衷都是希望能够得到提升，但是出于对政策的考虑，在 2017 年国家培训自主权下放至省级后，由各大高校承办，也就是说，现在的国培和省培通常是由省里具有举办资格的大学学院和高职院校组织开展，而问题也恰恰出在这里，甚少有大学开设美容美发、烹饪、汽工等专业，使得专业课教师培训没有地方可去。据笔者所知，中职学校具有职业教育的特殊性，与普通高中不一样，中职学校是文化与专业学科的结合教学，而现在有一部分大学学院和高职院校并不具备某些专业教学水平或者并没有这个专业。更有甚者，少数主办方为大专院校，与中职的专业有点脱节且主讲老师的水平低于参培的中职教师。对于中职教师而言，他们来参加培训是希望能够有一名经验丰富、教学水平高超的专家为他们授课，正如体艺教师 W 老师所言："他的培训有时候确实是针对自己的专业，但是这些讲课的专家不是来自职业院校，反而是来自大专院校的，跟我们的专业有点脱节了，我觉得讲课的老师的专业知识还没有我丰富。教师来参加培训，第一

---

① 邓朝平. 中职教师专业化成长路径的实践探索 [J]. 中国职业技术教育，2014 (1)：87 – 90.

是希望这些讲师最好是来自我们同类院校，因为情况相同，那就可以很好地了解我们学校的情况。第二是必须请优秀教师进行培训，现在培训的专家理论方面是很有高度的，但是他的理论与实践是脱节的。所以我们觉得是浪费时间，讲课的老师经验还没有我丰富，讲得也没有我好，所以我们不愿意去参加。"

（二）模式因素

中职教师培训模式的标准样式是以中职教师为限定范围，以组成培训模式各要素为维度而构成的。2020 年，我国中职教师培训模式主要有国家级培训、省级培训、地区（市、县）级培训。从细节上又划分为高校培训、企业培训、校本培训和远程培训等①。高校培训模式和校本培训模式是运行最多的模式，包括专家讲座、专题研讨、互动交流等①。中职教师培训之所以选择高校培训，是有一定道理的，首先综合性大学在学科建设、专业建设方面长期处于领先地位，相对于中职教师培训方面的优势明显。其次对学科和技术专业发展的前沿把握更加先进精准；在师资方面，有一批具备深厚学术造诣的专家学者能够对中职教师的专业知识进行引领②。校本培训也有其独特的优点，以本校职教基地为培训点，紧密联系教师的问题与需求。最后校本培训的覆盖面广，全员培训则是针对全校教师以不同的形式进行的，能够让更多的教师在教育教学理念、专业知识和技能方面得到极大提升。尽管有这些不同模式的教师培训，也有着一定的优势，但是笔者通过访谈得知，培训模式虽多，但往往都无法满足一线教师的需求，现下的状况就是在众多培训模式下教师职后培训的方式仍旧单一、固定，使得培训缺乏实效。

市培和校本培训的培训方式较为单一固定，最为盛行的方式是到教育部门委派的培训基地在职进修，而且大多是采用集中研修和网络研修的方式进行培训，一部分专业教师的培训增加了企业实践这个板块。而在实际的培训中，各位教师对这类型的培训方式褒贬不一。绝大部分教师对统一的集中研修、网络研修的讲座式培训比较抗拒，会计专业的 J 老师说："我觉得在文化、专业上，

① 孔德军. 国外职业教师培训对我国职业院校"双师型"师资队伍建设的启示 [J]. 教育教学论坛，2014（25）：30 – 32.

② 李志红，蒙俊健. 对中职教师继续教育培训模式的探讨 [J]. 职业，2013（8）：89.

不同的学科要有区别地培训。比如说专业课的需求是什么，怎样去培训，它的具体形式是什么，不一定要通过具体的讲座。可以去和公司挂钩，去和具体的行业挂钩，这样的话就能达到效果。"除了集中培训，企业实践的培训也存在令教师不满的情况。长期以来，中职教育教师多是来自普通高等教育学校毕业的学生，这种教师缺少丰富而必要的工作经历，从学校毕业后就直接进入学校的教师队伍，这种用人方式违背了职业学校注重技术能力的双师标准。近年来，国家已提高对中职教师培训的重视，企业实践也通过让教师以实习的方式参与到实际工作过程中，此举能够有效提升教师自身工作能力，提高其综合素质，最终造就一支专业化"双师型"的师资队伍[①]。然而在实际工作中，由于教师难以真正参与企业实践，导致参与企业实践往往流于形式，教师企业实践培训的效果差强人意。烹饪教师 Y 老师就这样说："参加过国培的人都知道，国培的重点不是技能培养，而是理论。国培虽然有一个月的时间到企业进行技能训练，但是你真正下企业的话，你下到这个实体店，这些店都是要对外营业的，他不可能有一个师傅，整天花时间来带着你做。国家政策是好的，但是落实到位是有难度的。只有你自己去报一个培训，教你一个技术一个技能，只有报这样的培训才能真正教你学到东西。"所以，中职专业教师来源单一，任教水平未经实践考验，在面对集中式的理论或实践学习时，难免产生倦怠、反感的情绪。这样，培训的实际效果也往往事倍功半，达不到培训的目的。

（三）个人因素

中职教师培训效果低下还有一部分原因来源于教师自身。一是个人的家庭琐事，比如休假、生病、照顾家庭；二是部分教师带着毕业高考班、对口班，或是班主任事务较多没有他人来带班而无法分身去参加培训等；只有一小部分教师自我认识力不足，对培训缺乏理性、清晰的认识。另外，中学生中考结束后，如果没有进入理想的普高，便可以随意选择中职学校就读，种种政策原因使进入中职学校十分容易。中职学生存在生源年龄偏小、综合素质偏低、文化

① 周齐佩，尚晓萍. 中职教师企业实践培训模式设计、实现与成效——基于上海市的实践[J]. 职教论坛，2017（27）：84-88.

起点较低的情况。总之，种种原因使中职学校很多学生的思想品德和学习表现均比较落后且素质普遍不高，加之中职学生现用教材多数内容比较陈旧，缺乏知识的更新，这导致了教师对自己的教学没有成就感，进而产生职业倦怠，对于教学工作也只是交差应付，对于自己知识技能的提升更新自然也没有兴趣，这也影响了教师在职培训的效能。

第三节　中职教师队伍建设制度性约束

机制的建立包括了体制、制度两个方面。岗位责权的调整与配置以及组织职能就属于体制范畴以内；国家和地方的法律条文及任何组织内部的规章则是制度。所以说，机制是建立在体制和制度的基础上的，并在国家建设发展的实践中得到体现。在中职教育领域中，体制制度的缺位也是培训不到位的原因之一。

一、"双师型"教师培养的机制问题

随着我国文化教育事业进程的不断加深，中职教育得到了良好、快速的发展。中职教育的出现进一步满足了社会经济、科学技术发展需要。而在当今教育逐渐国际化的情况下，对中职学校教师队伍建设的要求也越来越高，"双师型"教师队伍建设模式就是当前中职学校中师资阵容的主要发展模式。重视形式上的"双师"，忽视实践教学能力培养，重视教师个体能力，忽视不同专业大类间整体师资结构的差异，舍本逐末，忽视师资培养培训单位的师资队伍建设，重视师资队伍建设，忽视教育教学改革，缺乏关于职教师资标准和规范的制度，制度的缺失是当前我国中职学校"双师型"教师队伍建设实践中问题出现的直接原因，影响了中职学校教师的积极性，我国中职学校教学内容远远跟不上时代发展的需求，教学管理缺乏科学性和前瞻性，教学观念呆板陈旧，教学方式缺乏改革创新。近年来，通过专业培训获得"双师"资格的专业教师比例逐年提高，但真正具备"双师"素质且能将"双师"能力灵活运

用于教学实践的专业教师却不多。这直接影响了中职学校的专业课程改革、教育教学方法与手段的改革和学生职业能力的培养。当然，在评定指标中也有一些指标如遵守职业道德、胜任教学等，但这些指标很难量化评估，在实际操作中，起决定性作用的还是量化指标。"双师型"教师认定指标的量化，能使评定更客观，易于操作，但是，在加强"双师型"队伍建设中，很多教师忙于考证，对其职业的教育性和教学性反而疏忽了。"双师型"教师建设是为了促进教师的专业发展，是外力和内力相互结合、相互促动的一个长期过程，离开社会的保障和支持，脱离实际需求，个体的专业发展将难以实现。

二、中职学校软实力的建设问题

（1）中职学校编制不足。公办中职学校都有固定的人员编制，这种编制较多地参照了当地普通中学的管理，没有真正突出职业学校专业课程和教学计划的特点和现实发展需要，没有考虑招生规模和办学实际的需求，且在编制核定后相当长时间都不会调整，更不会从学校专业师资需求的实际数量出发去重视专业教师的引进，许多地方文化课教师调进职业学校占用了教师编制，真正需要的专业课教师编制得不到满足。这既阻碍了专业课教师队伍的扩大，也阻碍了职业教育的发展。

（2）中职教师待遇偏低。《中华人民共和国教师法》中规定"教师的平均工资水平应当不低于或高于国家公务员的平均工资水平，并逐步提高"。职业技校、职业高中教师的工资向上浮动10%，并享受教龄津贴。但在欠发达地区，中职教师仍是弱势群体，实际收入仍然很低，甚至不如中职学校刚毕业的学生。一个中职毕业生的熟练数控操作的工资可能会超过多数中职教师包括工作10～20年的教师的月工资。中职学校待遇低，影响了高素质人才进入教师队伍，同时，中职学校的教师留不住，高学历高职称的教师往发达地区、其他单位流动，教师队伍缺乏稳定性。

三、中职教师来源的结构问题

当前，中国职教师资培养力度薄弱，培养体系单一，通常以本科层次为主，硕士研究生比例相对较少，博士研究生层次凤毛麟角，整个培养体系呈金字塔结构，教师培养的数量和质量不达标，不能满足职业教育发展需求。为了满足职业教育办学需要，抓紧职教师范生培养工作是当务之急。免费师范生是拓宽职教师范生的来源，但是总体来说，数量较少，不能满足中职学校的需求，同时，地方政府和学校对于免费师范生重视程度不同，有些学校不能给师范生提供更好的发展空间，致使学生不能安心任教，潜心研究，甚至出现违约也要离开的现象。

四、中职教师培养培训体系建设问题

中职教师队伍主要由职教师范毕业生、从企业引进的专业人才、综合性大学毕业生构成。首先，除了职教师范毕业生接受过专门化职教师资教育外，其他人接受的职前教育都存在较大差距。其次，身在农村的中职教师的专业化发展会受到地区经济条件、自身能力水平及职业认同感、社会认同感等因素的制约，陷入困境之中。教师专业发展理论认为教师作为一种专门的职业，需要有专业化的理论指导，使教师职业更加专业化。在教学过程中需要定期的持久的培训来不断地促进教师的专业进步。

当前，中职教师师资培训缺少个性化的规划与设计，而这种规划与设计是每个教师实际水平和实际需求都迫切需要的；职前教育与职后培训缺少贯通性、连续性和发展性，大量的培训都存在诸如内容倒挂、重复、不适应教师发展需求的问题；培训过程中过于重视理论而忽视实践，不仅浪费了宝贵的教育资源，更严重影响了培训质量，背离了培训的初衷。尽管多年来做了许多的工作，如学习德国的二元制教学模式、引进企业合作办学、举办各类技能大赛、投资实训设施以及大力引进并培训师资等，但收效不大，中职学校的教学还是没有走出"黑板上种田"的怪圈，没有第三方的监督，教与学的实际情景依然是走过场而已，没有真正的优质高效的质量可言。职教师资培养培训体系亟待从培养机制、培养模式、培养内容及教学模式等方面进行改革，实行"职教师资一体化培养"。

五、中职教师培养培训的监督评估问题

教育部办公厅、财政部办公厅在《组织实施中等职业学校专业骨干教师培训工作的指导意见》中提出了建立信息报送监督评估等相关制度。尽管各种制度的实施对教师的培训效度起到了一定的作用，但这些制度实施效果有限，往往拘泥于形式。参加过培训的中职教师通常认为，在目前的培训机制中几乎都忽略了对培训过程的评价，而把考评重点放在培训完成后对培训成果进行单一的考评。通常来说，预期的培训方法和内容有效与否必须在实际的培训活动中有效运用且需要通过培训过程评价才能实现，目前来看获取一个完整的过程评价才能起到一定的引导作用，经得起实践的考验才能使得培训向着更好的方向发展。目前的评价机制既不能有效地反映评价的成果，也无法形成科学的反馈信息，既不能对自身的专业发展起到很大的作用，也无法对未来的培训起到提供借鉴的意义。

六、中职教师队伍建设的管理制度问题

中职教师队伍建设管理包括教师队伍岗位管理、人才引进、编制标准、职业资格、兼职教师管理及专业技术职务（职称）评聘等制度[①]。建立健全的中职教师队伍建设制度细则，是深入中职教师队伍建设培养的基础和前提。迄今为止，我国还未能建立一个全面的中职学校教师编制标准、任职资格和职务评聘制度。

因此，建立科学、合理。全面的中职教师队伍建设管理体制，从源头上完善中职教师准入机制、发展规划、晋级制度、管理体系，是目前中职教师队伍亟待解决的问题。

---

① 薛梅青，董仁忠. 中职教师培养培训政策：反思与展望［J］. 职业技术教育，2010，31（25）：25－29.

第三章　高校职教师范生人才培养模式分析

高等职业技术师范教育是我国的一种高等教育形式，高等职业技术师范学校大多设立于 20 世纪 70 年代末 80 年代初，是当时为了适应大力发展职业教育、培养职教师资而出现的一种特殊的高等教育类型。[①]《职业技术师范教育专业认证标准》对职业技术师范教育的定义是："为中等职业学校培养专业课、实习指导教师和教学管理人员，具有专业性、职业性、师范性融合特色的高等师范教育。"其培养目标是：贯彻党的教育方针，坚持社会主义办学方向，面向国家、地区职业教育改革发展和产业转型升级等战略需求，落实国家职业教育改革实施方案和教师教育相关政策要求，培养高素质专业化"双师型"教师，为实施"学历证书 + 若干职业技能等级证书"制度（1 + X 证书制度）和国家资历框架储备师资。[②] 高等职业技术师范教育所培养的人才，我们简称职教师范生。

关于人才培养模式，我国很多学者都对其下过定义：人才培养模式是人才的培养目标、培养规格和基本培养方式（周远清，1998）；是学校为学生构建的知识、能力和素质结构，以及实现这种结构的方式（钟秉林，1999）；是指在一定的教育思想和教育理论指导下，为实现培养目标（含培养规格）而采取的培养过程的某种标准构造样式和运行方式（龚怡祖，1999）；是教育思想、教育观念、课程体系、教学方式、教学手段、教学资源、教学管理体制、

---

①　易玉屏. 非定向型职教师资培养模式研究［D］. 湖南农业大学，2006.

②　教育部教师工作司关于印发《职业技术师范教育专业认证标准》和《特殊教育专业认证标准》的通知［Z］. 教师司函〔2019〕50 号.

教学环境等方面按一定规律有机结合的一种整体教学活动，是根据一定的教育理论、教育思想形成的教育本质的反映（刘红梅、张晓松，2002）。人才培养模式既不能限定在教学过程中，又不能泛化到高校的整个管理层面，它是一种结构与过程的统一，是静态的样式与动态机制的统一体（刘献君和吴洪富，2009）。① 所谓职教师范生人才培养模式是指在一定的教育理论、教育思想的指导下，按照特定的培养目标，以相对稳定的专业方向、教学内容、管理制度和评估方式，实施人才教育的过程的总和。同时它也是一个具有发展性的概念，它会随着一个国家的产业结构调整、经济结构升级、科学技术发展而不断得到充实，特别是职业教育这种与社会经济联系紧密的教育类型，它的人才培养模式更具动态性。②

我国高等职业技术师范教育肩负着为中等职业学校输送高质量"双师型"教师的使命。为培养高素质的职教师范生，多所高校进行了有益的尝试，探索出了与其学校定位和社会发展相适应的具有特色的人才培养模式，培养了大批优质的职教师范生，为充实中职师资队伍做出了重大贡献。但随着时代的发展，高等职业技术师范教育在培养理念、课程设置、教学内容、实践教学、教学方法、教学评价等方面也存在着一些亟须解决的问题。近年来，国家先后出台了多个政策文件，为高校培养职教师范生指明了方向。

第一节　新时代国家对职教师范生培养的政策要求

百年大计，教育为本。教育大计，教师为本。自 2011 年以来，国家制定了一系列政策，出台了各类教师标准，加快了教师标准体系建设，综合体现了社会发展、国家人才培养、教育改革发展等对教师专业素质和教师教育的要求，从不同层面对师范生培养形成了规范与引领。同时，随着职业教育不断改

---

① 刘献君，吴洪富.人才培养模式改革的内涵、制约与出路［J］.中国高等教育，2009（6）：10-13.

② 许晟.基于职业属性的职技高师人才培养模式的重构［J］.职教论坛，2020（14）：68-70.

革发展,对职业学校教师的教育教学能力素质提出了新的挑战。职教师资的培养要符合国家职业教育教学改革对教师素质的基本要求,以及国家对职教教师专业性和职教师范生培养的基本规范。

一、国家职业教育改革的基本要求

2014 年,国务院召开全国职业教育工作会议,出台了《国务院关于加快发展现代职业教育的决定》,职业教育进入改革发展的黄金时期。2015 年,教育部出台《关于深化职业教育教学改革全面提高人才培养质量的若干意见》,针对职业学校的德育工作、专业设置、产教融合、实践性教学、教学规范管理、师资培养培训、信息化教学、教科研服务等方面提出了许多新的改革举措,要求职业学校把德育放在首位,加快专业改革和建设,推进课程教学层面的产教融合,紧贴生产和技术改革专业教学方法和内容等,增加实践教学课时并强化考核,加强教学质量管理、全面开展教学与诊断改进工作,加强教师实践教学、信息技术应用和教学研究能力提升培训,提升信息化教学能力,加强教科研工作等。2018 年,国务院出台《关于全面深化新时代教师队伍建设改革的意见》,指出要全面提高职业院校教师质量,建设一支高素质双师型的教师队伍;继续实施职业院校教师素质提高计划,引领带动各地建立一支技艺精湛、专兼结合的双师型教师队伍;加强职业技术师范院校建设,支持高水平学校和大中型企业共建双师型教师培养培训基地,建立高等学校、行业企业联合培养双师型教师的机制;切实推进职业院校教师定期到企业实践,不断提升实践教学能力;建立企业经营管理者、技术能手与职业院校管理者、骨干教师相互兼职制度。接着,教育部等五部门联合印发《教师教育振兴行动计划(2018—2022 年)》,提出要全面提高师范生的综合素养与能力水平,为中等职业学校大幅增加培养具有精湛实践技能的"双师型"专业课教师,推进职业学校、高等学校与大中型企业共建共享师资,允许职业学校、高等学校依法依规自主聘请兼职教师,支持有条件的地方探索产业导师特设岗位计划。同年,教育部发布《关于实施卓越教师培养计划 2.0 的意见》,提出经过五年左右的努力,办好一批高水平、有特色的教师教育院校和师范专业,师德教育的针对性和实效性显著增强，课程体系和教学内容显著更新，以师范生为中心的教育教学新形态基本形成，实践教学质量显著提升，协同培养机制基本健全，教师教育师资队伍明显优化，教师教育质量文化基本建立。2019 年，国务院发布《国家职业教育改革实施方案》（以下简称《职教 20 条》），再次启动了职业教育的全面深化改革，在以往改革的基础上，提出实施"1 + X"证书制度，校企全面深度合作，育训结合，教师教材教法三教改革等新举措。这些措施对职教教师的知识能力提出了新的挑战，职教师范生培养必须及时更新内容，培养其具备改革所需的理念意识和能力素质，从而保障各项改革举措的顺利实施。①

二、《教师教育课程标准（试行）》及基本要求

为落实教育规划纲要，深化教师教育改革，规范和引导教师教育课程与教学，培养造就高素质专业化教师队伍，2011 年，教育部颁发了《教师教育课程标准（试行）》（以下简称《课程标准》），制定了幼儿园、小学和中学的职前教师教育课程目标与课程设置。《课程标准》是我国教育史上第一部关于教师教育课程的国家标准，它体现了国家对教师教育课程的基本要求，是制定教师教育课程方案、教材编写、课程资源建设以及开展教学和评估活动的依据。《课程标准》旨在解决一直存在的教师教育课程目标定位偏差、课程内容过于陈旧、课程时数偏少、课程实施质量偏低等状况，以及教师教育体系从封闭走向开放之后出现的课程设置失范现象，期望通过标准的建立，规范和引导教师教育课程的设置和运行，切实提高教师教育的质量，为每一位教师的成长提供专业的课程保障。这是我国教师教育的一项重要改革，它充分体现了现代教师教育的发展方向，反映了教师专业化发展的时代要求。《课程标准》未单列中等职业学校教师教育课程标准，暂参照中学的标准（见附录 1）。

《课程标准》的基本理念：一是育人为本，教师是学生发展的促进者，在研究和帮助学生健康成长的过程中实现专业发展。教师教育课程应反映社会主义核心价值观，吸收研究新成果，体现社会进步对学生发展的新要求。教师教

---

① 凌琪帆. 中等职业学校教师教育课程设置研究［D］. 天津职业技术师范大学，2019.

育课程应引导未来教师树立正确的儿童观、学生观、教师观与教育观，掌握必备的教育知识与能力，参与教育实践，丰富专业体验；引导未来教师因材施教，关心和帮助每位学生逐步树立正确的世界观、人生观、价值观，培养社会责任感、创新精神和实践能力。二是实践取向，教师是反思性实践者，在研究自身经验和改进教育教学行为的过程中实现专业发展。教师教育课程应强化实践意识，关注现实问题，体现教育改革与发展对教师的新要求。教师教育课程应引导未来教师参与和研究基础教育改革，主动建构教育知识，发展实践能力；引导未来教师发现和解决实际问题，创新教育教学模式，形成个人的教学风格和实践智慧。三是终身学习，教师是终身学习者，在持续学习和不断完善自身素质的过程中实现专业发展。教师教育课程应实现职前教育与在职教育的一体化，增强适应性和开放性，体现学习型社会对个体的新要求。教师教育课程应引导未来教师树立正确的专业理想，掌握必备的知识与技能，养成独立思考和自主学习的习惯；引导教师加深专业理解，更新知识结构，形成终身学习和应对挑战的能力。

《课程标准》在上述现代教师教育理念指导下，确立了"三位一体"的教师教育课程目标。明确了教师教育要培养具有正确的教育信念与责任、综合的教育知识与能力、丰富的教育实践与体验、具有实施素质教育能力的专业化的幼儿园、小学与中学教师。这三大领域的课程目标分别在关注儿童（学生）、关注教育教学及关注教师自身方面提出了具体的要求。正确的教育信念与责任是教师专业发展的首要任务，教师教育课程要引导教师（或未来教师）形成正确的儿童观（学生观），形成正确的教育观和正确的教师观。综合的教育知识与能力是教师专业素养的重要组成部分，是从事教育工作的核心素质，也是有效教育教学的根本保证，教师教育课程在促进教师综合的教育知识与能力方面起着关键性的作用。丰富的教育实践与体验是教师专业发展的根本保证，是"实践取向"理念在教师教育课程目标上的体现，它将教师教育关注儿童（学生）、关注教育教学和关注教师自身三者融合起来，在丰富的教育实践与体验中理解儿童（学生）、理解教育教学活动、理解教师职业，形成并深化正确的儿童观（学生观）、教育观和教师观，坚定教育的信念与责任；同时在教育实践与丰富的体验中教师自主地建构与验证关于儿童（学生）、教育教学和专业发展的知识，培养锻炼理解儿童、教育教学和专业发展的能力。而从观摩实践到参与实践再到研究实践，则实现着教师教育课程目标螺旋式的推进与发展。

《课程标准》的课程设置包括儿童发展与学习、中学教育基础、中学学科教育与活动指导、心理健康与道德教育、职业道德与专业发展及教育实践六大领域，每个领域均有并列的、主题性的、可供选择的课程模块，课程模块供教师教育机构或学习者选择或组合，可以是必修也可以是选修。模块与模块之间可以有多种多样的组合方式，形成一个个或独立或相互联系的课程形式，而每个学习领域或模块的学分数则由教师教育机构按相关规定自主确定。《课程标准》并对最低必修学分及实践周数有明确要求，设置了"教育实践"课程并安排了为期 18 周的课程，这么长时间的教育实践充分体现了教师教育课程"实践取向"的理念，对于改变教师教育课程长期以来脱离实际、局限于大学课堂的现状，对于密切关注中小学幼儿园教育的实际需要，强化教育实践环节，实现课程目标具有重大的意义。

《课程标准》的颁布，标志着教师教育课程由长期存在的学科化、理论化、学术化向专业化、职业化、实践化的大转型，深刻影响中国教师教育发展。它有利于培养适应基础教育课程改革和幼儿教育发展的教师；有利于促进教师教育机构长期存在的学科本位思想的弱化，提高教师教育的质量；有利于培养具有先进教育理念的专业化教师；有利于培养更高道德素养的新型教师。[①]

三、《中等职业学校教师专业标准（试行）》及基本要求

为贯彻党的十八大关于加快发展现代职业教育的重大部署，落实教育规划纲要和《国务院关于加强教师队伍建设的意见》（国发〔2012〕41 号）精神，构建教师队伍建设标准体系，建设高素质"双师型"中等职业学校教师队伍，

---

① 倪志明．论新时期我国教师教育课程的专业标准——《教师教育课程标准》（试行）解读[J]．皖西学院学报，2011（6）：55 – 59.

教育部于 2013 年制定了《中等职业学校教师专业标准（试行）》（以下简称《专业标准》）。《专业标准》是国家对合格中等职业学校教师专业素质的基本要求，是中等职业学校教师开展教育教学活动的基本规范，是引领中等职业学校教师专业发展的基本准则，是中等职业学校教师培养、准入、培训、考核等工作的基本依据。这一标准是对中等职业学校"双师型"教师内涵全面、系统的阐释，是国家对中等职业学校合格专任教师专业素质和专业行为提出的基本规范，是基本标准，也是最低标准，同时是导向标准，是引领教师专业发展的基本准则。

《专业标准》的基本理念：一是师德为先，即热爱职业教育事业，具有职业理想、敬业精神和奉献精神，践行社会主义核心价值体系，履行教师职业道德规范，依法执教；立德树人，为人师表，教书育人，自尊自律，关爱学生，团结协作；以人格魅力、学识魅力、职业魅力教育和感染学生，做学生职业生涯发展的指导者和健康成长的引路人。二是学生为本，即树立人人皆可成才的职业教育观，遵循学生身心发展规律，以学生发展为本，培养学生的职业兴趣、学习兴趣和自信心，激发学生的主动性和创造性，发挥学生特长，挖掘学生潜质，为每一个学生提供适合的教育，提高学生的就业能力、创业能力和终身学习能力，促进学生健康快乐成长，学有所长，全面发展。三是能力为重，即在教学和育人过程中，把专业理论与职业实践相结合、职业教育理论与教育实践相结合；遵循职业教育规律和技术技能人才成长规律，提升教育教学专业化水平；坚持实践、反思、再实践、再反思，不断提高专业能力。四是终身学习，即学习专业知识、职业教育理论与职业技能，学习和吸收国内外先进职业教育理念与经验；参与职业实践活动，了解产业发展、行业需求和职业岗位变化，不断跟进技术进步和工艺更新；优化知识结构和能力结构，提高文化素养和职业素养；具有终身学习与持续发展的意识和能力，做终身学习的典范。

《专业标准》把中等职业学校教师专业标准分为三个维度，即专业理念与师德、专业知识、专业能力。在基本理念的指导下，将教师专业素质划分为职业理解与认识、对学生的态度与行为、教育教学态度与行为、个人修养与行为、教育知识、职业背景知识、课程教学知识、通识性知识、教学设计、教学实施、实习实训组织、班级管理与教育活动、教育教学评价、沟通与合作、教学研究与专业发展共 15 个领域，对中等职业学校教师职业提出了 60 条基本要求（见附录 2），这不仅明确了中等职业学校教师的成长方位，而且明确了合格中等职业学校教师专业素质的基本要求，是跨入职业学校教师队伍门槛的最起码要求。

《专业标准》一是体现了职业教育改革发展的最新要求。将党的十八大精神和发展现代职业教育的最新要求写入《专业标准》，要求教师将社会主义核心价值体系融入教育教学全过程，把立德树人作为职业教育的根本任务，践行职业教育面向人人的理念。二是突出了"双师"素质要求。针对职业学校教师"双师"素质评定缺乏标准的问题，突出职教教师专业理论与职业实践相结合、职业教育理论与教育实践相结合的特征，要求教师既要具备普通教育教师的职业素质，又要具备相应行业人员的职业素质，能够实施理论教学与技能训练，指导学生实训实习。三是回应了社会关切问题。针对教师实践能力与产业技术进步脱节的问题，要求教师了解产业发展趋势和工作岗位要求，跟进技术进步和工艺更新；针对教师生产实践经验不足的问题，要求教师为企业提供技术支持、员工培训、业务咨询等社会服务；针对学生实训实习组织松散、学生权益屡受侵害的问题，在"专业能力"维度中专门增加"实训实习组织"内容，明确教师职责，要求专业课教师和实习指导教师全程参与指导学生实训实习，保护学生合法权益和人身安全。《专业标准》对加强中等职业学校师资队伍建设，促进中等职业学校改革与发展有极为重要的意义，使职业教育师资培养有了"章法"，使教师准入做到有"约"在先，教师培训有"的"放矢，教师考核有"法"可依，对于加强教师队伍的管理、提高教师队伍的整体素质、保障教育事业健康持续发展具有重要意义。

四、《职业技术师范教育专业认证标准》及基本要求

为规范引导师范类专业建设，建立健全教师教育质量保障体系，不断提高教师培养质量，教育部于 2017 年印发了《普通高等学校师范类专业认证实施办法（暂行）》，专业认证体系实行三级监测认证。第一级定位于师范类专业

办学基本要求监测，第二级定位于师范类专业教学质量合格标准认证，第三级定位于师范类专业教学质量卓越标准认证。第一级采取网络平台数据采集方式，对师范类专业办学基本信息进行常态化监测。第二、第三级采取专家进校现场考察方式，对师范类专业教学质量状况进行周期性认证，认证程序包括申请与受理、专业自评、材料审核、现场考察、结论审议、结论审定、整改提高7个阶段。第一级认证要求经教育部备案和审批的高校师范类专业必须参加，第二、第三级认证自愿申请。

2019年，教育部发布《职业技术师范教育专业认证标准》（以下简称《认证标准》），该标准以"学生中心、产出导向、持续改进"为基本理念。首先，在学生中心上，强调职技高师院校教育资源的配置、课程组织和教学实施要以职业技术专业师范生为中心，了解职业技术专业师范生的发展需求，设计兼顾共同需求和个人需求的培养方案和教学管理体系，注重培养学生的创新能力，教师逐步完善对职业技术专业师范生的指导与服务，为职业技术专业师范生开辟了更广阔的发展空间。其次，在产出导向上，职技高师院校要培养职业技术专业师范生的耐受性与自主性，锻炼其从教能力，统筹推进企业实践制度，破解产业技术更新及时性不足的难题，把好职业技术专业师范生的"实践关"，培养精专业、能教学的"双师型"教师。最后，在质量持续改进上，根据职技高师院校毕业生的核心能力要求，及时对专业评估结果进行系统性的有效反馈，促进教学改革和质量的不断提升。[①]

职业技术师范教育专业实行三级认证制度，一级认证定位于专业办学基本监测要求，引导各地各校加大投入；二级认证定位于合格要求，引导各地各校加强专业内涵建设，保证专业教学质量达到合格要求；三级认证定位于卓越要求，促建促强，追求卓越，树立质量标杆，建设一流师范专业。《认证标准》的三个层级立足于我国职业教育发展的现状与现实需求，合纵连横，分级定位。一级认证的指标监测主要针对高校职业技术师范教育专业办学的基本要

[①] 陈颖，高忠明.《职业技术师范教育专业认证标准》探微［J］. 河北科技师范学院学报（社会科学版），2021（1）：56－60.

求，包含了 18 个专业办学监测指标，从实习生与企业实践基地和"双师型"教师与专业教师的数量比、专业技能实践培训场所等方面突出了职业技术教育的特点，推动各职技高师院校专业基础设施建设的发展与完善。首先，在课程与教学上，突出师范性。教师教育课程的必修课不低于 8 学分，总学分不低于 12 学分。其次，在合作与实践方面，重视职业技术专业师范生实践经历。专业与教育两方面的实践时间应不少于 36 周，其中教育实习时间应至少 8 周。最后，在保障条件上，提高职技高师院校办学准入门槛，切实提高职技高师院校教师质量。各院校做到高级职称教师与专任教师之比不低于学校平均值；提升学历的"准入证"，在专任教师中，拥有硕博士学位的教师应不低于 60%；提高教师的"双师证"，在专业课教师中，"双师型"教师所占比例应不低于 40%。职技高师院校加大资金投入，丰富教学资源，改善教学措施。二级认证标准定位于专业教学质量的合格要求，定量指标与定性指标相结合，并以定性指标为主，旨在引导各地各校加强专业内涵建设，保证专业教学质量达到合格标准。二级认证标准共有 42 个认证指标（见表 3 - 1），与《中学教育专业认证标准》相比，增加的 4 个指标分别是工匠精神、专业实践能力、职业指导、"双师型"教师。两者的大多数指标名称相同，但内涵发生了变化。如"一践行三学会"毕业要求中体现了工匠精神、劳动精神和劳动教育等新要求，尤其是在合作与实践方面，体现了"双基地、双实践、双评价、三导师、多方协同"等特点。三级认证定位于专业教学质量的一流要求，以定性指标为主，是在二级认证内容的基础上要求标准内涵递进，以评促强，追求卓越，打造一流质量标杆，包括 8 个维度和 46 个指标。其中，42 个指标与二级认证指标相同，在增加的 4 个指标中，对毕业要求增加了创新创业、自主学习、国际视野；在学生发展中增加了持续支持。与《中学教育专业认证标准》相比，除了二级标准中增加的 4 个指标外，增加了创新创业这一指标。①

《认证标准》三个层级之间是互相衔接、逐步递进的关系，同时也是强化"职业技术师范教育"专业特色，炼造新时代高素质"工匠之师"的重要举

---

① 曹晔.《职业技术师范教育专业认证标准》研制解读［J］. 职教通讯，2020（12）：82 - 87.

措，推动中国职教教师队伍由数量普及到内涵发展的转变。

表 3－1　职业技术师范教育专业二级认证指标体系

维度		认证
1. 培养目标		1.1　目标定位
		1.2　目标内涵
		1.3　目标评价
2. 毕业要求	践行师德	2.1　师德规范
		2.2　教育情怀
		2.3　工匠精神
	学会教学	2.4　专业知识和能力
		2.5　专业实践能力
		2.6　教学能力
	学会育人	2.7　班级指导
		2.8　综合育人
		2.9　职业指导
	学会发展	2.10　学会反思
		2.11　沟通合作
3. 课程与教学		3.1　课程设置
		3.2　课程结构
		3.3　课程内容
		3.4　课程实施
		3.5　课程评价
4. 合作与实践		4.1　协同育人
		4.2　基地建设
		4.3　实践教学
		4.4　导师队伍
		4.5　管理评价
5. 师资队伍		5.1　数量结构
		5.2　素质能力
		5.3　"双师型"教师
		5.4　实践经历
		5.5　持续发展

维度	认证	
6. 支持条件	6.1	经费保障
	6.2	设施保障
	6.3	资源保障
7. 质量保障	7.1	保障体系
	7.2	内部监控
	7.3	外部评价
	7.4	持续改进
8. 学生发展	8.1	生源质量
	8.2	学生需求
	8.3	成长指导
	8.4	学业监测
	8.5	就业质量
	8.6	社会声誉

五、《中等职业教育专业师范生教师职业能力标准（试行)》及基本要求

为贯彻落实中共十九届五中全会精神和《中共中央　国务院关于全面深化新时代教师队伍建设改革的意见》，推进师范生免试认定中小学教师资格改革，建立师范生教育教学能力考核制度，2021 年 4 月，教育部研究制定了小学教育、学前教育、中学教育、中等职业教育和特殊教育专业《师范生教师职业基本能力标准（试行)》（以下简称《能力标准》)。出台《能力标准》，旨在进一步加强师范类专业建设，建立师范生教育教学能力考核制度，推动教师教育院校将国家中小学教师资格考试标准和大纲融入到日常教学、学业考试和相关培训中，提高师范类专业人才培养质量，从源头上提升教师队伍教书育人的能力水平。《能力标准》着眼于新时代教师培养目标，围绕有理想信念、有道德情操、有扎实学识、有仁爱之心的好老师培养，突出师德师风第一标准，细化师范生实践能力要求，基于师范生能达到的实际水平，强调与加快推进教育现代化相匹配的教书育人能力素质提升，与时俱进，守正创新。《能力

标准》对标师范类专业认证标准的"毕业要求",按照"一践行,三学会"(践行师德,学会教学、学会育人、学会发展)的基本框架行文,融入中小学教师资格考试标准、考试大纲以及中学、小学、幼儿园、职业学校、特殊学校教师专业标准相关要求,指导各校加强师范类专业建设,提升师范生教育教学能力水平。

《中等职业教育专业师范生教师职业能力标准(试行)》提出了教师职业应具备的四大能力,即师德践行能力、专业教学能力、综合育人能力、自主发展能力。师德践行能力,包括遵守师德规范、涵养教育情怀、弘扬工匠精神三方面,强调知行合一,从知、情、意、行等方面引导师范生贯彻党的教育方针,努力成为"四有"好老师;专业教学能力,主要从掌握专业知识、开展专业实践、学会教学设计、实施课程教学等方面,对师范生教育教学实践所需的基本能力提出了细化要求;综合育人能力,主要从开展班级指导、实施课程育人、组织活动育人等方面,强调教育"育人为本"的本质要求,落实立德树人根本任务;自主发展能力,从注重专业成长、主动交流合作两方面,突出终身学习、自主发展,并且在学习共同体中不断提升专业水平的意识和能力。中等职业教育专业师范生教师职业能力划分的4大能力、12个领域、35项具体要求如表3-2所示。

与普通中小学教育专业师范生职业能力标准相比,中等职业教育专业师范生教师职业能力强调了"弘扬工匠精神",即"弘扬劳动光荣、技能宝贵、创造伟大的时代风尚,树立质量意识、服务意识、竞争意识、责任意识,在专业实践和教育实践中,秉承爱岗敬业、诚实守信、精益求精、追求卓越等职业精神",另外,强调了"开展专业实践能力",即掌握技术技能形成规律,具备熟练的专业操作技能,有企业实践、技能大赛等经历,或参与学生职业技能考核评价初步体验;关注国家资历框架发展要求,熟悉"学历证书+职业技能等级证书"制度,考取专业相关的职业资格证书或职业技能等级证书等。这些能力要求与中等职业教育所具备的"专业性、职业性和师范性"及中职教师"双师型"特性是一致的,中职师范生要"将知识学习、能力发展与职业道德养成相结合,合理设计育人目标、主题和内容,弘扬劳模精神、劳动精神、工匠精神"，应具有一定的实践操作能力，获取相关专业的专业技能证书，成为"双师型"教师。

表3-2 《中等职业教育专业师范生教师职业能力标准（试行）》体系

一级指标	二级指标	三级指标
1. 师德践行能力	1.1 遵守师德规范	1.1.1 理想信念
		1.1.2 立德树人
		1.1.3 师德准则
	1.2 涵养教育情怀	1.2.1 职业认同
		1.2.2 关爱学生
		1.2.3 用心从教
		1.2.4 自身修养
	1.3 弘扬工匠精神	
2. 专业教学能力	2.1 掌握专业知识	2.1.1 教育基础
		2.1.2 专业素养
		2.1.3 信息素养
		2.1.4 知识整合
	2.2 开展专业实践	2.2.1 操作能力
		2.2.2 获取证书
	2.3 学会教学设计	2.3.1 熟悉标准
		2.3.2 掌握技能
		2.3.3 分析学情
		2.3.4 设计教案
	2.4 实施课程教学	2.4.1 情境创设
		2.4.2 教学组织
		2.4.3 学习指导
		2.4.4 教学评价
3. 综合育人能力	3.1 开展班级指导	3.1.1 育德意识
		3.1.2 班级管理
		3.1.3 心理辅导
		3.1.4 家校沟通
		3.1.5 职业指导

续表

一级指标	二级指标	三级指标
3. 综合育人能力	3.2　实施专业育人	3.2.1　育人理念
		3.2.2　育人实践
	3.3　组织活动育人	3.3.1　课外活动
		3.3.2　主题教育
4. 自主发展能力	4.1　注重专业成长	4.1.1　发展规划
		4.1.2　反思改进
		4.1.3　学会研究
	4.2　主动交流合作	4.2.1　沟通技能
		4.2.2　共同学习

总之,《教师教育课程标准》《中等职业学校教师专业标准（试行）》《职业技术师范教育专业认证标准》与《中等职业教育专业师范生教师职业能力标准（试行）》是紧密联系、相互融合的,且随着时代发展,标准体系不断完善。中国逐渐建立起了具有开放化、综合化和高层次化的中国特色师范教育体系。师范教育相关政策、制度以及法律法规不断地制定和完善,国家从政策层面一再重申师范教育的重要地位,各级各类师范教育在办学目标、招生计划、教学计划、专业课程设置、管理体制等方面都有了更加详细的根据,同时相关法律的颁布也为师范教育提供了强有力的法律依据。① 职业教育质量的提升与保障依赖于高素质专业化的教师队伍,职教师范生的培养是职教教师队伍建设的活水源头。国家出台的相关政策从国家宏观、学校中观和师范生微观为师范类专业建设和教师队伍建设指明了方向,出台的《专业认证标准》和《教师教育课程标准》为职业技术师范类专业建设提出了具体要求,《教师专业标准》和《教师职业能力标准》对职教师范生培养提出了明确要求,是中国新时代教师教育改革发展的重要论题。

---

① 李铁绳. 我国教师教育专业化演进及其逻辑研究［D］. 陕西师范大学,2019.

第二节　国内外职教师范生人才培养的典型模式

目前，我国培养职教师资的高校共有 40 所，其中 32 所设立在普通高校的二级学院（如湖南农业大学职教学院），另有 8 所为独立设置的职业技术师范院校（天津职业技术师范大学、江西科技师范大学、吉林工程技术师范学院、广东技术师范大学、河南科技学院、河北科技师范学院、安徽科技学院、江苏理工学院）①。这些院校大多是国家重点建设的职教师资培训基地，积极探索人才培养模式改革，在培养职教师资方面发挥着重要示范作用，为我国职业教育的发展做出了重要贡献。与此同时，国外职业教育发达的国家如德国、美国、英国、日本等，拥有一支高素质的职教师资队伍，他们有着独具特色的职教师资培养模式，我们应从中学习、借鉴，不断提高我国的职教师范生培养质量，进而促进职业教育的发展，提升职业教育办学水平。

一、国内职教师范生人才培养的典型模式

进入 21 世纪以来，高等职业技术师范院校积极探索职教师资培养模式，积累了丰富的职教师资培养经验，为我国职教师资的培养做出了有益的探索。下文选取部分高校的职教师范生人才培养模式进行简单介绍。

（一）天津职业技术师范大学："双证书"一体化培养模式

天津职业技术师范大学是我国最早建立的以培养职业教育师资为主要任务的普通高等师范院校，学校始终秉承"动手动脑、全面发展"的办学理念，坚持为全国培养高素质职教师资的办学定位。天津职业技术师范大学为了培养合格的职教师资，主动适应职业教育发展需求，找准自己的定位，成功地将生产劳动与教育结合起来，在全国首创"实行'双证书'制，培养'一体化'职教师资"的人才培养新模式。"双证书"即毕业生不仅取得大学本科学历证

---

① 孙芳芳. 我国职技高师发展问题研究 [J]. 教师教育研究，2016（6）：32 - 36.

书，同时取得劳动部门颁发的相应工种的技术等级证书。"一体化"职教师资是既有较强的专业理论知识，又有较高的操作技能，既能从事专业理论教学，又能指导技能训练的"一体化"职教师资。①

"双证书"一体化职教师资培养目标的实现，主要通过如下途径：①改革招生制度，调整生源结构。经教育部批准，该校部分专业实行单独招生，招收具有中级职业资格的技工学校优秀毕业生攻读本科，学制五年。改革传统的入学考试内容，采取理论基础和职业技能双试制度，在理论方面，除考核必要的文化理论知识外，还加试相应专业的技术基础知识；在操作技能方面，增加相应工种的操作技能考试。被录取的新生入学后进行技能复试，新生入学时便具有初步的专业知识和中级职业技能，为实施"双证书"的培养模式提供了生源基础。②修订培养方案，改革教学内容。根据"本科＋技师"的培养目标，将本科教育和技师职业技能培养有机结合，以职业群知识、技术和技能为线索，优化专业课程结构，进行"理论、实验、实训、设计"相融合的"四位一体"课程体系和内容的教学改革，进行"高级、高新、复合"技术和技能培养，实施"1＋X"模式（其中"1"为国家技师考核标准，"X"为高新技术模块），选拔优秀者进行"本科＋技师"培养。毕业设计实施"早进入、兼实做、出精品"的改革，将本科生的科学素养与技能培养相结合。③实行教考分离，鉴定职业技能。"本科＋技师"的技能考核由国家职业技能鉴定部门严格按照考评程序进行，并且在国家规定的技师考核内容基础上，增加了高新技术技能、复合技能的内容。学生通过应知、应会、论文（设计）答辩和职业道德四个环节的综合考核后确定考评结果。② ④扩建实习基地，完善实习条件。学校斥巨资引进国内外高端仪器设备，为学生掌握先进技术提供物质保障，校内机、电两实习基地的硬件已达到国内同类院校的领先水平。还在山东、河北、天津等省市的重点技校建立了稳定的教育实习基地。另外，还采取

---

① 梁杰.中等职教师资培养模式研究——基于三性合一的视角［D］.河北科技师范学院，2015.

② 黄银忠，孟庆国等.培养"本科＋技师"型高等技术应用人才的探索与实践［J］.天津工程师范学院学报，2006（4）：1－2.

内训外聘结合，建设师资队伍；开展职教研究，指导教改实践等保证人才培养模式改革的顺利实施。① 天津职业技术师范大学的"双证书"一体化模式，在一定时期内曾作为中国职业教育教师培养的基本模式加以推广，基本上代表了以独立设置的职业技术师范学院为主要培养单位的培养模式。

（二）广东技术师范大学："2+1+2"职教师资人才培养模式

广东技术师范大学教育科学与技术学院围绕"面向职教、服务职教、引领职教、特色发展"的办学定位，以科学发展观、先进的教育思想为指导，树立"知识+技能""学科教育与技能教育相结合"的人才培养观，努力创建以技术应用、职业技能为导向，以学生学科视野、职业发展能力的拓宽与培育为基础，以突出职业技能传授能力培养为核心的职教师资人才培养模式。②

"2+1+2"职教师资培养模式指2年高职教育、1年企业顶岗实习/学校教育实习、2年本科教育相结合，即高职、企业、大学三方协同培养模式，目的是培养专业理论知识扎实、职业技能和传授能力突出、能做会教、品格健全、发展力强的高素质的职教师资人才。"2+1+2"职教师资培养模式中的前"2+1"培养模式是我国高等职业教育人才培养的一种已有方法模式，是产学研合作教育的重要载体。具体是指3年高职教学中2年在学校组织，1年在企业（包括学校）进行。其中，校内教学以理论课为主，辅之以实验、实习等实践性教学环节；学生在企业/学校的1年则以顶岗实习为主，同时学习部分专业课（根据就业方向不同，专业课也不同）。"2+1+2"职教师资培养模式中的最后2年，学生到大学接受本科教育，重点提升专业理论知识水平、师范技能和专业技能。

"2+1+2"职教师资培养模式培养的是既具有扎实的专业理论知识又具有娴熟技术的工程技能复合型人才，其课程体系既区别于职业教育的高职课程体系，又区别于学科型的本科课程体系。在具体设置各学段的课程体系时，把

---

① 王宪成．实施"双证书"制，培养"一体化"职教师资［J］．高等工程教育研究，1998（5）：23－28.

② 罗平．"3+2"职教师资人才培养模式探索——以广东技术师范学院为例［J］．黑龙江教育（高教研究与评估），2014（12）：68－70.

课程体系分为五大模块：公共基础课程、专业基础课程、专业必修课程、专业选修课程、集中实训实践课程，使学生在经历各学段培养后既有一定的技术专长，有较宽的知识和能力覆盖面，可以顺利进入社会工作；又使前后学段学习内容合理衔接，兼顾学生参与更高学历层次的选拔学习，体现"终身学习"的教育理念。[①]

（三）江西科技师范大学："三位一体、分流培养"的人才培养模式

江西科技师范大学以教师教育和应用型人才培养为基本定位，发挥职业教育师资培养培训的办学优势，突出创新现代职业教育理论、服务职业教育事业发展的办学特色。学校是教育部重点建设的培养职业教育师资的多学科性本科院校，也是全国职业教育研究的重要基地，构建了符合应用型人才培养规律的职教师资和其他应用岗位的"综合素质、专业能力、职业方向三位一体分流培养"人才培养模式，培养适应时代要求的职教师资和经济社会发展需要的其他应用型人才。这一模式包括三位一体的课程体系和分流培养的实施方式两大部分。

（1）三位一体的课程体系。三位一体是指"综合素质、专业能力、职业方向"三位一体，其课程体系由五个模块组合而成，即通识教育模块36%，学科基础模块17%，专业核心模块20%，职业方向模块15%，综合实践模块12%。在这个课程体系中有53%的课程与综合素质培养有关，64%的课程与专业能力培养有关，27%的课程与学生就业方向有关。而且，在整个课程体系中，课内课外实践学时学分达总学时学分的43%。这种课程设置不仅注重学生综合素质、专业能力的培养，而且强调了学生就业能力、实践能力、适应能力、创新能力的培养，体现了应用型人才的本质特征。

（2）分流培养。分流培养是根据江西科技师范大学的专业特点及服务方向，在各个专业的核心课程学完之后，即在第七学期左右，让学生进入职业方向课程学习（课程比例为15%，占用25个学分，加上综合实践模块，比例可

---

① 王红云，陈华竣等．"2＋1＋2"职教师资人才培养课程体系的构建——以广东技术师范学院汽车服务工程本科师范专业为例［J］．广东技术师范学院学报，2017（2）：43－46.

以达到27%），各个专业的学生根据所学专业及需求在职教师资方向或普教师资方向、应用岗位方向两至三个类别上自主选择进行分流培养。完全实行分班、小班化教学，完全对接岗位、对接实践，校内校外共同完成。这种分流培养方法比较好地解决了就业问题，实现了坚持办学定位和办学特色与适应经济社会需要相融合，提高了各个专业的就业质量，使一个专业只有一个就业方向的现象不复存在，大大提高了毕业生的就业适应能力，也提高了学校服务社会的能力。还促使各专业在与岗位的不断对接中逐渐形成了特色，避免了人才培养同质化现象，也有利于高校的错位发展。①

（四）吉林工程技术师范学院："双融入式"产学研用协同育人模式

吉林工程技术师范学院是国务院批准成立的全国第一所专门为职业教育培养培训专业课师资的全日制本科师范院校，也是目前东北三省和内蒙古地区唯一一所独立设置的全日制本科职业师范院校。

学校部分专业按照"夯实基础，办出特色"的工作思路，突出专业与企业融合、理论与实践融合、技术与服务融合、应用与创新融合的办学理念，建立"知行合一、理实一体"的教学理念，走出一条以"产"为方向、"学"为基础、"研"为纽带、"用"为目的的培养路径，实现专业与企业深度融合，明确"引企入校，引校入企"的校企合作机制，构建"双融入式"产学研用协同育人模式。该模式一是依托企业真实的职业情境，将学生送到企业。二是将企业技术人员和项目引入学校，不断推动产学研合作向纵深发展，积极探索开放、互助的产学研用合作新模式，构筑学校、企业、学生之间"三方互动、三方盈利"的开放式教育机制，为企业提供一定的空间、场地、设备等资源，激发行业企业对产学研用合作创新和人才培养投入的积极性，并充分利用企业先进的技术、管理模式和实际的项目，为专业提供技术支持和项目保障。积极与企业搭建校内实践、校企实践两个实践平台。通过校企共建教学（生产）团队和教学（生产）场地，组织开展以技能操作实践和技术应用实践为主体

---

① 胡业华．职技高师院校人才培养类型特征及要求探析——以江西科技师范大学为例［J］．职教论坛，2017（28）：59-62.

的生产性教学训练，将知识传授、技能训练、技术应用等教育活动与企业的生产、加工、研发、改造等实践活动及其生产组织形式、质量检测评价等有机衔接，从而建立起"双融入式"产学研用协同育人人才培养模式。①

另外，该校的"校企校互融、教工学结合"卓越职教师资培养培训模式，是以高等职业技术师范院校为主体，联合企业、中职学校，打造校—企—校人才培养联合体，由校、企、校三方共同确定职教师资培养内涵，共同开发教师能力标准，由联合体组织本校骨干教师、企业及行业专家、企业一线技术员工、中职优秀教师共同开发课程体系和教学资源，共同组织教学和考核评价。"校企校互融、教工学结合"职教师资培养模式如图 3 - 1 所示。②

（五）江苏理工学院："3332"人才培养模式

江苏理工学院坚持"以人为本、注重能力、分型培养"的人才培养理念，以行业产业定专业布局，以经济社会发展需求定人才规格，以科技进步和产业升级定教学内容，培养卓越职教师资和应用型高级专门人才。

该校构建了由三大实践教学模块、三大实训教学基地、三种证书的实践教学评价体系、专业培养和在职培训双向联动的"3332"人才培养新模式。三大实践教学模块是指：①通用实践模块，包含书法、普通话训练、军事训练等内容；②专业技能实践模块，包括专业技术实训、企业顶岗实习、科技竞赛、专业技术证书等；③教育实践模块，包括微格教学训练、心理教育能力实训、现代教育技术训练、师范生技能比赛、职业学校教学实习等。三大实训教学基地包括校内技能实训基地、校—企专业实践技能实训实习基地和校—校教学技能实训实习基地。三种证书的实践教学评价体系指学术能力、专业技能和教师教育能力分别通过学历学位证书、专业技能等级证书、教师资格证书来评价。将专业培训与在职培训相整合，达到专业培养与在职培训的双向联动。③

---

① 方健，甄国红，邵芳."双融入式"产学研用协同育人人才培养模式探索与实践——以吉林工程技术师范学院汽车服务工程专业为例［J］.职业技术教育，2018（2）：35 - 38.

② 许建平，方健."校企校互融、教工学结合"职教师资培养模式探索——以吉林工程技术师范学院自动化专业为例［J］.职业技术教育，2013（5）：67 - 70.

③ 谢芳.职教师资人才培养的困境与思考——以江苏理工学院为例［J］.人力资源管理，2014（6）：186 - 187.

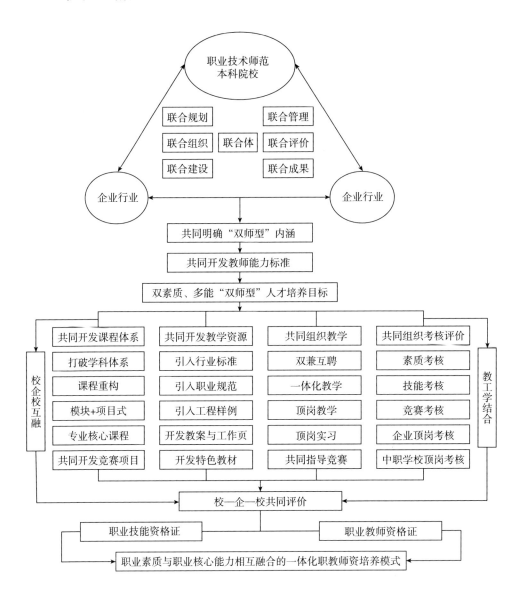

图 3-1 "校企校互融、教工学结合"职教师资培养模式

另外，该校构建了卓越职教师资"六·三"培养体系，如图 3-2 所示。第一个"三"，是指在办学理念层面上形成的学校有特色、专业有特点、学生有特长的"三特"逐层递进办学理念；第二个"三"，是指在培养原则层面上确定的学术性、技术性、师范性"三性"和谐统一的培养原则；第三个

"三",是指在培养目标层面确立起的"既能从事理论教学,又能从事实践教学,还能开展创新创业"的"三能"型卓越职教师资的培养目标;第四个"三",是指在毕业要求层面上提出的毕业证书、专业技术等级证书、教师职业基本技能证书的"三证书"毕业制度;第五个"三",是指在培养路径层面上设计的本科高校、合作企业、中职学校"三元"协同育人的培养路径;第六个"三",是指在支撑条件层面上形成的职业教育研究、职教师资培训、决策咨询服务"三基地"的协同支撑。总体来说,这个体系可以表述为:在"三特"逐层递进的办学理念和"三性"和谐统一的培养原则指导下,确立了"三能"卓越职教师资培养目标。为达成这样的培养目标,制定了"三证书"缺一不可的毕业要求,设定了"校—企—校""三元"协同育人的培养路径,形成了"三基地"有力支撑的环境条件。[①]

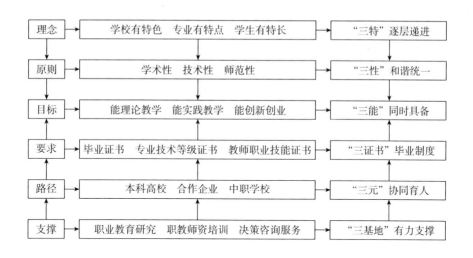

图3-2 卓越职教师资"六·三"培养体系框架

(六)广西科技大学:"校—企—校"协同培养模式

广西科技大学职业技术教育学院是专门为职业院校培养培训优秀师资的广

---

① 葛宏伟,王志华. 卓越职教师资"六·三"培养体系构建与实施——以江苏理工学院为例 [J]. 职业技术教育,2021(2):48-52.

西科技大学二级学院，是广西最早开展职业教育本科师资专门人才培养的教育机构。

校—企—校协同培养职教师资模式指的是高校、企业及中职学校联合培养"双师型"教师的一种模式。校—企—校协同培养模式可以推进职教师资人才培养、技术研发、资源共享、人员交流等方面的优势互补和合作；校—企—校协同培养模式以实践性和创新性较强的企业做平台，以教育实践环境较好的中职学校做教育实践基地，构建了高校和企业，高校和中职学校，教师和工程师，实验室和生产现场之间的联合教学培养模式，如图3－3所示。具体联合培养措施有：①高校、企业和中职学校共同修订人才培养方案、课程体系、实施实践教学、开发教学资源。②企业工程师参与专业知识和专业技能培养，包括课程理论教学、实验教学、企业的实习指导实践和毕业设计等环节。③中职学校骨干教师参与教育理论与教学实践培养，包括教育理论课、信息化教学技能和教学实践等。④高校和企业共同建设联合实验室、企业向高校提供最新技

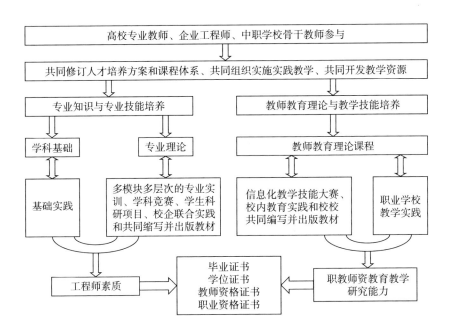

图3－3　校—企—校协同培养职教师资模式

术支持和产品研发实验室，高校教师向企业员工提供技术培训和科学研究，与企业共同进行课题研究。⑤高校、企业和中职学校共同编写并公开出版专业技术教材。⑥高校和企业共同编写技术培训辅助教材，供企业技术员工培训和高校教学辅助使用。⑦高校为中职学校老师提供专业理论知识的培训，提高中职教师的专业理论水平。①

（七）河北科技师范学院：双"三三四"培养模式

河北科技师范学院立足培养"双师"素质职教师资和应用型高级专门人才，在多年探索和实践的基础上，形成了职技高师农科类专业双"三三四"实践教学人才培养模式。

第一个"三三四"模式主要体现培养目标的技术性、学术性和师范性，在教学模式的选择上实行校场结合、农学结合、做学结合方式，教学过程中突出专业教学内容的实用性、实践性、职业性和社会性。第二个"三三四"模式主要指职教师资培养的实践教学模式。从内容上讲，指职教师资的培养主要围绕三大技能，通过实施三大实践活动、贯穿本科四年不断线的教学模式，培养学生实践能力。从组成结构上来讲，农科专业职教师资实践教学体系包括教学技能、专业技能、科研技能三个模块。

（1）教学技能通过师范实践教学获得。从层次上划分，包括教师基本功（如教师口语、教育学课程实习、三笔字训练等）、教学技能训练、教学实习等。教师基本功及教学技能训练主要在校内环境下进行，即通过普通话、三笔字、微格教室授课等训练培养学生师范技能；教学实习主要通过校外教育实习基地，即通过"校—校"合作，培养学生教育教学、管理等从师技能。

（2）专业技能以专业技能训练为主，以培养操作能力和熟练掌握操作技术为主要目的，是专业理论课教学的另一条主线，贯穿本科四年培养过程。专业技能教学实践需要充分利用校内外实习实训基地，在校内实训基地通过"理实一体"教学方法训练学生专业技能，在校外结合农场、农业企业等社会

---

①　黄庆南．校—企—校协同培养推进电子信息类职师本科专业教育的探索——以广西科技大学为例［J］．教育教学论坛，2020（1）：45－48.

资源，做到"校场"结合，使技术操作内容更接近于生产实际。

（3）科研技能主要包括实验实习、课题参与以及毕业论文设计及撰写等内容，需要在结合校内外实习实训基地的同时，发现问题；充分利用学校实验室，逐步加深，由表象到机理，逐步深化，培养实验操作技能以及科学研究思维。通过四年不断线的培养方式，使学生受到系统、全面的教学技能、专业技能以及科研技能的训练。①

（八）同济大学："同济模式"

重点大学介入职业教育，这在中国高校中并不多见。作为国家"211"计划和"985"计划中的重点大学，同济大学多年来一直致力于推动中国职业教育的发展，并在职教师资培养上创造出了"同济模式"。

（1）培养方案的专业化。培养目标上强调把职业教育的"职业性"、高等教育的"学术性"、师德师能教育的"师范性"三者有机统一起来。在课程结构上，把培养内容分为四大模块：公共课、专业基础课和专业课、职业教育类课程、实践类课程；在此基础上，又对课程内容进行扩展，把社会科学、劳动科学、现代信息技术等列为必修课。

（2）培养层次的多样化。培养单位既有职教师资本科专业，又有职教师资在职研究生培养专业，既有本科教育又有研究生教育。形成了以本科职教师资培养为主，兼有硕士生培养和在职培训的多层次职教教师培养格局。

（3）培养能力超高化。在师资方面，学院依托中德合作项目，定期选拔一批有工程或专业实践背景的教师到德国进行博士层次的培养。在实验实训设施上，学院在校内建立了包括建筑材料测试、电力拖动等十几个极为先进的现代化实验训练室；同时依托著名企业、教育机构等，在校外建立起完备的校外实践训练体系。在教育方法和手段上，综合利用项目教学法、小组学习法、实验教学法、案例分析法等一系列现代教学方法和多媒体技术。② "同济模式"是在"中德职教师资培养项目"的支持下经过多年探索而形成的中外合作培

---

① 郑敏贤. 中等职业学校农科类专业师资培养现状研究［D］. 河北科技师范学院，2015.
② 芒刺. 中国职教师资培养的典范［J］. 教育与职业，2008（8）：82－83.

养职业教育教师模式，为中外合作培养职业教育师资提供了借鉴。

（九）西北农林科技大学："三突出""四双制"培养模式

西北农林科技大学作为国家"985 工程"和"211 工程"重点建设高校，同时也是"全国首批重点建设职教师资培训基地"之一。为了培养"双师型"职教师资或技能过硬的应用型高级技术人才，基地全面贯彻"产学研结合"的办学思想，不断建设和优化"产学研合作教育"的培养机制，全面提高职教师资本科专业建设水平，形成"三突出""四双制"培养模式。"三突出"是指突出实践技能训练、突出教师职业特色、突出创新能力培养；"四双制"是指双大纲、双课堂、双证书、双师资。学校还制定了与培养模式相配套的"三特色优势方案"，即实践技能训练方案、职业特色训练方案和创新能力训练方案，职教师资各专业技能体系由三大模块组成，内容包括：专业技能模块、教育教学能力模块和创新能力模块，在这三大模块下还根据专业性质和特点不同分设有二级模块，在各专业技能模块中包括各专业的核心技能、一般技能和通用技能，并根据各专业特点不同还设置了单项技能、综合技能等模块，并将各种专业技能的培养按技能递进关系分配到每一个学年，把一年级的"认知实训"、二年级的"单项专业技能实训"、三年级的"专业技能生产综合实训"、四年级的"毕业顶岗实训"有机链接，确保实践教学四年不断线，提高职教师资学生专业技能的实践训练能力，切实提高学生的实践技能。[①]

（十）湖南师范大学："高职—本科—专硕"一体化培养模式

为解决中等职业学校师资队伍"总体数量不足、结构性矛盾突出、双师型教师队伍建设落后"的困境，寻求职教师资队伍水平的总体提升与职教教师专业发展的途径，2015 年，湖南省首次启动高中（中职）起点本科层次农村中等职业学校专业课教师公费定向培养计划。该计划在怀化、娄底等地中学招收了百余名学生，由高职院校和本科院校联合定向培养。学生毕业后，按协议要求回农村中职学校从事教师服务 8 年。参与培养的大学有湖南铁道职业技

---

① 刘红侠，石民友. 打造职教师资教育品牌培养双师型职教师资——以西北农林科技大学职教师资培养基地为例［J］. 新西部，2012（6）：22 - 23.

术学院等 6 所高职院校（均为国家或省示范性高职院校）以及湖南师范大学、湖南农业大学（均为全国职业教育师资重点培养基地单位）和湖南科技大学 3 所本科院校。公费定向培养方式开创了职业教育培养公费师范生的新途径，为缓解农村中职学校教师数量短缺的问题提供了有效的解决方案。公费职教师范生采用"2＋2"分段培养方式。通过"考试＋面试"，确定录取学生名单。入学后，前两年在参与培养的高职学院进行培养，重在专业基础理论与实践操作，并利用高职院校技能人才培养优势，有针对性地提升学生实际操作技能。第三年开始，学生进入对口的本科院校学习，重点学习相关专业理论知识和教师教育理论，并完成教学实习等相关内容的学习。学生完成学业，获得学士学位之后，按照协议入职，及时补充到相应定向岗位中。基于"2＋2"公费职教师资探索和卓越职教师资培养的初步定位，结合多年积累的教师教育经验以及开展职业学校教师在职攻读硕士学位、教育硕士的实践，参照德国职教师资培养的主要做法，初步设计了"高职—本科—专硕"一体化的职教师资培养模式，基本做法是：在"2＋2"公费职教师资培养的基础上，依托学校教育硕士（职业技术教育领域）学位点的培养基础，将培养计划延长 2 年，增加教育硕士（职业技术教育领域）的培养内容。培养阶段结束之后，学生将获得教育硕士学位。在教育硕士阶段，专业教育与教师教育并重，主要强化学生对职业教育的理解和教师教育的体验。[①] 湖南师范大学的"高职—本科—专硕"一体化培养模式为职教师范生的学历提升开辟了新模式。

二、国内职教师范生人才培养的共性与不足

由前述模式可见，我国的职教师范生培养单位都在积极探索职业技术师范教育发展规律和职教师资人才培养模式，为中等职业教育培养了大批专业课、实习课师资，为我国中高等职业教育师资队伍建设做出了重要的贡献。从以上几种职教师范生培养模式可以看出，各校在人才培养上具有如下共性。

---

① 曹晓俊，李仲阳，唐智彬. 职教师资"高职—本科—专硕"一体化培养模式初探［J］. 中国高教研究，2016（8）：106－110.

（一）在培养目标上，强调"三性"合一

专业性、师范性和职业性是职业技术师范教育的典型特征。在人才培养过程中，着力于教育能力、专业理论及实践技能技巧三个方面的培养，使职教师范生能够在进入工作岗位之后，成为"素质全面、基础扎实、技能娴熟，能够胜任理论和实践一体化教学"的高素质"双师型"教师。其"师范性"不同于普通师范教育，职业技术师范教育要为中高等职业学校输送师资，其师范性主要体现在技能培养与训练，教学强调"实用、管用、够用"原则。① "专业性"指聚焦于职教师资的应用能力，即"如何做"的问题。作为职教教师，不仅要具有扎实的基础理论和专业理论知识，熟悉职业教育规律和教学方法，更要对专业实践有足够的认识和亲身经历，具有较强的实际动手能力和理论联系实际能力，能在实践教学环节中充分展示出高超、娴熟的技能。"职业性"主要是指需要专门资质化的个人和以分工为基础的社会之间复杂的关系，以及职业教育和劳动力市场的职业导向。职教师范生培养院校都将"三性"体现于专业人才培养方案中，将"三性"贯穿于职教师范生人才培养全过程。

（二）在培养过程中，突出产教融合

在培养过程中，各校结合自身的办学特色和优势，找准企业与学校的利益共同点和联系点，选准突破口，逐步深化，以点带面，逐步提高产教融合层次。从实践实训到订单培养、定向培养、社会培训、企业职工再教育，逐步发展到全方位合作。企业提供职教师范生专业技能实践的场域，体验企业的生产环境、工艺流程、管理模式、企业文化等生产特征，体现现场生产过程、氛围与组织形态特征。同时，注重师范生成长中与行业企业的紧密接触，加深学校和企业在人才需求调查、专业建设、课程开发、实训基地建设、企业实践方面的深度参与，及时动态调整优化教学内容，提升教学质量。如广东技术师范大学的"2+1+2"职教师资人才培养模式、吉林工程技术师范学院的"双融入式"产学研用协同育人模式和广西科技大学的"校—企—校"协同培养模式

① 杨晓东，张新华，甄国红. 职业技术师范大学"应用性、师范性、学术性"内涵及其关系研究——以吉林工程技术师范学院为例［J］. 职业技术教育，2017（31）：48-51.

均重视与企业合作，利用企业所提供的实践平台开展协同育人。

（三）在课程体系上，凸显实践能力培养

职教师范生的培养，需要培养专业能力、教学能力、管理能力等复合能力，且这些能力所负载的知识也有一定的质和量的要求，显然这样的培养目标的达成，单靠一门、两门课程是无法完成的，必须在相应的学习领域构建完整的课程体系，才能承载技能型人才培养的重任。课程具有目标定向性、内容应用性、实施整体性等特点，这是由职教师资培养的社会需求目标决定的。各校根据经济社会发展对人才的需求，适时进行教学内容和课程体系改革，突出实践性教学环节。如河北科技师范学院的双"三三四"模式、江苏理工学院的"3332"人才培养模式、西北农林科技大学的"三突出、四双制"培养模式在一定程度上有相同或相近之处，主要突出实践技能的培养，着力提升职教师范生的实践能力。

尽管各校为了提高人才办学质量，都在不断探索与实施教学改革，但同时也面临着一些问题，如职教师范生生源质量欠佳；职教师范生对职教教师职业认同感不高，"对口"就业率低；职教师范生本科阶段培养时间不足；本科院校的专业设置难以满足中职学校专业多样化的需求；培养院校"双师型"教师比较缺乏；企业参与办学的积极性不高等。①

（一）职教师范生生源质量欠佳

当前，大部分职教师范生培养院校仍采取职高对口招生模式，其生源绝大部分来自中职学校。从理论上讲，中职学校重实践能力培养，从中职学校录取的职教师范生应该在进入本科学习之前就具备了一定的实践能力基础。但实际上，大部分中职学校为了提高升学率，学校内部进行了分流，将其教学班分流为技能班和高考班两类。技能班重视专业理论学习和专业实践技能训练，而高考班类似于普通高中，以高考为指挥棒，主要学习普通文化课程，追求升学率，因而忽视了对这部分中职生实践能力的培养训练。同时，因中职生高考为

---

① 胡重庆. 高等职业技术师范院校职教师范生培养的困境及化解策略研究［J］. 中国职业技术教育，2020（3）：61－67.

单独命题，其试题难度低于普通高考的难度，从而，从中职学校录取的职教师范生，其学术起点、学术潜质、综合素质与能力可能均逊色于从普通高中录取的学生，且在实践能力方面又没有优势，这样的生源状况不利于培养未来优质的中职学校"双师型"教师。

（二）职教师范生对职教教师职业认同感不高

有调查结果显示，近些年来，职教师范生"对口"就业率不足一成。究其原因，一是当前中职学校逢进必考，且竞争较激烈，一些高校毕业生甚至具有研究生学历的毕业生也在参与中职学校编制考试，相比之下，职教师范生因为基础相对较差，竞争力不强，往往止步于笔试，很难顺利进入职业学校工作。二是职教师范生对职教教师的职业认同感低。部分职教师范生认为职教教师的社会地位和经济待遇还不够高，教师职业没有吸引力；认为职教的学生基础较差，难以管理，有畏难心理而不愿意从事此职业；部分职教师范生认为即使现在当了职教教师，但不确定一直会从事此职业，以后可能会转行等。

（三）职教师范生本科阶段培养时间不足

为培养"双师型"职教师资，各培养院校在制定人才培养方案时，均以"三性"为方向，为实现"学术性"，要开足相关的专业基础课、主干课和核心课，为实现"职业性"，要开设大量的专业技能实训课和实践环节，为保证"师范性"，既要开设教师教育课程，又要有教育类的实践环节，如微格训练、三字一话训练、教育见习、教育实习等。这样一来，职教师范生培养所需的课程门数、学时学分将远超普教师范生。但培养院校一般对四年的总学分和学时有相关规定，职教师范生的培养计划学时学分需要控制在学校规定的范围之内，因此，在实际操作中，只能压缩原有的专业理论课时，从中挤出部分学时用于专业课程实训，进而影响职教师范生的学术性培养，另外，教育教学实践环节的课时往往缩减，部分学校的教育实习通常只有四周时间，三字一话的课时安排得较少等。显然，职教师范生"学术性""职业性""师范性"三性培养均受到影响，与普教师范生相比，同是四年的学制，职教师范生的培养时间得不到保障。

（四）本科院校的专业设置难以满足中职学校专业多样化的需求

2021 年 3 月，教育部印发了《职业教育专业目录（2021 年）》，新版《目录》按照"十四五"国家经济社会发展和 2035 年远景目标对职业教育的要求，在科学分析产业、职业、岗位、专业关系基础上，对接现代产业体系，服务产业基础高级化、产业链现代化，统一采用专业大类、专业类、专业三级分类，一体化设计中等职业教育、高等职业教育专科、高等职业教育本科不同层次专业，共设置 19 个专业大类、97 个专业类、1349 个专业，其中中职专业358 个、高职专科专业 744 个、高职本科专业 247 个。[①] 高等院校的专业数量大多为几十个，能招收职教师范生的专业更少，故高校本科专业设置与中职专业适配度低。如当前职教师范生培养规模较为稳定的职业技术师范院校（天津职业技术师范大学、江西科技师范大学、吉林工程技术师范学院、广东技术师范学院、河南科技学院、河北科技师范学院、安徽科技学院、江苏理工学院）的专业设置在对应中职专业目录的覆盖率均不超过 24%，且专业覆盖的类别在传统的第三产业方面比较集中。在其他培养职教师范生的综合性院校的专业设置中，不论数量、覆盖率，还是专业化程度都更低。[②] 另外，高校的专业设置具有较强的稳定性，其新增与停招均要经过上级部门层层审批，每年新增与停招专业数非常少，而中职学校的专业设置需契合社会职业的分类和发展状况，反映产业结构变化的需要，其调整变化快。与新版《目录》中列出的专业数量相比，职技高师院校能开设出的培养中职教师的专业数量非常有限，其他非职技高师院校的专业数量更少，难以适应中职学校乃至地区发展的专业变化需求。

（五）培养院校"双师型"教师比较缺乏

中职学校需要"双师型"教师，因此培养中职师资的高等院校同样需要"双师型"教师。但独立设置职技高师院校和综合性大学的职教学院的大部分教师毕业于普通高校，他们大部分是从学校走向学校，从课堂到课堂。其中，

---

① 教育部关于印发《职业教育专业目录（2021 年）》的通知［Z］. 教职成〔2021〕2 号.

② 刘俏楚. "双师型"师范生培养现状、问题及优化路径研究［D］. 湖北工业大学, 2019.

部分教师不仅没有接受过系统的师范教育训练，还缺乏企业工作、生产实践的经历和阅历，更谈不上专业实践经验和专业技能，实际动手能力很弱，教学脱离生产实际，在实训、实践教学方面处于弱势，很难起到良好的示范和指导作用，不能够很好地适应职教师资培养的基本要求与特殊要求。且部分教师认为培养职教师范生的院校就是普通的高等院校，职教师范生的培养与普通师范生的培养没有什么区别，由此造成在培养过程中，部分教师在实际教学中只是简单、机械地按照学科、课程体系对学生进行教育，而且比较单一地强调一些基础课程的重要性，重理论、轻实践，忽视了职业教育对教师的特殊要求，忽略了学生的师范性、职业性，学生的实践能力和教学能力缺少锻炼。因此，"双师型"教师的缺乏，不能满足职教师资培养教学的需要。另外，尽管经过多年的发展，培养职教师范生院校的教师学历、职称等都有了很大的提升，但外聘的教师很少，尤其是企业兼职教师比例低。很多学校虽然有外聘教师，但基本上都是一些偶尔露一面的知名专家，这些知名专家的聘请对提升学校办学水平，提高科研能力和加快高层次人才培养发挥重要的作用，但这些知名专家给学生真正授课的机会较少，而且这些兼职教师中从企业或生产一线聘请的、能指导学生实践的兼职教师较少，不能够把生产一线的最新工艺和技术带给学生，不能够有效地加强职技高师院校的实践教学，对职教师资的培养未能起到很好的促进作用。①

（六）企业参与办学的积极性不高

按照教育部《关于完善职业教育教师培养培训制度》意见要求，在加强职业教育师资队伍的建设过程中，需要加强与行业企业、职业学校的合作，尤其是要强化企业实践和职业学校实习环节，并通过不断优化职教师资培养模式，构建校企合作的职教师资的培养培训体系。校企合作是进行职业教育的重要形式。职教师资作为职业教育的中坚力量，其培养模式更是需要这种形式的参与。但当前企业参与人才培养的积极性并不高，其根本原因是企业的发展是

---

① 梁贵青.独立设置职技高师院校职教师资培养的现状与对策研究［D］.河北科技师范学院，2011.

遵循市场规律的，部分企业认为校企合作对企业的发展并没有太大帮助。对于前来企业实习的学生，因缺乏企业车间工作经验，实际操作能力和技术技能弱于企业正式工作人员，工作效率不高，且大多时候需要采取师傅带徒弟的模式，势必会对企业生产造成影响。同时，职教师范生在企业实习的时间相对较短，可能刚刚成为"熟练工"便结束了实习，且毕业后大多会选择从事教师职业，很少会选择成为企业技术员工，因此高校与企业的合作很难做到"双赢"，导致企业参与办学的积极性不高。

三、国外职教师资培养模式

尽管当前我国的职业技术师范教育有了飞速发展，但仍处在探索的阶段。而西方发达国家很早就开展了职业技术师范教育工作，并积累了很多成功经验和理论成果，因此，学习与借鉴国际上成功的经验和做法，对于推动我国职业技术师范教育工作具有重大的理论与现实意义。

（一）德国："分段式"培养模式

德国对师资的要求有三个突出点：一是任教者需要大学本科以上的学历（有的学校教师中具有博士学位的占50%），这个要求能保证教师具备扎实的基础理论知识；二是任教者需要通过师范专业培训，掌握教育教学能力；三是任教者一般要具备五年的职业实践经验，其中至少有三年在企业的专业工作经历。正是因为德国对师资培养有严格的要求，才能培养出高质量的师资，才能产生高质量的职业教育。①

"分段式"培养是德国职业教育教师培养的典型模式，即职业教育教师的培养要经过两个阶段的培养：

第一阶段为大学学习阶段，学制为4~5年，学习的课程包括：①职业领域中的职业科目（包括与科目相关的教学法）。②第二学科（通常为普通学科，如数学、物理、政治、英语、体育等）；侧重职业教学的教育科学，必修的教育理论和心理学；还可以选择一些其他领域的课程，例如社会科学、劳动

---

① 杨柳.德国"双元制"职教师资培养模式对我国的启示［D］.江西师范大学，2008.

心理学、组织心理学、劳动教育和工厂教育等。③学校中的教学实践。学习期满，参加第一次国家考试，考试包括：①第一或第二学科的论文，或关于教育科学/职业教学论的学科论文；②所学科目的笔试与口试，主要是对所学科目的学术性方面进行考查，同时也可能考查与学科相关的教学法；③教育科学考试，侧重考查职业技术教育学。

第二阶段为见习期，学制为两年。其内容包括课程旁听，在培训学校接受指导，独立开展教育教学活动，以及在师范学院学习教育理论和与专业有关的教学方法。学习期满，参加第二次国家考试。考试包括：①主体部分是笔试部分，用于考查学生对相关的教育理论、教育心理学或者与学科相关的教学法的掌握情况；②考查有关教育理论、教育与公务员法和学校行政管理的问题，有时也会涉及学校教育的社会学问题；③考查与所学科目相关的教学法问题；④教学考试实践，学生对所学科目进行教学示范。只有完成了这两个阶段的学习才算完成了一个完整职业教师的培养过程，才有资格受聘职业学校教师。通过这样一个培养过程，每一位学生既学到了专业知识、教育教学内容，又经历了多次实习和实践的锻炼，为毕业后的职教生涯打下了良好基础。①

（二）美国："开放式"职教师资培养模式

美国在职教师资培养上，采取了"开放式"培养模式，高度重视培养师范生的师范性、技术性与学术性。

首先，学生要在综合大学里的专业学院学习专业知识，获得学士学位；其次，在综合大学或者教育学院设立的职业教育、工业技术教育、应用技术教育等专业修学规定的教育课程或学分，并且对所学专业课程要有1年以上的实际教学工作经验，方能到职业学校任教。为了丰富学生的实践教学经验，美国的社区学院为附近大学的在校学生提供了做兼职教师，教育见习、实习的大量机会，为他们提供全面的职前教育课程，指导他们在大学的学习生活。②

经师范教育机构培养的职教师资，在培养过程中需要接受专业训练，还要

---

① 梁杰．中等职教师资培养模式研究——基于三性合一的视角［D］．河北科技师范学院，2015.

② 陈祝林，徐朔，王建初．职教师资培养的国际比较［M］．上海：同济大学出版社，2014.

广泛学习职业技术教育课程。学生通过学习职业技术教育课程，除了提升专业技能外，还要掌握理论知识与实际操作的关系、该职教领域与其他职教领域的关系、职业技术训练与普通教育类课程的关系等方面的内容。另外，职教师资教学计划中也涉及职业技术教育理论方面的课程，例如，职业技术教育学、职业教育心理学、职业技术教育教学方法研究等。当然，学生还必须参加职业技术教育实习，在社区学院的课堂中实践并检验职业技术教育专业知识与技能。充分重视技术性与学术性、师范性的整合度。①

（三）英国："三段融合、三方参与"职教师资培养模式

2002 年，为了优化职教师资的专业素养，达到提高职业教育质量的目的，英国政府颁发了《英国合格教师专业标准与教师职前培训要求》，提出改革职教师资的教育与培训体系，形成了别具一格的"三段融合、三方参与"的培养模式。三段融合指职前培养、入职辅导、职后提高三段融合，三方参与指整合大学、职业学校、企业三方资源，融合三者特色，积极推进职教教师培养社会化。

职前培养：在大学接受教育，获取教师资格证书；在职业学校进行教学实习，获得教学所需要的经验；到企业或商业部门一线岗位工作，获得该行业最新的技术与管理技能。三方参与培养的职教教师更能胜任职校教学工作。入职辅导：主要针对中等职业学校的新教师。新教师获得教师资格证书后就有资格接受时长 3 个学期的入职辅导，经考察合格后才能独立承担课程教学的任务，否则需要重回教育部门学习。新教师的入职辅导过程允许间断，但必须在辅导开始后的 5 年内完成。入职辅导的内容包括：对新教师的指导与帮助，以及对新教师表现的考察。职后培训主要有两种类型：一是提升教学能力，由在职教师提出申请、任职学校推荐，到指定培训学校任教，在授课中得到有关教学方法和能力的指导和培训。二是提升专业实践能力，在职教师到企业接受在职培训，通过这种培训，可以极大提高职校师资的专业水平和能力。"三段融合、

---

① 王昊．德、美、澳职教师资职前培养模式比较研究［J］．中国职业技术教育，2012（12）：80－83.

三方参与"模式体现在职教教师职前培养、入职辅导和职后培训的方方面面，从教师成长的整个过程推动职教师资的培养，充分体现了教师职业生涯发展理论、终身教育思想和资源优化配置等原则在职教师资培养实践中的作用。①

（四）日本："双专业学位"职教师资培养模式

日本把职业教育教师称呼为"职业训练指导员"，指既有教育专业学位，又有技术专业学位的双专业教师，他们主要在职业高中、专修学校、短期大学及公共职业训练机构从事专业技能人才的培养工作。

在培养方面，日本为了培养专业理论知识扎实、技能水平高、教学能力强的中等职业学校教师，采取了以大学为主体的"产学合作"，校企共育学生的形式来培养职教师资。如职业能力开发综合大学与日本丰田公司的"产学合作"，丰田公司负责提出阶段性的人才培养规格及培养计划，并参与制定学校的教学计划，学校负责提供课程方案并按教学计划开展教学，校企双方在实践过程中逐步对合作形式进行调整并使之完善。② 在课程设置上，日本同样采用模块化课程，以职业能力开发综合大学电子技术专业为例，该专业分设基础课、专业课（理论＋实践）、师范教育课三个模块，总课时为 4266 课时，三大模块课时分别为 1422 课时、2520 课时（1080 课时＋1440 课时）、414 课时。③ 不难看出，学校非常重视专业实践课学习，力求夯实学生的专业实践能力。与此同时，专业理论课也不逊色，避免了过分强调实践教学、忽视理论教学致使把学生培养成纯粹技术工人的弊端。④

四、国外职教师资培养模式的特点

综观国外职教师资培养模式，可以总结出如下特点：

① 宋洪霞. 英国职教教师教育与培训体系的特点及启示［J］. 职教通讯，2006（11）：33－35.

② 马彦，周明星. 日本、乌克兰"双师型"教师培养模式及借鉴［J］. 职业技术教育，2004（34）：68－69.

③ 宫照军. 日本职教师资教育课程设置指向性研究与启示［J］. 教师教育研究，2011（1）：77－80.

④ 梁杰. 中等职教师资培养模式研究——基于三性合一的视角［D］. 河北科技师范学院，2015.

（一）拥有完善的法律法规体系

德国制定了一套周密而又完整的职业教育法律体系，如《联邦职业教育法》《实训员资格条例》《培训员资格条例》，这些法律法规共同构成了德国职业教育的基本大法，为培养职教师资保驾护航。美国从《史密斯—休斯法》到《职业教育法案》，再到《卡尔·帕金斯职业与应用技术教育法案》等，这一系列法案的出台，揭示了美国的职业教育更加明确地将重点放在了质量的提升上，尤其强调了学术教育与职业教育的整合。因此，建立和完善法律法规体系，是保障职业教育教师队伍建设健康发展的前提条件。

（二）具有严格的教师资格认定要求

为了保证职业教育的高质量，许多发达国家制定了教师资格的相关标准，确保教师能胜任工作。如美国工业与技术教师培养者国家协会制定了《贸易与工业教育教师资格准备质量标准》，美国教师教育认证委员会制定了《技术教师培养标准》，美国国家专业教学标准委员会制定了《国家专业教学标准委员会生涯与技术教育专业标准：面向 11－18 岁以上学生的教师》，各州政府也纷纷制定了各州的职教教师专业标准和教师资格认定方面的法律法规。英国拥有完备的国家职业资格体系（National Vocational Qualifications，NVQs），主要由继续教育学院负责职业教育与培训的实施和职业资格证书的颁发，2001 年，英国为职业教育教师设立了合格教师资格（Qualified Teacher Status，QTS），只有获得 QTS 才能够上岗任教，QTS 规定了教师职业规范、教育教学理论知识和技能等方面的最低要求。德国的《中等职业教育教师培养和考核框架协定（第 5 类型教师）》指出，中等职业学校教师的培养是在大学进行的科学认识和职业实践，以培养未来教师专业方面和教育方面的具有专业化水平的行动能力等。[①] 这些严格的职教教师准入资格，一般都要求教师拥有基本的教师职业道德素养，掌握所教专业理论知识，接受了高学历教育，具备一定的实际工作年限，具有一定的教育教学能力，由此保证职教师资的培养质量。

---

① 颜炳乾. 独立设置高等职业技术师范院校人才培养模式研究［D］. 东北师范大学，2007.

（三）注重教师的专业实践能力

大多数发达国家以培养"双师型"职教教师为核心目标，都非常重视职教师资的素质，且特别看重其专业技能和实践经验。在德国，实践课教师除了要具备理论课教师要掌握的专业理论知识外，还需要进行专门的技能培训，掌握实践教学设备的操作技能和流程，而理论课教师必须在与大学所学专业相符的行业实习至少一年，待四年理论知识学习通过之后，还需在州一级开设的教育研究班和职业教育学校进行两年的教学实习。美国、澳大利亚等国家的职业教育教师，必须具有 3~5 年从事本行业工作的实践经验等。

（四）实施一体化师资培养过程

德国、美国、日本、英国等国家职业教育师资培养制度已经相当成熟和完善，师资来源稳定，职前、入职、职后三个阶段的培训衔接紧密，有专门的培养进修机构，并有科学的考评制度。其中，专职教师负责基础课程，兼职教师负责专业课程，学校和企业之间联系密切，资源共享，教师专业知识能够及时更新以适应社会发展水平，提高教学培养质量。

（五）聘用一定比例的兼职教师

尽管各国职教师资培养的方式有很多，但由于职业教育本身与社会生产有着非常密切的联系，经济发展日新月异，职业工种变换加速，职业院校往往对新专业的教师或实习技师的培养速度跟不上，那么兼职教师便作为一支不可忽视的力量补充到职教师资当中。在国外，成为兼职教师的前提是必须经过教育类课程的学习，并通过考试获得国家承认的教师资格证书，如在德国"双元制"合作教育中，其生产实习教师绝大多数是来自企业的兼职教师，但都必须具有教师资格证书。美国和英国的职教师资中兼职教师比重在 60% 以上，很多教师是从企业招聘来的具有丰富实践经验的专业技术人才。

（六）重视职教教师的继续教育

为了确保职教教师的专业化发展，很多国家均以立法的形式对职教教师的继续教育予以规范和制度化。例如，德国根据各联邦州的法律，规定教师参加培训进修是一种必须履行的义务，职教教师必须不断接受新技术知识、新规范的继续教育，在美国，职业教育师资的继续教育体系也非常完备，许多社区学院每年专门拿出一定的经费，专供教师进修培训，还有很多学院为教师提供短期与长期的到国外访学的机会，教师可以参加各种教学研讨会或课程进修班以及其他培训，并且可以报销相关费用。同样地，日本也非常重视职教教师的进修与培训，有多种进修方式，包括校内进修、校外进修和海外考察学习等。①

第三节　职教师范生培养中存在的问题分析

职业教育是现代国民教育体系的重要组成部分，在实施科教兴国战略和人才强国战略中具有特殊的重要地位。党中央、国务院高度重视发展职业教育，改革开放以来，积极推进职业教育发展，支持各级各类职业教育办出特点、办出水平，各地区和许多企业也进行了积极探索。本科职教师资培养肩负着为中等职业学校输送高质量"双师型"教师的使命，并在国家大力发展职业教育的同时，对职教师资培养理念的确定、课程设置的优化、课程内容的选择、教学方法的应用、实习条件的改善、评价机制的完善等方面也提出了更高的要求。但时至今日，职业技术师范院校在为充实中职师资队伍做出重大贡献的同时，暴露出许多亟须解决的问题。

一、人才培养理念滞后

国家出台的相关政策与标准为职教师范生培养指明了方向，其中师范类专业认证的"学生中心、产出导向、持续改进"等理念，同时也是职教师范生人才培养理念，但当前不论是培养职教师范生的管理部门、高等学校，还是专任教师，其人才培养理念相对滞后。

（一）"学生中心"难以落实

"学生中心"是师范类专业认证的首要理念，重在实现"以生为本"。《普通高等学校师范类专业认证实施办法（暂行）》（以下简称《办法》）明确强

---

①　史鹏霜. 职教师资培养的国际比较及其启示［J］. 继续教育研究，2014（2）：48－50.

调，要"遵循师范生成长成才规律，以师范生为中心配置教育资源、组织课程和实施教学"。可见"学生中心"是"以生为本"的核心要义。但在职教师范生的培养过程中，"学生中心"理念难以落实。一是职教师范教育被边缘化。尽管国家越来越重视师范教育，但职业技术师范教育作为师范教育的组成部分，因办学规模相对较小，历来处于边缘地位，尤其是非独立设置的职教师范生培养院校，在校内资源配置、实验实训基地建设、师资培养培训等方面均未能给予师范生足够关照，尤其是师范综合技能训练条件大多跟不上时代发展的步伐，硬件相对落后，上述这些状况与师范类专业认证"以师范生为中心配置教育资源"的要求差距不小。二是职教师范类专业培养目标定位模糊。职教师范类专业的培养目标具有"双重性"（专业教育与师范教育兼顾），所培养的人才必须既是高级专业技术人才又是职业学校教师，使原本比其他专业更具复杂性的职教师资专业的培养更加无所适从。另外，由于双重性但又分割化的培养目标要求，职教教师教育在实际教育教学过程中更为注重师范生实用的专业能力和部分教育能力的培养，而忽视了对师范生核心能力的综合培养，这对职教教师的职业归属感、个人学习与成长，甚至是对整个职业教育的教育教学都是非常不利的。不论是从专业认证角度出发，还是基于教师教育自身发展的需要，职教师范生的培养均既要遵从国家和社会发展的实际需求，又要满足师范生和中职学生成长成才所需，体现"以生为本"的教育理念，但这些需求并未得到充分满足。

（二）"产出导向"难以施行

"产出导向"是专业认证的核心理念，重在培养质量的有效达成。《办法》要求"以师范生的学习效果为导向，对照师范毕业生核心能力素质要求，评价师范类专业人才培养质量"。即职教师范生要达成"一践行三学会"，即"践行师德、学会教学、学会育人、学会发展"。

"产出导向"要求将师范生的专业核心能力素质要求贯穿培养全过程，但目前难以真正施行。一是师范类专业课程内容更新不及时，与国家相关政策要求不配套。如教师教育类课程内容与教师资格证"国考"大纲并不完全对接，教师资格证"国考"大纲要求考生能初步运用教育法规的相关知识分析和解决教育实践中的常见问题，但许多地方高校教师教育类课程体系中并没有此项教学内容，这也是导致地方高校师范类专业教师资格证"国考"通过率偏低的主要原因之一。二是学科专业课程偏重于学术性，未能有效平衡职教师范类专业"学术性"与"师范性"的关系，致使师范类专业"上不着天、下不落地"，师范生专业学习与中职教师专业标准不匹配。三是教学方式陈旧，实践教学不足，实践教学形式单一，实践教学效果不尽如人意。四是师资队伍建设有待加强，部分教师在授课过程中既不能及时补充国际国内最新教育研究成果，更谈不上通过课程教学提升学生基于发展的核心素养；且大部分教师缺乏中职学校教育教学实践经历，课程教学"空对空"现象较为普遍，不能有效指导和帮助师范生提升中职学校教育教学实践能力等。

（三）"持续改进"难以保障

"持续改进"是专业认证的目的性理念，重在建立全过程质量保障机制。《办法》要求"持续改进，强调对师范类专业教学进行全方位、全过程评价，并将评价结果应用于教学改进，推动师范类专业人才培养质量的持续提升"。但当前校内教学质量常态化保障机制尚不完善。一是教学质量改进意识不强、缺少特色，持续改进质量的文化氛围不浓。如不少学校每学期对二级学院的教学质量检查仅局限于对个别教师的听评课和教学资料的查看，反馈会也只是二级学院领导参加，所发现的问题年复一年重复不变，质量改进未见落实。二是教学质量评价体系不甚合理、科学。表现为：重课内，轻课外；重理论，轻实践；重硬件投入，轻效益发挥；重评价教师，轻评价学生；重结果性评价，轻过程性评价；重定量数据，轻定性分析；重认证结果，轻认证过程；重专家考察，轻常态管理；重问题诊断，轻改进完善等。三是教学质量监督机制不到位，教学评价功能受限。如每学期的教学质量考评、学生评教、督导听课等，对于无职称晋升需求的教师来说，更是无关紧要，只要不出大的教学事故，工资、绩效丝毫不会受到影响，反映出教学评价的督导、激励功能未能充分发挥。另外，校外教学质量持续化反馈机制有待健全。当前我国关于师范类毕业生的信息反馈机制尚不健全，相应制度不全面、不规范、不系统、不具体，自然也不具备可持续性。尽管一些学校也关注到了对师范类毕业生反馈信息的收集，但所收集的信息指标不够科学和全面，信息收集的形式单一且缺乏必要的情感投入，因而难以保证信息的效度和信度。同时，收集后的反馈信息往往被束之高阁，或作为研究报告中的冰冷数据。如此，这些反馈信息既不能帮助教师教育者改善微观层面的教师教育培养质量，更难以促进教育管理者调控宏观层面的教师教育结构质量。[①]

二、课程设置欠科学

课程是培养方案的主体，是教学内容的载体，培养什么样的职教师资取决于开设什么样的课程以及这些课程的分配比例。高等职业技术师范本科教育（以下简称职技高师）兼具学术性、职业性与师范性，既有师范教育的特点，又属于高等教育。但由于中国职技高师的发展时间较短，发展体系不完善，使得课程设置缺乏科学性、现实性。

（一）重学术性轻职业性

与普通高等教育不同，职技高师需突出"职业性"和"技术性"，但我国绝大多数的职教师资培养单位的课程体系建设严重滞后，学术性的专业课程比重偏高，职业教育学科课程比重较低，缺乏"职业性"特色；专业课程同质于普通高等教育，注重学术性，过分追求学科的系统性与内容的专、精、深，而忽视了与生产实际相结合，忽视了职业技术师范教育所应注重的应用性和实践性，导致职技师范生缺乏实践机会，动手能力差，实践技能水平低，很难具备"双师型"基础，难以适应未来工作需要。[②]

（二）重理论轻实践

当前，职技高师的课程体系中理论课程的学时学分明显高于实践课程，实践课程所占比重基本雷同于普通高等教育，即文科专业不低于20%，理工科专业不低于25%，这对于具有技术性与职业性特征的职技高师来说，其实践

---

① 马福全. 地方高校教师教育内涵式发展路径探析——基于师范类专业认证标准的思考［J］. 教师教育学报，2021（1）：119 – 126.

② 杜学文，梁雪，王曼. 职教师资培养本科专业课程体系研究：问题与出路［J］. 黑龙江高教研究，2017（5）：127 – 129.

课程的学时学分是远远不够的。在课程安排上，大一、大二主要是公共课和专业基础课，大部分为理论课程，也有少量的实验实训课程，但由于时间较短、深度不够，拘于形式，学生刚产生学习兴趣，实践学习就结束了。专业实践课程和教育实习一般是安排在大三第二学期和大四，这在一定程度上存在理论与实践割裂的现象，导致学生很难将理论知识及时应用到实践中，实践能力的提升受到制约。

（三）重专业教育轻通识教育

通识教育是"非专业性的、非职业性的、非功利性的、不直接为职业做准备的知识和能力教育"与专业教育是相辅相成、"气势两相高"的关系，而不仅是专业教育的"有益补充"。① 职技高师因既要注重专业教育，又要提高师范技能，而四年的学习时间非常有限，所以目前职技高师课程设置整体过于庞杂，学校在兼顾专业课程与师范技能课程安排的同时，很容易忽略通识课程的安排，因此易造成学生职业素养和人文情怀的缺失，跨界整合能力不足，课程结构没有体现出相互贯通、相互融合，这不利于职教师范生多维度、多方面思考问题，限制其综合能力的发展。这也是我国的职教师范生的职业认同感普遍偏低的原因之一，不利于正确地履行职教师资的职业责任和道德操守，显然不能满足卓越职教师资培养的新需求。

（四）重必修课程轻选修课程

当前，我国职业技术师范院校选修类课程开设的情况参差不齐，据调查有将近一半的学校都未开设选修课。尽管部分院校开设了选修课，但对选修课没有严格规定，或者对这类课程的选修学分要求过低，学生可以选修也可以不选，使这类课程的开设只是增加了课程计划的门类，却形同虚设。② 另外，有些学校因必修课程模块学分有限，所以将部分选修课程设定为限选课，是学生必选的，实际是相当于必修课，因此这类课程也失去了选修课程的意义。

（五）课程结构欠合理

当前，我国职教师资培养的课程结构从类型上来看，大多由公共基础类课

---

① 陈锦. 构建现代职教体系，开发高职通识课程［J］. 高教学刊，2020（22）：194 – 196.
② 刘朝丽. 职教本科师资培养中教育类课程设置研究［D］. 湖南农业大学，2014.

程、专业科学类课程和职业教育学类课程构成，各类课程又分为理论与实践两种形式。从层次上分，可分为专业基础课、专业课和专业方向课。该课程结构体现了大学课程结构的一般特点，各专业可根据自身特点和人才培养要求构建系统性和关联性的具有实质意义的课程体系。而职教师资培养的专业课程大多由专业课程和占较小比例的教育课程叠加而成，更像是专业课程结构和教育课程结构的"拼盘"，仅仅是对普通学科专业和普通教师教育专业"做加法"，是"量"的叠加，内容未相互融合，且专业类课程与教育类课程比例不合理，专业类课程的比重远远高于教育类课程。使培养的毕业生很难对职教师资专业产生专业和职业认同感；机械的课程结构也很难在他们脑中建构成完整的关于教师知识的结构体系。全国职教师范本科专业课程设置情况的调查显示（念潮旭，2021），2018 年全国职教师范本科专业比其他本科专业课程总学分高出许多，除设有教育类课程外，还根据学科逻辑设置了通识类、学科基础类和专业类等课程，有的高校还在探索理实一体化、项目类等行动导向课程。在我国现行学制相对固定的框架下，要么增加教学密度，提高教学强度，以确保教学计划的按时完成；要么缩减课程，节省时间，以确保高校自认为有必要的课程能得到有效加强。但是，无论选择前者还是后者，都会诱发产生培养规格和培养质量下降的问题，脱离人才培养初衷。因此，如何妥善解决中职师资这一复合型人才培养的课程和时间设置问题，以确保人才培养质量，是大力培养中职师资不可回避的难题。①

（六）教师教育课程名称混乱

教师教育课程不仅名目繁多，而且课程名称很不规范，突出体现在教学法、教学论课程上。如课程与教学论课程，有普通教育的学科与教学论、专业课程与教学论、职业教育学科教学论等，而教学法课程，有学科教学法、专业教学法、职业教育教学法，甚至有的直接称为教学法。不仅如此，还存在课程名称不同，但课程内容没有多大差异、名不副实的现象。课程名称是对课程内容本质的反映，课程名称不同，反映了当前在职教教师教育有关课程和教学法

---

① 念潮旭. 中职师资培养的逻辑、困境与路径［J］. 教育与职业，2021（2）：87－93.

方面还具有较大的分歧，缺乏统一认识，需要进一步加大研究探索力度，统一思想和认识，做到名副其实。①

三、教学内容脱离现实需求

（一）专业课程内容精深化

职技高师学科专业课程内容与普通高等院校相近，所用专业课程教材与普通高等院校基本一致，偏重学术性、专业性，教学内容强调高、精、深，对于概念、原理等讲授过多，知识学术化色彩浓厚，忽视职业教育的特色，结合中职实际需要强化的技能技术性知识较少，对中等职业教育中易出现的现实问题和教学实践的关注较少，导致应用性不强，职业性与技术性特征不明显，教学内容与中等职业教育的现实需求脱节比较严重，进而导致师范生在学习过程中觉得理论类课程内容的实用性不强，降低了师范生学习兴趣，影响职技高师培养质量。

（二）教师教育课程内容普教化

教师教育课程的职业教育特色不鲜明，普教化色彩较浓，普通教育学、心理学与职业教育学、职业教育心理学课程并存。部分学校开设的是教育学、心理学，还有的学校同时开设了教育学和职业教育概论两门课程。此外，一些学校还开设了中学生心理辅导、中学学科教学设计等普通师范教育领域的课程。究其原因，一方面，国家没有出台中等职业学校教师资格考试国家标准，职业技术教育师范生参加教师资格考试的笔试内容与普通中学一样，导致多年来职业技术师范院校开设的职业教育学和职业教育心理学等课程又改为普通教育学和心理学。另一方面，一些院校既开展普通中小学师范教育，也开展职业技术师范教育，为了节省人力资源，进行了合二为一。如果国家不出台相关政策，长此以往，会有更多的学校倾向于选择普通教育学和心理学课程，那么职业教育特色将难以保持。②

---

① 凌琪帆. 新时代我国本科职教师资培养现状与发展对策［J］. 河南科技学院学报，2019（6）：1－7.

② 凌琪帆. 中等职业学校教师教育课程设置研究［D］. 天津职业技术师范大学，2019.

另外，教师教育课程的一些主要章节、主要概念、主要观点等都存在借用普通教育学的问题，大多未结合中职生的具体情况进行教学。如《职业教育学》与《职业教育心理学》属于职业教育理论课程，但二者的内容体系与普教的《教育学》和《教育心理学》课程基本相同，对职业教育情境中的职校生和职业教育的个性研究较匮乏，职教特色不明显。《职业教育学》课程，如中职学校是职教师范生未来工作的机构，但职教师范生并不了解。虽然大部分职教师范生属对口招生，大多数源自中职学校，但他们对其仅有学生视角的粗浅片面了解。该课程并未挖掘中职学校的机构性质、组织构成、类型、培养定位、在国家整个学校教育体系中的地位和作用、发展前景等内容，也未介绍职业教育的相关理论、政策与法律，不利于职教师范生对中职教育的认同。又如"教学方法"内容，提到了有职教特色的项目教学法和案例教学法，"教学组织形式"内容，谈到了有职教特色的现场教学，但都仅限于理论层面的简单描述，缺少实例展示，也缺少对实践中需要注意问题的剖析，介绍的篇幅和阐述的深度均有限，可操作性不强。并且，在中职教育实践中，理实一体化的教学组织形式已得到了较广泛的运用，但未反映到教材中。《职业教育心理学》课程，多数教材局限于宽泛地介绍学生心理发展的一般规律，并未在田野研究的基础上分析挖掘中职学生心理发展的个性特点。有些教材虽出现了"职业院校学生的个性特点"的内容，但并未提供相关实证研究的成果予以佐证，主观性较强，说服力不够。又如"职业教育学习心理"内容，并未挖掘职业领域知识的特点，职业领域知识技能迁移发生的条件及其对教学情境、教学方法的特殊要求。再如"学习动机"内容，并未挖掘中职学生学习动机的实然状况及其成因，以及有针对性地激发中职生学习动机的措施。[1]

（三）课程内容较陈旧

目前开设的部分课程内容陈旧落后，更新速度慢，针对性和实用性较差，且职业教育课程开发、专业教学法、专业教学设计等专门训练师范生课程教学

① 胡重庆. 职技高师院校职教师范生培养的困境及化解策略研究［J］. 中国职业技术教育，2020（3）：61－67.

能力的课程开设明显不足，没有针对未来教师的能力需求来设置，难以满足教师的岗位能力所需。内容陈旧单一空泛，低层次重复，缺乏时代性，与教师专业发展需求实际不相耦合，脱离了中等职业学校改革和教师发展的现实需求。这导致所培养的职教师范生缺乏对职教事业的认同感，如职教师资所学的专业知识一方面使他们与其他普通本科专业的毕业生相比不具竞争力，另一方面使他们所学的内容与中职学校所需教学的内容存在很大差距。

四、教学方法与手段较落后

（一）教学方法不能凸显职教特色

职教师资培养一般沿袭传统的教学方法，理论课采取讲授与讨论的方法，实践课采取"讲解—示范—模仿—练习"四步教学法。这些传统的教学方法，也就是所谓的灌入式、注入式方法，课堂上教师是中心、教材是中心，在整个教学中课堂又是中心。而大学老师的教学法对职教师范生的教学方法也有较大影响，职教师范生在教学方法的运用上会模仿甚至照搬大学教师的教学方法。这些传统的教学方法只能有助于知识的传授，而对于在当今瞬息万变世界中最为关键能力的提升却是有限的，也使职教师范生在之后的职业教育教学中难以转变既有的思维与方法，而需花大气力去适应职业教育的对象与教学方法。[①]

（二）信息化教学发展相对滞后

信息化时代的大学生思维活跃，信息获取渠道丰富，若高校教师教学方式不能顺应信息化时代的发展变化，仍然沿用"满堂灌""一言堂"等陈旧的方式，就会既影响课堂教学的信息容量，也无法适应学生对信息化教学的要求，必然挫伤学生的学习积极性。随着信息技术的快速发展，网络技术、多媒体技术、移动通信技术在教育中的应用越来越广泛，翻转课堂、微课、MOOC等教学形式越来越被人们接受，不管是进行线上教学还是线下教学，都需要有内容丰富、信息化的课程教学资源。职业技术师范院校专业教学资源库建设数量较

---

① 谢莉花，余小娟. 卓越职教教师的培养理念及其教学设计［J］. 职业技术教育，2016（19）：41－45.

少，信息化教学资源的运用、开发和共享也不够严谨，目前的专业课程教学资源只包括传统的教材、题库、PPT 课件，没有更多交互性好、艺术性强的信息化教学资源，增加了专业课程学习的枯燥难懂程度。

五、实践教学质量不高

实践教学是相对于理论教学的各种教学活动的总称，包括实验、实习、设计、实际操作、社会实践等。实践教学突出以学生为中心的教学方式，是巩固理论知识、加深对理论认识的有效途径，具有实践性、开放性、灵活性等特点，可有效促进学生的创新精神和实践能力的发展。[①] 职教师资培养中的实践教学是以培养师范生的专业技能和教育教学能力为主要目标的重要教学环节，通过有计划、有组织地实施教学体验、模拟实训、教育实习等环节来巩固和深化学生的理论知识和专业知识，掌握从事本专业领域实际工作的基本能力和技能。[②] 当前职业技术师范院校在实践教学方面还存在一些不足。

（一）重视程度不够高

在当前就业政策下，要想进入中职学校工作，就必须参加竞争非常激烈的选拔考试，这导致大部分职教师范生毕业后，未能从事中职学校教学工作，使学校层面认为很多职教师范生毕业后不愿意从事职业教育教师职业，进而忽视了对其教学技能的训练。同时，职教师范生对其自身未来的职业规划尚不清楚，对参与学校教学技能训练持消极态度，而学校层面也没有及时采用有效方式增强学生的专业自信和专业认同感，导致很多学生不认同职教师资专业，不愿意从事职业教育相关工作。另外，由于部分学校师资力量匮乏，难以对学生专业技能和教育教学能力进行全方位、体系化培养，导致所培养的学生专业技能或教育教学技能不足，难以满足中职学校对职教师范生的需求。[③]

① 罗平. 职教师范生实践教学能力提升途径研究 [J]. 职业教育研究, 2015 (2): 42-45.

② 伍鹏, 傅远柏. 旅游类专业卓越职教师资本科人才培养研究——基于"三位一体"协同培养机制 [J]. 教育现代化, 2017 (4): 1-4.

③ 邵红蒙. 职教师范生教学技能培养中的问题与对策探析 [J]. 职业教育 (评论版), 2020 (8): 89-93.

（二）实践形式较单一

当前大部分高校职教师范生培养的教学实践环节，主要为教育实习和教学技能实训两大部分，仅有个别院校开设了教育研习。教育实习大多采用基地式教育实习方式，即由教学单位在同一时间安排所有学生，集中到几个中职学校实习点开展教育实习。在中职学校大规模扩招的背景下，越来越多的基地无法承受和消化过多的实习生、教学系统无法统筹安排等。在教学技能综合训练方面，部分高校受条件限制，学生的"三字一话"等教学基本功和教学技能不够扎实，且难以模拟实践教学真实场景，难以训练学生的现场教学技能。教学技能训练浅尝辄止，训练程度不深入，训练内容不全面。

（三）实习时间不充足

2016 年教育部印发的《关于加强师范生教育实践的意见》（教师〔2016〕2 号）中规定，教育实践环节应不低于一学期，2019 年出台的《职业技术师范教育专业认证标准》，要求教育实习达到 8 周。目前我国职技高师院校的教育实习大都安排在第四学年，而且实习时长也是 4～8 周不等，并且在此期间许多学生还要忙于做毕业论文、考研、考公务员以及找工作等事宜，学生在本来时间就不长的实习期间还要面临多重任务和压力，使学生心思无法集中亦不能安心进行教育实习。

（四）实习基地不稳定

实习基地是人才培养的硬件保障，其建设的好坏直接影响人才培养效果。由于平时未建立稳定的实习基地，部分职业技术师范院校每每临近实习，便要发动各种社会关系，四处联系实习的中职学校，耗时耗力且难以保证能找到合适的实习点。实习基地的频繁变动不利于学校之间建立长期的、多方面的合作关系，因新实习点相互不了解，亦不利于实习学校教师对实习生的指导，影响实习质量。同时，职业教育作为紧密对接产业发展的教育类型，其特征在于与技术发展同频共振、与岗位一线互动共融。具有职业教育属性的中职师资专业也需要企业的生产性实训基地作为配套。当前自发形成的校企合作关系导致企业利益缺乏制度保障，企业出于成本和生产效益考虑参与合作育人驱动力不强，加之中职师资培养很大程度上不会给企业带来人力资源等方面的直接回

报，使校企在建立稳定、长久、有效、紧密的合作关系上难以达成行动
共识。①

（五）实习过程欠监督

大多数职技高师院校仅把教育实习当作教学计划的一部分在实习过程中
"走过场"，并且实习指导老师大都疲于自己的本科教学工作，难免出现敷衍
应付或者将全部工作直接交由实习生的现象。同时，部分学校对于职教师范生
的培养缺乏规范的教学技能训练和相关的管理制度，比如，职教师范生教学技
能训练管理办法、职教师范生模拟课堂教学管理制度等。实践教学的目标、内
容、形式、考核方式、时间安排、教师指导、结果反馈等缺乏细化，易流于形
式，特别是校外的职业学校实习和企业实践的指导、监管、考核难度大，权责
划分不清，学生实践技能未得到有效锻炼②。此外，没有地方行政部门的积极
主动参与，教育实习的重担全部压在了高师院校身上，精力有限兼顾不暇，难
免对实习全程缺乏监督管理。实践教学过程不规范。

六、教学评价待完善

教学评价是对教学过程、结果按照某一标准而进行评价，根据评价所反映
出来的问题而改进，最终目的是促进、调节、激励教学，而现在一部分教师则
是为了评价而教学，若教学评价标准是不全面的，那就会造成教学顾此而失
彼，因此教学评价应是教学的服务者，而不是指挥者，教学评价应具有的是衡
量教学价值、作用与意义的功能，而不是教学被动地服从评价。③ 职教师范生
专业的教学评价要具有职教师范专业的特点，可以适应本专业课程与教学改革
的趋势，发挥好监督、检验功能，教学评价理应成为当之无愧的职教师范专业
课程教学改革的促进者。④ 但目前我国职业技术师范院校的教学评价体系还欠

---

① 念潮旭．中职师资培养的逻辑、困境与路径［J］．教育与职业，2021（2）：87－93.
② 凌琪帆．新时代我国本科职教师资培养现状与发展对策［J］．河南科技学院学报，2019（6）：
1－7.
③ 杨启亮．为教学的评价与为评价的教学［J］．教育研究，2012（7）：98－103.
④ 王本陆，骆寒波．教学评价：课程与教学改革的促进者［J］．课程·教材·教法，2006（1）：
20－25.

完善。

（一）评教体系欠科学

当前，各校在进行学生评教时普遍采取"一把尺子量到底"的评教体系构建模式，即学校开设的所有课程均使用同一指标体系进行测量（有些高校将理论课程与实践课程分开制定了指标体系）。其优点在于便于不同任课教师间的横向比较，在进行教师考核、评比时操作性强，但其弊端也十分明显，在高师院校课程体系中，各师范专业的学科课程与教师教育类课程在教学任务、教学对象以及对学生学习要求等方面都不尽相同。不同师范专业的学科课程教学内容、教学过程组织逻辑大相径庭，甚至在教师教育类课程体系内部，教育理论课程与教学技能课程的教学内容、教学过程也是天壤之别。用统一的标准去衡量所有课程的教学过程与质量，不仅有失公允，而且无益于不同课程的教学改革与优化。另外，统一评教标准为尽可能适切更多课程，一般内容较宽泛，表述比较抽象，如"教学手段合理、教学方法得当、重点突出、思路清晰"等表述，较少能结合不同课程的自身特点和要求，其所得结论也并不能准确反映不同任课教师的实际教学状况与效果，不仅不具备任课教师改进教学的参考价值，甚至还可能导致任课教师不顾自身所教课程基本要求，而根据统一评价标准错误调整自身教学过程的严重后果。

（二）评教内容较片面

学生作为评教的直接参与者和主体，并不能真正准确地表达教学意见，甚至自身对评教结果也不确定、不认同。其主要原因在于学生评教内容的设定主要从"管"和"教"的视角出发，更为关注课程的教学目标和教学效果以及教师的教学技能和行为，而有关教学目标、教学内容的适切性和前沿性等与课程功能、教学学术相关的内容，又超出了学生能理解、能正确判断的范畴，可能最终导致评教结果的失真。具体到高师院校中，在当前师范专业认证及教师资格证国考改革的背景下，师范生自身对于课程质量的期望和要求也越来越高，但就本质而言，学生对课程的核心和最终诉求并不在于教师应该怎样教，而是自身是怎样学以及这样的学习方式是否能达到好的学习效果，但当前高师院校学生评教却相对忽视学生学情的考查及学生角度的教学反馈，不仅割断了学生与学生评教间本身存在的利益连接，还可能打击学生的课程学习积极性，进而影响其课程学习的效果。

（三）评价主体欠全面

职技师范院校通过专业理论课、实践技能课和教育见习课三种课程类型以保障师范生的专业学习。专业理论课以考试成绩为主；实践技能课以上交的作品进行评分；教育见习课基于教案和授课情况进行评分。但上述三种课程类型的评价主体基本仍以本校教师（包括同行、领导、督导等）为评价方，即使在实践技能课和教育见习课中也是以学校教师的评价为主，对应的行业师傅或中职教师鲜有话语权。课程类型的特殊性决定了评价主体的多元化，职技师范院校在质量评价上尚未根据课程类型的特殊性和人才培养的规律性合理确定评价主体，给职教师资的培养带来一定的影响。①

（四）评教方式较单一

随着网络技术在高校教学管理和教育研究中的广泛应用，学生评教也从传统的纸质媒介转变为网络媒介，各高校普遍建立了网上评教系统。网上评教的突出优势在于便捷高效，极大地提高了学生参评率，但其却将师生从空间上隔离开来，学生只是通过填写问卷或量表简单表达对教师教学的肯定或否定意见，教师也只是依据分数对自己的教学状态粗略认知，师生双方只能透过这层"面纱"去猜测或臆断对方的心思与意图。另外，由于各高校普遍采取将网上评教系统作为教务管理系统的子系统，并与学生成绩系统、选课系统等子系统相关联，即学生需在特定时间内完成评教，教师方可进行考试成绩录入，学生才能查看考试成绩或进行下学期选课，而这一特定时间通常为学期末。因此，评教多为终结性的评判，即评教结果与教师的此轮课程教学改进不再相关，也与学生本次课程学习效果毫无关系，教师和学生在评教中均难以获得"即时收益"，评教被普遍看作是学生的一项义务，而在网上评教的开放性环境下"代评"现象也时有发生，这必然导致评教的客观性、真实性和有效性受到

---

① 修南. 高等职业技术师范院校师资培养的现状与对策分析——以 JL 职业技术师范学院为例 [J]. 岳阳职业技术学院学报, 2018 (5): 48 - 51.

质疑。

（五）评教结果运用欠合理

在当前高校的评教实践中，存在评教结果不公布、不反馈、不讨论的现象。作为重要利益相关者，教师的声音和需求未受到足够的关注和重视，通常是被动接受评判和考核。部分高校教师通常是在年度工作绩效考核时才得知自己的评教分数，对评教内容和过程也知之甚少，更不知道自己为何被评了高分或低分，还要与其他不同课程的任课教师进行统一评比，被划分为不同等次，使部分教师对学生评教倍感迷惑，再到逐渐失望，甚至可能彻底厌倦或反感。作为评价者的学生，也通常无法得知最终的评教结果，每个学生仅是出于对教师教学的主观认知打出分数，也并不了解自己的感受判断是否与其他学生相似或存在差异，自然也无法反思自己的学习态度和学习方式，甚至可能将学习效果不好仅归咎于教师的教学问题。对于学校教学管理者而言，其得到的也仅是冷冰冰的分数，作为教学过程的"局外人"，并不具备能够全面、精确解读分数背后意义和价值的能力，多数只能简化其使用规则，以分数定奖惩，而对于下一轮课程和教学管理并未获得清晰、有效的改进建议，甚至对于学生评教制度自身的优化完善也无从入手。总之，对于学生评教结果使用的异化与不当，仅将其作为评判教师教学绩效的工具，将可能导致学生评教各主体间的相互对立或为达到利益互惠而相互妥协，最终教师无从改进教学，学生认为评教无用，学校教学管理部也无法达到课程设置优化、教学质量提高的终极价值诉求，必然使评教价值功用大打折扣。①

总之，职业技术师范院校肩负着培养职教师资的使命，是职业教育的"母机"，职教师范生培养是一项系统工程。当前，职业技术师范院校面临人才培养理念滞后、课程设置欠科学、教学内容脱离现实需求、教学方法与手段较落后、实践教学质量不高、教学评价欠完善等一系列亟待解决的问题。面对我国职业教育发展的新形势和职教师范生培养面临的困境，我们应结合《中

---

① 李慧，王凤秋. 师范专业认证背景下高师院校学生评教制度优化研究［J］. 黑龙江高教研究，2020（8）：72－76.

等职业学校教师专业标准（试行）》《职业技术师范教育专业认证标准》《教师教育课程标准（试行）》和《职业技术师范教育专业师范生教师职业能力标准》等文件要求，积极推进职教师范生培养的教学改革，探寻提高职教师范生培养质量的新路径。

第四节 "五维一体"职教师范生培养模式的探索

1985 年，教育部颁发《中共中央关于教育体制改革的决定》，其中指出"师资严重不足，是当前发展中等职业技术教育的突出矛盾"，并提出"要建立若干职业技术师范院校，有关大专院校、研究机构都要担负培训职业技术教育师资的任务，使专业师资有一个稳定的来源"。[①] 在此政策背景下，1986 年8 月，根据湖南省人民政府"关于在湖南农学院建立农村职业中学专业课师资培养基地"的指示，原湖南农学院（现湖南农业大学）正式成立"职业技术师范部"，随即面向中等职业学校对口招生，开展职教师范本科生培养工作。伴随学校事业的发展和学院专业的调整，职业技术师范部先后更名为职业技术教育系、职业技术教育学院、科学技术师范学院。2013 年，在保留原职业技术教育学院的同时增加教育学院名称，实行两个学院一套人马，称为教育学院，与1999 年经教育部批准成立的"全国重点建设职业教育师资培养培训基地"合署办公，共同开展本科生、研究生教育培养和职教师资培养培训工作。

湖南农业大学结合自身特色与优势，先后开办农学教育、园艺教育、动科教育、动医教育、食科教育、农机教育、英语教育、教育学、教育技术学、心理学等二十余个职教师范本科专业，其专业课程由相关专业学院承担，教师教育课程由教育学院承担。此办学模式将职业技术师范教育与普通本科教育相融合，因专业学院基本都拥有博士点，能引领专业的学术前沿，且专业学院师资力量雄厚，实验实训条件好，因此培养的学生专业基础知识扎实，且具有前沿

---

① 汤霓. 英、美、德三国职业教育师资培养的比较研究［D］. 华东师范大学，2016.

视野；教育学院拥有教育学一级学科硕士点，有教育学专业博士和教授，因此培养的学生能掌握扎实的教育学专业知识和师范技能。教师教育类课程教师与专业课教师协同人才培养和课程开发，注重学生师范技能、专业技能的提升和教育情怀的培育，其培养的人才成为湖南省中职学校师资的主要来源，被誉为"南方职教师资的摇篮"，形成了良好的学校声誉和社会影响。经过 35 年的人才培养实践，湖南农业大学探索了一条"懂农爱职，下得去，用得上"的职教师范生人才培养新路径，创建了懂农爱职、德知技并重、理实一体、政校企协同、六艺并举的"五维一体"职教师范生人才培养体系，如图 3-4 所示。

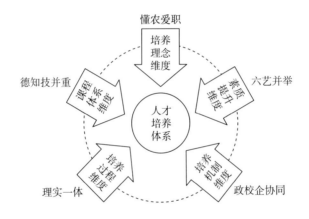

图 3-4 "五维一体"职教师范生人才培养体系

一、"懂农爱职"的人才培养理念

针对农村职业教育发展现状，立足于国家乡村振兴战略，结合湖南农业大学教育学院绝大部分生源来自于中等职业学校，其中 90% 生源来自农村家庭的现实情况，提出了职教师范生要有对农村教育事业的深切认同感，有扎根农村的坚定意志，有为农村中职教育服务的理想信念与责任担当，还要有服务农村的知识基础和专业技能，因此将"懂农爱职"教育理念贯穿于人才培养目标定位、课程模块设计、教学内容组织、教学活动安排的育人全过程，着力培养学生的"农""职"情怀。湖南农业大学教育学院通过每年年初全院师生共同学习"中央一号文件""油菜院士"官春云教授主讲开学第一课、农村中职学校骨干教师成长经历分享等主题教育活动，浏阳长安基地三个月的农业生产过程实习、暑假开展的农村实地调研等培养环节，以及对偏远地区支教和赴农村就业的学生的表彰奖励，全过程沉浸式培养学生农村职教情怀。通过培养，学生"懂农爱职"思想牢固，愿意到农村学校就业的毕业生逐年增多。自办学以来，学院为省内中等职业学校培养了校级领导 50 余名，优秀骨干教师近 500 名。2015～2021 年，湖南农业大学共培养了职教师范生近 3000 名，其中为中等职业学校订单式培养公费师范生近 400 人，通过考编入职中职学校和成为农村特岗教师的近 200 名。

二、"德知技并重"的人才培养课程体系

以职教师范生的全面发展为导向，以农村职业教育为特色，结合《中等职业学校教师专业标准（试行）》和《职业技术师范教育专业认证标准》，依据标准中的师德、专业知识、专业能力等方面的要求，不断优化课程体系，完善职教师范生人才培养方案，构建了由学科专业类课程、师范教育类课程、技能类课程、通识类课程、职业素养类课程五大课程模块构成的素养、知识、技能并重的课程体系，如图 3－5 所示。学科专业类课程主要由专业学院承担，包括专业基础课、专业主干课和专业核心课，为师范生以后从事专业课教学打下坚实基础。师范教育类课程主要是《职业技术教育学》《教育心理学》《职业教育课程研发》《职业教育研究方法》《现代教育技术》等课程，使师范生了解职业教育属性，关注职业教育发展，掌握职业教育研究方法等。技能类课程主要是培养学生的专业技能与师范技能，包括学生在校内进行教学技能训练，到专业实验室进行专业实验，到专业实践基地开展生产实习，到中职学校开展教育见习与教育实习等。职业素养类课程主要是针对教师职业特点进行师德培养，并学会育人。通识类课程则是在学校提供的公选课模块中广泛选择，其目的是提高师范生的综合素质。五大模块的课程并非孤立，而是相互作用，相互融合，促进师范生知识能力的培养日趋科学合理。

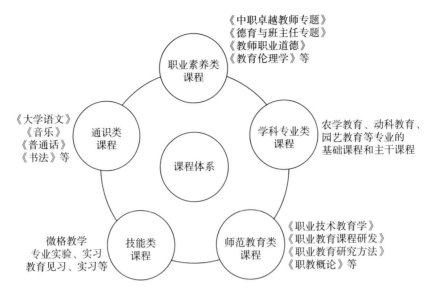

图 3 - 5 职教师范生培养课程体系

三、"理实一体"的人才培养过程

依据《中等职业学校教师专业标准》，结合农村中职教师专业发展需求和湖南农业大学职教师范生人才培养实际，构建了"一基两技三训"的人才培养过程，"一基"即掌握中职教师岗位需求的基本理论知识，"两技"即具备学科业务技能和教育教学技能，"三训"即开展课程设计训练、生产实习训练和教育实习训练，实现了理论教学与实践教学融通合一、能力培养与工作岗位对接合一、实习实训与定岗工作学做合一的"理实一体"的人才培养过程。湖南农业大学与农村中等职业学校共建了 37 个校外教学实习基地，湖南农业大学教育学院每年派出近 20 名实习教师带队，带领 350 余名师范生赴实习基地，开展教育见习与教育实习，实习基地给实习生配备一对一的指导老师，带队教师与实习生同吃、同住、同工作，全程参与实习指导。另外，与"大北农"集团公司、浏阳河饲料集团公司、佳和农牧股份有限公司等企业共建了16 个生产实习基地，在指导老师的指导下，学生走进车间，深入一线，与工人和技术人员一同工作，切实锻炼实际操作能力。实习指导老师进行全过程、全方位的教学、生产实践与管理指导。实习工作得到了人民网、潇湘晨报及当地政府官方网站的实时报道。

四、"六艺并举"的素质提升途径

湖南农业大学历经17年的实践探索，打造了具有职教师范特色的专业文化品牌——"六艺并举"的园丁工程系列活动，构建了园丁工程"双师型"人才培养活动育人体系，如图3-6所示，包括"园丁文""园丁辩""园丁颂""园丁艺""园丁书""园丁秀"六大活动板块，活动主题鲜明，目标明确，设计新颖，形式多样，提升了师范生的专业能力和师范素养，促进了师范

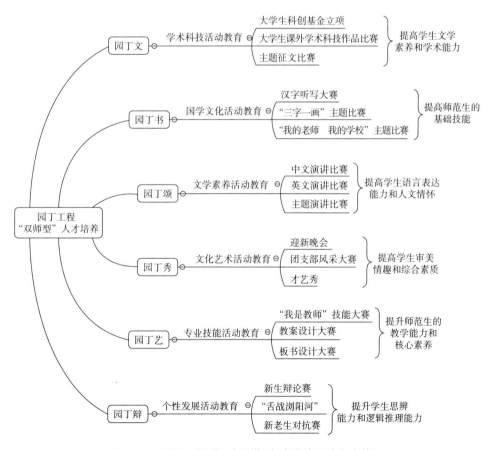

图3-6　园丁工程"双师型"人才培养活动育人体系

生的全面发展。该活动总计参与人数约为 10000 人次。2017～2019 年，该活动的微信点击量达 30000 余次，先后被"红网"、"三湘都市报"、湖南经视等媒体进行宣传报道。通过园丁工程系列活动的培养和专业文化活动的熏陶，选送学生参加省级师范生教学技能大赛、征文大赛、辩论赛、演讲比赛、微电影大赛、大学生艺术巡展等文化艺术大赛，获得奖励人数逐年增加，培养了一批又一批"专业精，师技高，能力强"的"双师"型人才进入教育行业。

五、"三位协同"的人才培养机制

依托"三基地四平台"，三基地指教育部批准的全国职教师资培训基地、与企业共建的生产实习基地、与中职学校共建的教育实习基地，四平台指湖南农业大学的湖南省农村儿童青少年健康促进研究中心、职业教育研究所、现代技工教育科学研究中心、教师专业发展促进与研究中心。实现了政校企共定专业发展方向、共建人才培养方案和实训基地，做到了专业设置对接农村产业发展需求，人才培养对接农村中职教师能力标准，课程内容对接农村中职教师岗位胜任的素质要求，教学过程对接生产过程的政、校、企"三位协同"人才培养机制。学院统筹多方资源，实现无缝对接，与湖南省近 40 所中职学校构建的校外教学实习基地的校—校合作模式，政府订单式培养的农村公费中职师范生的政—校合作模式，企业参与式培养的需求与激励相结合的校—企合作模式，为人才培养目标实现提供支持与保障。

总之，湖南农业大学经过 35 年的职教师范生培养实践，积累了办学经验，培养了大批职教人才，为职业教育的发展做出了应有的贡献。但是，新形势下如何使职业技术师范教育的"三性"深度融合、如何使专业课程与教育课程的比例更科学合理、如何切实提高师范生的"双能力"等、如何提升实践教学质量、如何调动专业学院的办学积极性等，有待进一步深入研究。

第四章　职教师范生核心素养现状和培养路径

　　随着全球化、信息化时代的到来，各国综合国力的竞争日益激烈。国家综合实力的提升关键在科技和人才，在知识社会的背景下，提高公民的核心素养，逐渐成为各国发展的共同主题。培养学生发展核心素养是党的教育方针总体要求的具体化，也是深化教育改革的必然趋势和迫切需求。在培养德智体美劳全面发展的时代新人，深化和推进素质教育的过程中，构建以"学生核心素养"为基本框架的育人体系，显得尤为重要。

　　素养对应的英文词主要有"competence""ability"或者"skill"等。素养是指"平日的修养"，它的近义词包括"素质""能力""技能""知能"等。核心素养是学生在接受相应学段的教育过程中，逐步形成的适应个人终身发展和社会发展需要的必备品格与关键能力，是学生知识、技能、情感、态度、价值观等多方面要求的结合体，具有稳定性、开放性与发展性。核心素养不仅能够促进个体发展，也有利于社会的良好运行①。"核心素养"这个概念舶来于西方，英文词是"Key Competencies"。"Key"在英语中有"关键的""必不可少的"等含义。"Competencies"也可以直译为"能力"，但从它所包含的内容看，译成"素养"更为恰当。核心素养是所有学生应具有的共同素养，是最必要、最关键的共同素养。简言之，"核心素养"就是"关键素养"②。核心素养兼具个人价值和社会价值，素养的获得不仅能够完善个体、适应社会的发

---

　　① 林崇德.21世纪学生发展核心素养研究（修订版）［M］.北京：北京师范大学出版集团，2021.

　　② 褚宏启.核心素养的概念与本质［J］.华东师范大学学报，2016（1）：1-3.

展变化，也能促进社会良好运行，同时，兼顾个体与文化学习、社会参与和自我发展的关系。核心素养具有外显部分，也具有内隐部分，因此，需要结合定性和定量的测评指标进行综合评价。

1997年12月，经济合作与发展组织在INES框架下启动了"素养的界定与遴选：理论和概念基础"（DeSeCo）项目。2003年发布了研究成果报告，项目最终对核心素养进行了理论模型建构、概念界定、指标体系三个主要方面的论证报告。项目主要是在国际跨学科的环境下集合不同国家的文化理念，利用不同学科的智慧对学生的核心素养进行基本理论与概念基础的探索，选择出核心素养的内容，探索性地形成面向21世纪的核心素养基本概念，以及学生核心素养与经济、社会发展之间的关系脉络，为各个国家与地区的教育发展提供可借鉴的指标体系①。该项目致力于构建一个核心素养的总体概念参照框架，从而为指标的研制和实证结果的解释提供参考，鼓励理论和实践的相互促进，为决策者提供参考信息②。

1996年，联合国教科文组织发布《学习：财富蕴藏其中》的报告，指出公民四大终身学习支柱：学会求知、学会做事、学会共处、学会生存。2003年，联合国教科文组织提出"学会改变"的教育主张，将其作为终身学习和发展的第五大支柱，并将"五大学习支柱"作为"21世纪社会公民必备的基本素质"③。2005年，联合国教科文组织与"经合组织"合作出版研究成果《发展教育的核心素养》报告，明确核心素养是使个人过上理想的生活和实现社会良好运行所需要的基本素养④。

欧盟深受联合国教科文组织终身学习主张的影响，2000年3月发布"发展适应知识经济需求的'新基本能力'"研究报告，强调终身学习应该具备

① 林崇德.21世纪学生发展核心素养研究（修订版）［M］.北京：北京师范大学出版集团，2021.
② 张娜.DeSeCo项目关于核心素养的研究及启示［J］.教育科学研究，2013（10）：39-45.
③ 成尚荣.基础性：学生核心素养之"核心"［J］.人民教育，2015（7）：24-25.
④ 滕珺，朱晓玲.学生应该学什么？——联合国教科文组织最新基础教育学习指标体系述评［J］.比较教育研究，2013，35（7）：103-109.

IT、外语、技术文化、创业精神和社会互动五项基本能力①。2005 年，欧盟正式发布《终身学习核心素养：欧洲参考框架》。核心素养框架主要包括：母语沟通能力、外语沟通能力、数学和科技基本素养、数字（信息）素养、学会学习、社会与公民素养、创新与企业家精神、文化意识和表现，并且每一素养又从知识、技能与态度（knowledge，skills and attitudes）三个维度进行具体描述②。欧盟指出，八项核心素养同等重要，它们中的每一项都有益于人在知识社会中成功地生活，很多核心素养相互交叉或重叠。因此，核心素养是针对知识经济的理念提出来的，充分体现欧洲价值观，强调对科技运用的批评与反省。

2002 年美国正式启动 21 世纪核心技能研究项目，创建美国 21 世纪技能联盟，建构了以核心素养为中轴的 21 世纪学习体现，主要包括："学习与创新技能"（创造力与创新、批判思维与问题解决、交流沟通与合作）、"信息、媒体与技术技能"（信息素养、媒体素养、ICT 素养）及"生活与职业技能"（灵活性与适应性、主动性与自我导向、社会与跨文化素养、效率与责任、领导与负责）三个方面。

2010 年 3 月，新加坡教育部公布了"21 世纪素养与学生学习结果的框架"。该框架聚焦培养学生的"21 世纪素养"（21CC）。除着重于全人教育外，特别加强体育、艺术与音乐教育，以提高学生的创作力与表达力，以及塑造个人的文化与情感特色③。

2015 年 9 月，韩国颁布新的初、中等教育课程标准，计划分段使用新标准覆盖至所有学段。韩国核心素养从三个维度六大核心素养的价值内核：个人与外部世界的关系指向"共同体素养""沟通素养"；自身的内涵发展"自我管理素养""审美感性素养"；生存技能的习得"创造性思考素养""知识信

---

① 刘义民．国外核心素养研究及启示［J］．天津师范大学学报（基础教育版），2016，17（2）：71－76.

② 师曼等．21 世纪核心素养的框架及要素研究［J］．华东师范大学学报（教育科学版），2016，34（3）：29－37.

③ 胡乐乐．国外核心素养体系构建探究［J］．新疆师范大学学报（哲学社会科学版），2017（6）：128－140.

息处理素养"。韩国也密切关注本国的教育问题，不是盲目照搬国外经验，重新诠释了本国的传统教育理念，达成了传统教育理念与核心素养的有机融合①。

我国"核心素养"概念的正式提出，最早出现于 2014 年教育部颁发的《关于全面深化课程改革落实立德树人根本任务的意见》中。2016 年，我国提出的学生发展核心素养，主要指学生应具备的、能足够适应终身发展和社会发展需要的必备品格和关键能力。2016 年 9 月 13 日，中国学生发展核心素养研究成果发布会在北京师范大学举行。中国学生发展核心素养，以科学性、时代性和民族性为基本原则，以培养"全面发展的人"为核心，分为文化基础、自主发展、社会参与三个方面，综合表现为人文底蕴、科学精神、学会学习、健康生活、责任担当、实践创新六大素养，具体细化为国家认同等十八个基本要点。核心素养是一个整体的概念，具有多种维度和功能，是知识、技能、态度情感的结合②。

第一节　职教师范生核心素养的现状、问题及原因

深入探讨职教师范生的核心素养存在的问题和原因，对于职业教育的人才培养具有重要意义。为了进一步了解职教师范生的现状，笔者对湖南农业大学教育学院的学生进行了问卷调查。湖南农业大学教育学院是教育部批准成立的"全国重点建设职业教育师资培训基地"，以职业师范教育为特色，拥有本科、硕士、博士完整培养体系的教学研究型学院，为全省乃至全国农村职业教育发展提供了人才支撑，被誉为"南方职教师资"的摇篮。学院主要面向湖南省各职业中学对口招生，个别专业面向普高招生，因此，选取该校学生进行调查研究，对于职教师范生核心素养研究具有一定的代表性。

---

①② 姜英敏. 韩国核心素养体现的价值选择［J］. 比较教育研究，2016（12）：61-65.

一、职教师范生核心素养的调查

本调查的目的是对职教师范生的核心素养现状的客观了解。在国内外的文献基础上，围绕研究的目的和需要，根据《中国大学生发展核心素养》构建的框架，结合职教师范生的实际情况，制作调查问卷，并于 2021 年 5 月选取湖南农业大学教育学院大一到大四的部分职教师范生为调查对象，以问卷发放的方式发放调查问卷 1000 份，收回问卷 963 份，回收率为 96.3%。

问卷整体设置分为三个部分，第一部分是职教师范生背景信息调查，包括个体性别、学科、年级、专业、升学方式、家庭所在地、学习经历、毕业选择等目标资料信息。第二部分是问卷主体，内容涵盖职教师范生核心素养标准框架的 6 个维度共 89 道选择题，其中除科学精神只含 14 道选择题之外，其余几个维度都含有 15 道选择题，其次又将 6 个维度具体细分为 18 个小维度，除理性思维只含 4 道选择题之外，其余小维度都含 5 道选择题，题目设计采用李克特量表，根据学生对各题项的认知程度分为"完全符合""基本符合""不确定""基本不符合""完全不符合"5 个等级，依次赋分 1~5 分。第三部分为多选题，共 3 道题目，主要是针对职教师范生对于核心素养的认识、喜欢参加的活动类型和参与学校组织的各类活动情况的调查。问卷采用 SPSS25.0 进行数据分析。整个问卷的内部一致性很高。信度为 0.94，效度方面，问卷的KMO 值为 0.95，显著性概率值为 0.000，非常适合做因子分析。

问卷调查反映，男生占 30.8%，女生占 69.2%，各学科专业参与调查的占比分别为：教育学占 25.1%、心理学占 23.3%、教育技术学占 14.6%、动医教占 4.3%、动科教占 8.4%、农学教占 6.0%、园艺教占 5.8%、食科教占4.9%、英语教占 0.4%、免费师范生占 7.0%，其他占 0.2%。湖南农业大学教育学院主要面向省内招生，其中受调查者省内占 95.3%，省外仅占 4.7%，生源主要是职高对口升学的学生，职高学生参加对口升学只能报考省内的高校，因此，升学方式为职高对口升学的学生占比达到了 79.4%，普高升学的学生为 20.6%。各个年级的参与情况分别为：大一学生占 27.1%、大二学生占 29.9%、大三学生占 22.8%、大四学生占 20.2%。受调查者来自乡镇及农村的学生占到了 64.3%，县级城市的学生占 20.6%，地级城市的学生占 8.0%，省会城市的学生仅占 7.2%。受调查者父亲、母亲所受教育程度为小学及以下的分别为 25.8% 和 36.2%；初中的分别为 42.3% 和 42.1%；高中或中专的分别为 24.9% 和 17.1%；大学或大专的分别为 7.0% 和 4.4%；硕士及以上的分别为 0.1% 和 0.2%。在家庭年收入方面，大部分受调查者的家庭年收入在 1 万~4 万元，占总数的 35.5%，其次是家庭年收入为 5000 元至 1 万元的学生占 22.9%，4 万~10 万元占 21.3%，5000 元及以下占 11.3%，家庭年收入达到 10 万元及以上的仅占 8.9%。获得奖学金的人数占总人数的 19.4%，获得助学贷款的人数占总人数的 28.9%。毕业后选择就业的人数占到了总人数的一半，达到了 50.7%，其次是选择继续深造占 37.2%，毕业后选择其他途径的受访群体占 8.9%，毕业后选择创业的人数最少，仅占 3.2%（见表 4 – 1）。

二、职教师范生核心素养的现状分析

大学生是否注重核心素养对于整个国民素质影响较大，为了更好地了解职教师范生对于核心素养的看法，现根据调查问卷收集的数据做以下分析。

（一）职教师范生核心素养描述性分析

在问卷调查的第三部分，调查者设置了三个多选题，主要是对职教师范生核心素养的认识、喜欢参加的课外活动类型、参加课外活动的情况进行整体了解。

1. 职教师范生核心素养认识情况描述分析

问卷数据样本分析发现，在核心素养的 6 个维度中，学生认为发展最重要的核心素养的选择人数占比分别为：健康生活占 26.78%、学会学习占 18.61%、责任担当占 18.57%、科学精神占 16.21%、实践创新占 10.22% 和人文底蕴占 9.61%。从数据上分析，职教师范生认为最重要的核心素养分别是健康生活、学会学习、责任担当、科学精神、实践创新和人文底蕴。

表 4 – 1　调查样本基本情况

项目	类别	本科生数（人）	百分比（%）	项目	类别	本科生数（人）	百分比（%）
性别	男	297	30.8	毕业选择	就业	488	50.7
	女	666	69.2		创业	31	3.2
民族	汉	807	83.8		继续深造	358	37.2
	少数民族	156	16.2		其他	86	8.9
学科类别	教育学	242	25.1	生源地	省内	918	95.3
	心理学	224	23.3		省外	45	4.7
	教育技术学	141	14.6	升学方式	职高升学	765	79.4
	动医教	41	4.3		普高升学	198	20.6
	动科教	81	8.4	就读年级	大一	261	27.1
	农学教	58	6.0		大二	288	29.9
	园艺教	56	5.8		大三	220	22.8
	食科教	47	4.9		大四	194	20.2
	英语教	4	0.4	家庭所在地	省会城市	69	7.2
	免费师范生	67	7.0		地级城市	77	8.0
	其他	2	0.2		县级城市	198	20.6
父亲所受教育程度	小学及以下	248	25.8		乡镇及农村	619	64.3
	初中	407	42.3	母亲所受教育程度	小学及以下	349	36.2
	高中/中专	240	24.9		初中	405	42.1
	大学/大专	67	7.0		高中/中专	165	17.1
	硕士及以上	1	0.1		大学/大专	42	4.4
家庭年收入	5000 元以下	109	11.3		硕士及以上	2	0.2
	5000 元至 1 万元	221	22.9	是否获得奖学金	是	187	19.4
	1 万 ~ 4 万元	342	35.5		否	776	80.6
	4 万 ~ 10 万元	205	21.3	是否获得助学贷款	是	278	28.9
	10 万元及以上	86	8.9		否	685	71.1

　　人文底蕴包括了人文积淀、人文情怀、审美情趣三个要素。从调查的数据来看，学生选择人文积淀的频率普遍偏低，在选择人文底蕴的人群中，36.5% 的学生选择了人文情怀，34.39% 的学生选择了审美情趣，29.11% 的学生选择了人文积淀。由此可见，职教师范生认为人文底蕴中最重要的要素是人文

情怀。

科学精神包括了理性思维、批判质疑、勇于探究三个要素。在选择科学精神的人群中，37.3%的学生选择了理性思维，33.18%的学生选择了批判质疑，29.52%的学生选择了勇于探究。由此可见，职教师范生认为科学精神中最重要的要素是理性思维。

学会学习包括了乐学善学、勤于反思、信息意识三个要素。在选择学会学习的人群中，43.77%的学生选择了勤于反思，31.85%的学生选择了信息意识，24.38%的学生选择了乐学善学。由此可见，职教师范生认为学会学习中最重要的要素是勤于反思。

健康生活包括了珍爱生命、健全人格、自我管理三个要素。健康生活选择的频率在6个维度中最高。在选择健康生活的人群中，34.44%的学生选择了健全人格，32.97%的学生选择了珍爱生命，32.59%的学生选择了自我管理。由此可见，职教师范生认为健康生活最重要的要素是健全人格。

责任担当包括了社会责任、国家认同、国际理解三个要素。在选择责任担当的人群中，46.06%的学生选择了国家认同，32.55%的学生选择了社会责任，21.39%的学生选择了国际理解。由此可见，职教师范生认为责任担当中最重要的要素是国家认同。

实践创新包括了劳动意识、问题解决、技术运用三个要素。在选择实践创新的人群中，48.94%的学生选择了劳动意识，48.08%的学生选择了问题解决，2.98%的学生选择了技术运用。由此可见，职教师范生认为实践创新中最重要的要素是劳动意识。

2. 职教师范生喜欢参加活动类型描述分析

学校的校园文化活动对于培养职教师范生的核心素养有着很重要的作用。根据学生平时经常参与的一些比赛和活动来看，调查者设置了以下活动类型向受访群体提问，分别为教学类、文艺类、科技类、学习类、体育类、创新创业类、实践类、专业类、文化类、其他类。据统计，其占比分别为15.32%、17.83%、11.12%、12.96%、10.39%、6.28%、11.15%、8.52%、5.21%、0.95%。由此可知，职教师范生最喜欢参加的比赛或者活动类型是文艺类，其次是教学类；较少参加的比赛或活动类型是文化类。本书调查对象是农业院校师范类专业学生，女生较多且大部分来自农村和中职学校，喜欢文艺类、教学类、学习类、实践类、科技类活动的人数所占比重较大，这与该校面向"农""职"特色有较大关系。高校在人才培养和学校校园活动的组织上，更加突出学校特色。

3. 职教师范生参加学校组织的活动描述分析

为了进一步了解学生参加活动的情况，调查者根据学校实际情况向受访群体设置了参加各类活动比赛情况的选项，分别为征文赛、歌唱赛、舞蹈赛、辩论赛、器乐赛、书法赛、绘画赛、摄影赛、演讲赛、朗诵赛、教学技能比赛、多媒体网络大赛、科技作品大赛、汉字听写大赛、无。统计结果分别是：11.83%、14.38%、4.23%、10.47%、4.05%、4.10%、4.32%、5.10%、5.51%、4.96%、4.92%、3.46%、1.32%、12.70%、8.65%。从这些数据中可以看出，参加歌唱赛的占比最多，其次是汉字听写大赛，而参加征文赛、辩论赛的人也有相当多的职教师范生，参加最少活动的是科技作品大赛。总的来说，职教师范生都会选择参加自己喜欢的比赛或活动，而有一些竞赛和活动是大部分职教师范生喜欢参加的，但实际参加的人数却不多，这是因为学院或学校组织这些方面的活动偏少，或者是这些活动的参加要求比较高，导致很多学生望而却步；参加歌唱赛的人数最多也存在着性别的影响，大部分女生对于歌唱赛是非常感兴趣的，汉字听写大赛因为要求限制较少，且符合职教师范生喜欢参加专业学习类竞赛或活动的兴趣，所以参与的学生也较多。

（二）职教师范生核心素养的水平表现

在问卷调查第二部分中，调查者设置了89个题目，根据学生对各题项的认知程度分为"完全符合""基本符合""不确定""基本不符合""完全不符合"5个等级，依次赋分1~5分。因此，核心素养6个维度得分越高，说明该维度的核心素养水平越低；得分越低，说明该维度的核心素养水平越高。问卷采用SPSS25.0进行数据分析。信度为0.96，整个问卷的内部一致性很高。效度方面，问卷的KMO值为0.95，显著性概率值为0.000，非常适合做因子分析。从6个维度看，人文底蕴、科学精神、学会学习、健康生活、责任担当、实践创新的得分在 2.04 ~ 2.27 分，平均得分为 2.15 分，具体到测试内容来看，18 个核心素养要素的得分在 1.66 ~ 2.73 分，平均得分为 2.16 分。从数据上分析，目前职教师范生整体来说，核心素养比较好，但是也存在着不均衡现象（见表 4 - 2 和表 4 - 3）。

表 4 - 2 大学生核心素养均值状态

核心素养	标准差	中位数	均值数
人文底蕴	0.47	2.15	2.17
科学精神	0.47	2.28	2.27
学会学习	0.51	2.09	2.09
健康生活	0.53	2.18	2.18
责任担当	0.50	2.13	2.16
实践创新	0.48	2.06	2.04

表 4 - 3 大学生核心素养各要素的均值状态

核心素养	要素	标准差	中位数	均值数
人文底蕴	人文积淀	0.71	2.60	2.73
	人文情怀	0.55	1.60	1.66
	审美情趣	0.70	2.20	2.28
科学精神	理性思维	0.59	2.25	2.24
	批判质疑	0.51	2.40	2.29
	勇于探究	0.59	2.20	2.29
学会学习	乐学善学	0.64	2.00	2.07
	勤于反思	0.61	2.20	2.22
	信息意识	0.57	2.00	1.97
健康生活	珍爱生命	0.60	2.20	2.15
	健全人格	0.64	2.00	2.11
	自我管理	0.65	2.20	2.29
责任担当	社会责任	0.64	2.20	2.32
	国家认同	0.59	2.00	2.01
	国际理解	0.59	2.00	2.14

续表

核心素养	要素	标准差	中位数	均值数
实践创新	劳动意识	0.59	2.00	2.01
	问题解决	0.54	2.00	1.99
	技术运用	0.58	2.20	2.14

1. 职教师范生人文底蕴水平情况

人文底蕴包括了人文积淀、人文情怀、审美情趣三个要素，主要考察的是学生在学习、理解、运用人文领域知识和技能等方面所形成的价值取向、情感态度和基本能力①。职教师范生的人文底蕴素养得分2.17，从核心素养6个维度来看，处于中间水平。其中，人文积淀得分为2.73，远高于平均得分，核心素养要素水平最低；人文情怀得分为1.66，远低于平均得分，核心素养要素水平最高；审美情趣得分为2.28，高于平均得分，核心素养要素水平较低。这说明从人文情怀来看，大部分职教师范生都具有"以人为本"的意识，能够尊重、维护人的尊严和价值；能够关切人的生存、发展和幸福；从审美情趣情况来看，职教师范生对艺术知识、技能和方法的积累较少，发现美、感受美、欣赏美、追求美、评价美的意识和基本能力不足；艺术表达和创作的兴趣、意识和能力不够。从人文积淀方面来看，大部分职教师范生对古今中外人文领域基本知识和成果的积累不够；不能完全理解和掌握人文思想中所蕴含的认识方法和实践方法。例如，职教师范生在选择"我经常阅读国学经典"时，完全符合仅占5.92%、基本符合的占30.32%，不确定的占28.04%，基本不符合的占30.32%，完全不符合的占5.71%；在选择"我能背诵课本以外的古诗文"时，完全符合仅占8.62%、基本符合的占38.11%，不确定的占30.63%，基本不符合的占19.94%，完全不符合的占2.80%；在选择"我经常参观博物馆、陈列馆等展览"时，完全符合仅占7.06%、基本符合的占37.49%，不确定的占29.49%，基本不符合的占22.95%，完全不符合的占

---

① 林崇德.21世纪学生发展核心素养研究（修订版）［M］.北京：北京师范大学出版集团，2021.

— 127 —

3.32%（见表4-4）。这三项"完全符合"和"基本符合"的占比都没有超过50%。这表明职教师范生国学经典、历史知识、人文思想都缺乏，人文积淀存在薄弱环节。

表4-4　职教师范生人文积淀水平情况　　　　　　　　单位:%

选项	完全符合	基本符合	不确定	基本不符合	完全不符合
我经常阅读国学经典	5.92	30.32	28.04	30.32	5.71
我能感受和理解书法绘画等传统文化中表达的意境	7.37	45.48	32.19	12.67	2.49
我能背诵课本以外的古诗文	8.62	38.11	30.63	19.94	2.80
我经常参观博物馆、陈列馆等展览	7.06	37.49	29.49	22.95	3.32
我对中国历史发展比较了解	10.38	43.41	30.53	13.91	1.77

2. 职教师范生科学精神水平情况

科学精神包括了理性思维、批判质疑、勇于探究三个要素，主要考察的是学生在学习、理解、运用科学知识和技能等方面所形成的思维方式、价值标准和行为表现[1]。职教师范生的科学精神素养得分2.27，高于平均得分，从核心素养的6个维度来看，科学精神水平最低。其中，理性思维得分2.24，批判精神得分和勇于探究得分均为2.29。这说明职教师范生理解和掌握基本的科学原理和方法不够；思维方式和求知态度还存在问题；独立思考判断能力和辩证分析问题能力存在差距；批判意识和探索精神不强；好奇心和想象力不足。例如：职教师范生在选择"对知名专家发表的观点，我深信不疑"时，完全符合仅占7.68%、基本符合的占36.97%，不确定的占42.37%，基本不符合的占11.32%，完全不符合的占1.87%；在选择"我对创新创业类项目感兴趣"时，完全符合仅占11.63%、基本符合的占41.85%，不确定的占32.4%，基本不符合的占12.98%，完全不符合的占1.25%。这表明理想思维

---

① 林崇德.21世纪学生发展核心素养研究（修订版）[M].北京：北京师范大学出版集团，2021.

能力不够，批判精神和勇于探究、坚持不懈的科学精神需要加强（见表4-5和表4-6）。

表4-5 职教师范生批判质疑水平情况 单位:%

选项	完全符合	基本符合	不确定	基本不符合	完全不符合
在和别人讨论时，我一般都会提出自己的观点	17.24	55.66	22.64	4.47	0.21
我对不合理的事情，能提出自己的意见	19.11	57.53	19.83	2.91	0.73
对知名专家发表的观点，我深信不疑	7.68	36.97	42.37	11.32	1.87
我解决问题时会多角度思考，选择最优方案	15.89	55.14	24.09	4.78	0.42
我会对大家认为理所当然的事情产生疑问	12.77	43.09	37.18	6.75	0.42

表4-6 职教师范生勇于探究核心素养因素的水平情况 单位:%

选项	完全符合	基本符合	不确定	基本不符合	完全不符合
对生活中的自然现象我有好奇心，想去探究	17.65	52.96	24.82	4.57	0.21
我能不畏困难，有坚持不懈的探索精神	15.89	48.18	30.01	5.19	0.83
我喜欢学习和掌握先进的科学技术	14.64	48.08	29.60	7.48	0.31
我对创新创业类项目感兴趣	11.63	41.85	32.40	12.98	1.25
遇到问题时，我能积极寻找有效解决方法	15.78	56.49	22.43	4.88	0.42

3. 职教师范生学会学习水平情况

学会学习包括了乐学善学、勤于反思、信息意识三个要素，主要考察的是职教师范生在学习意识形成、学习方式方法选择、专业学习态度能力、学习进程评估调控等方面的综合表现①。职教师范生学会学习素养得分2.09，低于平均得分，从核心素养的6个维度来看，学会学习水平较高。其中，信息意识得分1.97、乐学善学得分2.07，远低于平均得分，该两项核心素养要素水平高；勤于反思得分2.22，高于平均得分，该项核心素养因素水平低。这说明大部分的职教师范生具有一定的自觉、有效地获取、评估、鉴别、使用信息的能力；能够主动适应大数据时代和信息化发展趋势；具有网络伦理道德与信息安全意识，能较为熟练地运用百度、知网等搜索引擎和网络资源获得有效的信息；拥有良好的学习习惯、积极的学习态度、具备终身学习的意识；能够正确认识和理解学习的价值，掌握适合自己的学习方法。但是，职教师范生在勤于反思方面还存在不足。例如，学生在选择"我建立了错题本，及时总结出错题类型和原因"时，完全符合的仅占12.88%、基本符合的占39.36%，不确定的占27.83%，基本不符合的占17.76%，完全不符合的占2.28%。这表明部分职教师范生在学习过程中，对学习状态的自我审视不够，遇到学习问题时不能及时分析原因，做好总结，及时调整自己的学习策略和学习方法（见表4－7）。

表4－7　职教师范生勤于反思核心素养因素的水平情况　　　单位：%

选项	完全符合	基本符合	不确定	基本不符合	完全不符合
我在参加社团、班级活动之后，能对自己在活动中的表现进行总结	20.35	49.84	23.68	5.71	0.52
我能从历史文化中习得经验教训，并运用在生活实践中	17.76	53.17	23.47	5.40	0.31
我建立了错题本，及时总结出错题类型和原因	12.88	39.36	27.83	17.76	2.28
我在学生活动中能发现自己的差距	19.73	62.41	14.02	3.43	0.52
学习成绩下降，我会及时分析原因	17.13	58.05	19.21	5.19	0.52

①　林崇德.21世纪学生发展核心素养研究（修订版）［M］.北京：北京师范大学出版集团，2021.

4. 职教师范生健康生活水平情况

健康生活包括了珍爱生命、健全人格、自我管理三个要素，主要考察的是学生在认识自我、发展身心、规划人生等方面的综合表现①。职教师范生健康生活素养得分 2.18，与平均得分相当，处于核心素养 6 个维度的中间水平。其中，珍爱生命得分 2.15、健全人格得分 2.11，均低于平均得分，该两项核心素养因素相对水平较高。自我管理得分 2.29，该核心素养要素相对水平较高。这说明有职教师范生懂得生命的意义和理解人生的价值，拥有健康的生活方式和良好的行为习惯，能够热爱生活并经常运动，具有安全防范意识和自我保护能力；拥有健全的人格和健康的心理，能够管理调节自我情绪，具有一定的抗压和抗挫折能力。但是，部分职教师范生在自我管理方面存在一定问题。例如，学生在选择"我保持规律的作息时间"时，完全符合仅占 15.58%、基本符合的占 44.86%，不确定的占 26.06%，基本不符合的占 12.15%，完全不符合的占 1.35%（见表 4 – 8），这表明部分职教师范生的生活习惯、作息时间和自律性有待改善，合理分配精力和时间有待改进，目标的持续行动力有待提升。

表 4 – 8　职教师范生自我管理核心素养因素的水平情况　　　单位：%

选项	完全符合	基本符合	不确定	基本不符合	完全不符合
我会经常参加文明寝室创建活动	15.26	43.72	26.69	11.73	2.70
我认为抄袭作业是对自己不负责任的行为	24.92	49.64	20.98	3.63	1.04
我保持规律的作息时间	15.58	44.86	26.06	12.15	1.35
当同时处理几件事情时，我会合理分配时间与精力	18.28	51.09	23.78	6.13	0.93
我很清楚自己以后要从事哪种类型的职业	19.63	40.71	29.91	8.31	1.56

---

① 林崇德.21 世纪学生发展核心素养研究（修订版）［M］.北京：北京师范大学出版集团，2021.

5. 职教师范生责任担当水平情况

责任担当包括了社会责任、国家认同、国际理解三个要素，主要考查学生在处理与社会、国家、国际等关系方面形成的情感态度、价值取向和行为方式[1]。职教师范生责任担当素养得分 2.16，与核心素养平均得分持平，处于中间水平。其中，社会责任得分 2.32，高于平均得分，该项核心素养要素相对水平较低，国家认同得分 2.01，国际理解得分 2.14，均低于平均得分，这两项核心素养要素相对水平较高。这说明职教师范生具有国家意识，拥有民族自豪感和认同感，能自觉捍卫国家主权，热爱党、热爱国家，自觉践行社会主义核心价值观，能够为实现中华民族伟大复兴的中国梦不懈奋斗的意志和行动；具有全球意识和开放的心态，关注人类面临的全球性挑战，拥有人类命运共同体的意识。但是，职教师范生社会责任感有待加强，例如，学生在选择"我经常参加志愿服务活动"和"我经常参加寒暑假社会实践活动"时，完全符合的占比分别为 13.81% 和 11.73%，基本符合的占比分别为 44.44% 和 41.12，不确定的占比分别为 26.58% 和 29.8%，基本不符合的占比分别为 14.23% 和 14.95%，完全不符合的占比分别为 1.04% 和 2.49%（见表 4-9）。这说明部分职教师范生的社会服务意识、团队意识、奉献精神、互助精神有待提高，公益活动和志愿服务有待增加。

表 4-9　职教师范生社会责任核心素养因素的水平情况　　　单位:%

选项	完全符合	基本符合	不确定	基本不符合	完全不符合
我经常参加志愿服务活动	13.81	44.44	26.58	14.23	1.04
我经常参加寒暑假社会实践活动	11.73	41.12	29.80	14.95	2.49
在生活中我注意垃圾分类处理	13.81	42.89	28.56	13.19	1.66
我经常帮助邻里乡亲做力所能及的事情	17.76	57.22	18.38	5.92	0.83
我觉得我有较强的集体荣誉感	25.65	54.93	15.26	3.53	0.73

6. 职教师范生实践创新水平情况

实践创新包括了劳动意识、问题解决、技术运用三个要素，主要考查学生在日常活动、问题解决、适应挑战等方面形成的实践能力、创新意识和行为方式①。职教师范生实践创新素养得分 2.04，远低于平均得分，说明该核心素养水平最高。其中，劳动意识得分 2.01、问题解决得分 1.99、技术运用得分 2.14，均低于平均得分，这三项核心素养要素水平较高。这说明大部分的职教师范生能尊重劳动，具有积极的劳动态度和良好的劳动习惯；具有动手操作能力，掌握一定的劳动技能；能够主动参加家务劳动和学校组织的各项劳动，能够善于发现和提出问题，有解决问题的热情；具有学习掌握技术的兴趣。但是，学生在选择"我会尝试自己设计创造一些小发明"时，完全符合的占 15.16%，基本符合的占 38.32%，不确定的占 28.25% 基本不符合的占 15.89%，完全不符合的占 2.39%（见表 4 - 10）。这说明职教师范生创新意识和创新能力还有待提高。

表 4 - 10　职教师范生技术运用核心素养因素的水平情况　　　　单位：%

选项	完全符合	基本符合	不确定	基本不符合	完全不符合
我能利用网络平台获取知识信息	27.62	56.49	14.12	1.77	0.00
当工具出现问题时，我能想办法修理好	19.63	52.34	21.08	6.44	0.52
我会尝试自己设计创造一些小发明	15.16	38.32	28.25	15.89	2.39
我愿意学习和掌握先进的科学技术	23.88	53.06	17.76	4.98	0.31
我会把学习到的科技知识技能运用到实践中	22.43	53.37	19.31	4.57	0.31

---

① 林崇德. 21 世纪学生发展核心素养研究（修订版）［M］. 北京：北京师范大学出版集团，2021.

（三）职教师范生核心素养的差异性分析

1. 性别差异分析

运用独立样本 T 检验分析方法，比较不同性别职教师范生核心素养的差异，从 6 个维度的核心素养来看，职教师范生不同性别在责任担当、实践创新、学会学习、健康生活上没有差异性，在人文底蕴与科学精神中存在显著差异（见表 4 - 11）。通过样本数据分析发现，女生的人文底蕴水平显著高于男生，男生的科学精神水平显著高于女生。从 18 个核心素养要素来看，在人文积淀、人文情怀、审美情趣、理性思维、勇于探究、社会责任、劳动意识、技术运用上存在显著差异（见表 4 - 12）。表中数据显示，女生人文积淀、人文情怀、审美情趣水平要显著高于男生，男生理性思维、勇于探究水平显著高于女生。这说明不同性别的学生核心素养某些要素方面存在着显著差异，培养过程和培养方式在学校教育和家庭教育中要有选择性。

表 4 - 11　性别差异 T 检验分析（一）

核心素养	性别（平均值 ± 标准差）		T 值	P 值
	男	女		
人文底蕴	2.18 ± 0.51	2.14 ± 0.46	2.615	0.009 **
科学精神	2.16 ± 0.45	2.30 ± 0.46	− 2.890	0.004 **
学会学习	2.26 ± 0.48	2.07 ± 0.51	1.813	0.070
健康生活	2.17 ± 0.53	2.17 ± 0.52	0.020	0.984
责任担当	2.20 ± 0.52	2.13 ± 0.48	1.946	0.052
实践创新	2.05 ± 0.48	2.03 ± 0.47	0.550	0.583

注：* 表示 $p < 0.05$，** 表示 $p < 0.01$，*** 表示 $p < 0.001$。

表 4 - 12　性别差异 T 检验分析（二）

核心素养要素	性别（平均值 ± 标准差）		T 值	P 值
	男	女		
人文积淀	2.64 ± 0.75	2.76 ± 0.68	− 2.377	0.018 *
人文情怀	1.76 ± 0.58	1.61 ± 0.53	3.677	0.000 ***
审美情趣	2.40 ± 0.70	2.22 ± 0.69	3.743	0.000 ***

续表

核心素养要素	性别（平均值±标准差）		T 值	P 值
	男	女		
理性思维	2.13±0.60	2.28±0.58	-3.753	0.000***
批判质疑	2.26±0.51	2.29±0.50	-1.016	0.310
勇于探究	2.21±0.58	2.31±0.58	-2.522	0.012*
乐学善学	2.09±0.55	2.05±0.66	0.967	0.334
勤于反思	2.27±0.55	2.19±0.62	1.927	0.054
信息意识	2.02±0.60	1.95±0.55	1.747	0.081
珍爱生命	2.16±0.61	2.14±0.58	0.337	0.736
健全人格	2.13±0.64	2.09±0.64	0.781	0.435
自我管理	2.24±0.62	2.30±0.66	-1.245	0.213
社会责任	2.38±0.66	2.29±0.62	2.045	0.041*
国家认同	2.07±0.65	1.98±0.56	2.221	0.027*
国际理解	2.13±0.59	2.13±0.59	0.087	0.931
劳动意识	2.07±0.60	1.98±0.58	2.038	0.042*
问题解决	2.02±0.56	1.97±0.54	1.288	0.198
技术运用	2.07±0.56	2.12±0.59	-2.384	0.017*

注：* 表示 $p < 0.05$，** 表示 $p < 0.01$，*** 表示 $p < 0.001$。

2. 学科类别差异分析

利用方差分析法研究学科类别差异，从 6 个维度的核心素养来看，不同学科的职教师范生在人文底蕴、科学精神、健康生活、责任担当上具有显著性差异（见表 4 - 13）。通过样本数据分析发现，文科类专业比理工农学类专业的职教师范生，在人文底蕴水平上要高，但在科学精神、健康生活和责任担当水平上要低。从 18 个核心素养要素来看，在人文积淀、人文情怀、审美情趣、理性思维、珍爱生命、自我管理、社会责任上存在显著差异。从学科类别的差异性可以看出：文科类专业女生居多，理工农学类专业男生居多；不同学科培养的学生能力和素质的侧重点不同，这些都是导致职教师范生核心素养不同的因素。

表4-13 学科类别的方差分析

核心素养	学科类别（平均值 ± 标准差）					F 值	P 值
	教育学	心理学	教技学	动医教	动科教		
人文底蕴	2.10 ± 0.47	2.21 ± 0.44	2.31 ± 0.58	2.26 ± 0.42	2.07 ± 0.42	2.94	0.001 *
科学精神	2.30 ± 0.049	2.34 ± 0.41	2.31 ± 0.53	2.07 ± 0.45	2.18 ± 0.47	1.996	0.031 *
学会学习	2.08 ± 0.51	2.12 ± 0.47	2.19 ± 0.56	1.98 ± 0.47	2.06 ± 0.38	1.582	0.107
健康生活	2.20 ± 0.56	2.20 ± 0.50	2.30 ± 0.58	2.06 ± 0.49	2.04 ± 0.49	2.376	0.009 **
责任担当	2.11 ± 0.50	2.21 ± 0.43	2.31 ± 0.59	2.02 ± 0.50	2.11 ± 0.47	3.041	0.001 *
实践创新	2.07 ± 0.47	2.05 ± 0.44	2.09 ± 0.53	2.03 ± 0.48	1.97 ± 0.52	1.199	0.287

核心素养	学科类别（平均值 ± 标准差）					F 值	P 值
	农学教	园艺教	食科教	英语教	免费师范生		
人文底蕴	2.18 ± 0.52	2.12 ± 0.48	2.09 ± 0.41	1.74 ± 0.24	2.20 ± 0.40	2.94	0.001
科学精神	2.24 ± 0.47	2.27 ± 0.51	2, 27 ± 0.45	2.00 ± 0.48	2.20 ± 0.40	1.996	0.031
学会学习	2.10 ± 0.63	2.05 ± 0.54	1.96 ± 0.42	1.62 ± 0.41	2.11 ± 0.53	1.582	0.107
健康生活	2.16 ± 0.48	1.99 ± 0.52	1.91 ± 0.31	2.21 ± 0.50	2.08 ± 0.37	2.376	0.009
责任担当	2.11 ± 0.43	2.06 ± 0.52	2.04 ± 0.47	1.92 ± 0.16	2.17 ± 0.49	3.041	0.001
实践创新	2.01 ± 0.52	2.03 ± 0.46	1.93 ± 0.47	1.53 ± 0.18	2.07 ± 0.52	1.199	0.287

注：* 表示 $p < 0.05$，** 表示 $p < 0.01$，*** 表示 $p < 0.001$。

3. 升学方式差异分析

运用独立样本 T 检验分析方法从大学生核心素养框架的角度比较不同升学方式职教师范生核心素养的差异。从 6 个维度的核心素养来看，职教师范生在人文底蕴、健康生活、责任担当、实践创新上具有显著性差异（见表4-14）。通过样本数据分析发现，普高升学的学生在人文底蕴、健康生活和责任担当水平方面高于职高升学的学生，但是，在实践创新中低于职高升学的学生。从18个核心素养要素来看，在人文积淀、勇于探索、珍爱生命、健全人格、国际理解、劳动意识上存在显著性差异。这充分说明职教师范生在高中的培养模式和学习方式会对核心素养的形成产生较大的影响，如职高升学的学生在高中学习过程中侧重于专业学习和实习实训，因此，实践创新水平上明显较强于普高升学的学生；普高升学的学生在高中阶段更注重文化学习，因此，在人文底蕴水平上明显高于职高升学的学生。

表 4 - 14　升学方式差异 T 检验分析

核心素养	升学方式（平均值 ± 标准差）		T 值	P 值
	职高升学	普高升学		
人文底蕴	2.18 ± 0.47	2.10 ± 0.45	2.258	0.024 *
科学精神	2.26 ± 0.46	2.29 ± 0.48	− 0.79	0.43
学会学习	2.09 ± 0.50	2.09 ± 0.53	0.065	0.948
健康生活	2.15 ± 0.52	2.26 ± 0.56	− 2.667	0.008 **
责任担当	2.17 ± 0.51	2.09 ± 0.42	2.186	0.029 *
实践创新	2.02 ± 0.48	2.10 ± 0.46	− 2.211	0.027 *

注：＊表示 p < 0.05，＊＊表示 p < 0.01，＊＊＊表示 p < 0.001。

4. 家庭所在地差异分析

利用方差分析法研究家庭所在地差异，从 6 个维度的核心素养来看，职教师范生在人文底蕴、科学精神、学会学习上呈现出显著性差异（见表 4 - 15）。通过样本数据分析发现，来自乡镇及农村的学生在人文底蕴、科学精神、学会学习上的水平明显低于来自省会城市、地级城市、县级城市的学生。从 18 个核心素养要素来看，在人文积淀、审美情趣、理性思维、批判质疑和国际理解上存在显著性差异。职教师范生受到教育资源、社会环境、家庭背景等因素的影响，农村的学生在人文底蕴、科学精神、学会学习等学生的综合素质和能力上相较城市的学生还是存在一定差距。

表 4 - 15　家庭所在地方差分析

核心素养	（平均值 ± 标准差）				F 值	P 值
	省会城市	地级城市	县级城市	乡镇及农村		
人文底蕴	2.10 ± 0.41	2.07 ± 0.49	2.11 ± 0.48	2.20 ± 0.47	3.683	0.012 *
科学精神	2.15 ± 0.41	2.19 ± 0.55	2.20 ± 0.48	2.31 ± 0.44	5.998	0 ***
学会学习	2.05 ± 0.46	2.01 ± 0.51	2.03 ± 0.52	2.12 ± 0.50	2.679	0.046 *
健康生活	2.05 ± 0.51	2.15 ± 0.58	2.16 ± 0.57	2.19 ± 0.51	1.489	0.216
责任担当	2.14 ± 0.48	2.08 ± 0.53	2.12 ± 0.48	2.17 ± 0.49	1.257	0.288
实践创新	1.98 ± 0.42	2.02 ± 0.48	1.99 ± 0.50	2.06 ± 0.47	1.566	0.196

注：＊表示 p < 0.05，＊＊表示 p < 0.01，＊＊＊表示 p < 0.001。

5. 母亲受教育程度差异分析

利用方差分析法研究母亲受教育程度差异，从 6 个维度的核心素养来看，职教师范生在人文底蕴、科学精神、学会学习、健康生活、责任担当、实践创新上呈现出显著性差异（见表 4 - 16）。通过数据分析发现，母亲受教育程度从硕士及以上到大学/大专、高中/中专、初中、小学及以下，学生得分依次递增，说明随着母亲学历的下降，职教师范生的核心素养水平也会随之下降。从18 个核心素养要素来看，母亲受教育程度对学生核心素养的影响除人文情怀、自我管理、社会责任 3 个要素外，其他 15 个要素均存在差异性。这说明对于职教师范生来说，在家庭教育中母亲的教育至关重要。尤其是在责任担当中，大学以上学历的母亲对子女核心素养的发展和提升，明显优于小学及以下学历的母亲。

表 4 - 16　母亲受教育程度的方差分析

核心素养	母亲受教育程度（平均值 ± 标准差）					F 值	P 值
	小学及以下	初中	高中/中专	大学/大专	硕士及以上		
人文底蕴	2.23 ± 0.49	2.18 ± 0.46	2.09 ± 0.43	1.85 ± 0.46	1.8 ± 0.39	8.114	0 ***
科学精神	2.33 ± 0.48	2.29 ± 0.45	2.20 ± 0.46	1.95 ± 0.44	1.73 ± 0.37	8.749	0 ***
学会学习	2.16 ± 0.48	2.09 ± 0.51	2.07 ± 0.53	1.82 ± 0.47	1.64 ± 0.50	4.933	0.001 **
健康生活	2.23 ± 0.54	2.18 ± 0.52	2.12 ± 0.54	1.94 ± 0.55	1.84 ± 0.33	3.397	0.009 **
责任担当	2.21 ± 0.51	2.15 ± 0.47	2.12 ± 0.49	1.90 ± 0.57	1.92 ± 0.11	4.095	0.003 **
实践创新	2.07 ± 0.50	2.06 ± 0.47	2.03 ± 0.49	1.75 ± 0.42	1.74 ± 0.37	4.500	0.001 **

注：＊表示 $p < 0.05$，＊＊表示 $p < 0.01$，＊＊＊表示 $p < 0.001$。

6. 父亲受教育程度差异分析

利用方差分析法研究父亲受教育程度差异，从 6 个维度的核心素养来看，人文底蕴、科学精神、学会学习呈现出显著差异（见表 4 - 17）；从 18 个核心素养要素来看，职教师范生的审美情趣、理性思维、批判质疑、勇于探究、勤于反思、信息意识、健全人格、国际理解、问题解决呈现出差异性。通过样本数据分析发现，总体上看，随着父亲学历的增长，得分依次呈递减趋势，子女的人文底蕴、科学精神、学会学习水平呈递增趋势。职教师范生父母的学历水平普遍较低，大学/大专以上的人数只占6%，研究生仅有2人。父亲受教育程度与母亲受教育程度两者相比，母亲受教育程度对于职教师范生发展核心素养的提升更具有影响力。尤其是在健康生活、责任担当、实践创新中，可以明显看出母亲受教育程度对于学生发展核心素养提升的影响要更大。

表4-17　父亲受教育程度的方差分析

核心素养	父亲受教育程度（平均值±标准差）					F 值	P 值
	小学及以下	初中	高中/中专	大学/大专	硕士及以上		
人文底蕴	2.22±0.49	2.20±0.45	2.10±0.50	2.07±0.45	2.075	2.944	0.02*
科学精神	2.34±0.47	2.30±0.47	2.21±0.46	2.12±0.44	1.9875	4.651	0.001*
学会学习	2.116±0.51	2.11±0.48	2.03±0.54	1.99±0.49	2	2.983	0.018*
健康生活	2.23±0.52	2.19±0.51	2.13±0.57	2.06±0.55	2.07	1.973	0.097
责任担当	2.19±0.49	2.19±0.50	2.09±0.48	2.08±0.48	2	2.334	0.054
实践创新	2.06±0.52	2.06±0.46	2.02±0.47	1.93±0.45	2	1.244	0.291

注：*表示 $p < 0.05$，**表示 $p < 0.01$，***表示 $p < 0.001$。

7. 家庭收入情况差异分析

利用方差分析法研究家庭年收入情况差异，不同家庭年收入的职教师范生仅在科学精神上呈现出显著性差异（见表4-18）。从样本数据分析来看，总体来说，家庭年收入对学生的核心素养影响力不大，仅在科学精神上呈现差异。这说明家庭年收入对学生核心素养不同的家庭条件下不同的培养方式会对职教师范生的科学精神的形成产生影响，家庭经济条件越好，学生接触的科技知识和科学技术的机会越多，总体来说，对于科学精神的养成更显成效。

表4-18　家庭年收入的方差分析

核心素养	家庭年收入（平均值±标准差）					F 值	P 值
	5000 元及以下	5000 元至1 万元	1 万~4 万元	4 万~10 万元	10 万元及以上		
人文底蕴	2.21±0.57	2.15±0.44	2.21±0.45	2.13±0.47	2.10±0.48	1.98	0.096
科学精神	2.31±0.53	2.30±0.45	2.30±0.48	2.19±0.42	2.25±0.46	2.563	0.037*

续表

核心素养	家庭年收入（平均值±标准差）					F 值	P 值
	5000 元及以下	5000 元至1 万元	1 万~4 万元	4 万~10 万元	10 万元及以上		
学会学习	2.12±0.55	2.13±0.52	2.10±0.51	2.02±0.45	2.13±0.52	1.426	0.223
健康生活	2.17±0.59	2.17±0.50	2.21±0.53	2.10±0.52	2.24±0.56	1.602	0.172
责任担当	2.23±0.53	2.13±0.48	2.18±0.48	2.09±0.51	2.21±0.51	2.109	0.078
实践创新	2.10±0.51	2.01±0.50	2.06±0.49	2.00±0.45	2.071±0.44	1.097	0.357

注：* 表示 p<0.05，** 表示 p<0.01，*** 表示 p<0.001。

8. 毕业选择的方差分析

利用方差分析法研究毕业选择的差异，从 6 个维度的核心素养来看，毕业选择不同的职教师范生在人文底蕴、科学精神、学会学习、健康生活、责任担当、实践创新呈现出显著性差异。毕业后选择继续深造的学生在各个维度上水平明显优于选择就业创业和其他的学生。调查样本中，毕业选择其他的学生在各个核心素养的维度中的数值远高于毕业选择继续深造、就业、创业的学生（见表4-19），说明这部分群体的核心素养水平较低。研究发现，毕业选择其他的学生相对选择就业创业的学生来说，缺乏明确的目标、正确的定位和清晰的职业规划，导致他们学习动机不强，学习目标不明确，核心素养发展普遍水平不高，无法形成正确的人生导向。毕业选择继续深造的学生相对于选择其他的学生来说，在学生发展核心素养各个维度上都要优于选择其他的学生，尤其是毕业选择继续深造的学生发展核心素养要远优于毕业选择其他的学生，这说明选择继续深造的这类学生，本身就有确定的目标，正确的人生价值导向，会为自己既定的方向而努力，有助于学生学会学习核心素养的提升。

9. 年级差异的方差分析

利用方差分析法研究年级的差异，从 6 个维度的核心素养来看，不同年级的职教师范生在（人文底蕴）科学精神、健康生活、实践创新中存在显著差异（见表4-20）。调查发现，大四的学生在人文底蕴、实践创新的水平要高于大一的学生，这说明对于职教师范生来说，经过大学的校园文化的熏陶和课外活动的参与，人文底蕴会有一定的提升。学生通过专业学习、实践锻炼和实习实训，实践创新能力也会得到提升。在健康生活上，大四的学生得分高于大一的学生，这说明大四的职教师范生较大一的学生学业和就业压力更大，出现心理问题的情况更多，健康生活水平略差于职教师范生大一的学生。

表 4 - 19　毕业选择的方差分析

核心素养	毕业首选（平均值±标准差）				F 值	P 值
	就业	创业	继续深造	其他		
人文底蕴	2.23 ± 0.48	2.17 ± 0.40	2.07 ± 0.47	2.23 ± 0.41	8.097	0 ***
科学精神	2.30 ± 0.45	2.33 ± 0.51	2.20 ± 0.46	2.37 ± 0.51	4.715	0.003 **
学会学习	2.15 ± 0.49	2.12 ± 0.44	1.98 ± 0.51	2.24 ± 0.51	10.998	0 ***
健康生活	2.21 ± 0.52	2.21 ± 0.57	2.11 ± 0.57	2.25 ± 0.57	3.231	0.022 *
责任担当	2.20 ± 0.51	2.22 ± 0.50	2.06 ± 0.47	2.26 ± 0.45	7.455	0 ***
实践创新	2.07 ± 0.48	2.11 ± 0.50	1.96 ± 0.48	2.15 ± 0.45	5.648	0.001 **

注：*表示 p < 0.05，**表示 p < 0.01，***表示 p < 0.001。

表 4 - 20　就读年级的方差分析

核心素养	年级（平均值±标准差）				F 值	P 值
	大一	大二	大三	大四		
人文底蕴	2.34 ± 0.73	2.33 ± 0.72	2.26 ± 0.69	2.22 ± 0.66	1.68	0.17
科学精神	1.64 ± 0.54	1.74 ± 0.59	1.58 ± 0.61	1.69 ± 0.58	4.434	0.004 **
学会学习	2.34 ± 0.52	2.33 ± 0.49	2.24 ± 0.49	2.22 ± 0.50	1.903	0.127
健康生活	2.11 ± 0.55	2.22 ± 0.62	2.31 ± 0.58	2.25 ± 0.58	1.242	0.004 **
责任担当	2.23 ± 0.70	2.29 ± 0.60	2.33 ± 0.55	2.36 ± 0.69	0.866	0.458
实践创新	2.16 ± 0.53	2.32 ± 0.59	2.25 ± 0.57	2.13 ± 0.68	4.76	0.003 **

注：*表示 p < 0.05，**表示 p < 0.01，***表示 p < 0.001。

（四）大学生核心素养影响因素的相关分析

利用相关分析法研究各维度之间的相关关系，使用 Pearson 相关系数去表示相关关系的强弱情况发现：人文底蕴、科学精神、学会学习、健康生活、责任担当、实践创新均呈现出显著性，相关系数分别为 0.562、0.579、0.539、

0.594、0.532，并且均大于 0，因此它们具有正相关关系（见表 4 - 21）。

表 4 - 21   各维度 Pearson 相关系数——标准格式

	平均值	标准差	人文底蕴	科学精神	学会学习	健康生活	责任担当	实践创新
人文底蕴	2.171	0.474	1	0.562**	0.579**	0.539**	0.594**	0.532**
科学精神	2.273	0.467		1	0.647**	0.574**	0.570**	0.610**
学会学习	2.095	0.507			1	0.643**	0.646**	0.675**
健康生活	2.177	0.532				1	0.620**	0.649**
责任担当	2.157	0.496					1	0.690**
实践创新	2.042	0.481						1

注：**表示在 0.01 级别（双尾），相关性显著。

三、职教师范生核心素养存在的问题及原因分析

从调查的情况来看，职教师范生的核心素养整体水平比较高，人文底蕴、科学精神、学会学习、健康生活、责任担当、实践创新的得分均在 2.04 ~ 2.27，属于较高水平。但是，通过对比发现，各个核心素养维度之间、各核心素养要素之间还是存在不平衡现象，有些核心素养还存在着短板，不利于学生的全面发展。从认识角度来看，职教师范生对于核心素养重要性的认识和实际水平存在差距，甚至存在不对等现象，主要是学校的教育教学的培养方式和课外活动的组织形式、社会提供的支持和资源等存在不同，导致学生的认识和实际能力存在差异。从整体水平角度来看，职教师范学生核心素养水平较高主要在意识层面和实践能力方面，但是在逻辑思维、批判质疑、思考反思、创新精神、自我管理上还存在一定的差距。这说明职教师范生在成长过程中核心素养的培养还存在一定的阻碍和壁垒，各方育人因素没有得到深入挖掘，家校互动、协同育人的模式还没有健全完善，"三全育人"还有待进一步加强。从生源来源看，职教师范生主要来源于农村和中职学校，因为受限于教育资源、活动范围、基础设施条件等因素，学生的综合素质相对于城市学生来说，存在一定局限性，进而导致核心素养的不均衡性。从家庭因素来看，职教师范生的家

庭条件普遍一般，甚至家庭条件不好，父母文化水平普遍较低，经济条件普遍不高，导致家庭更注重学生的学习情况，忽视学生的兴趣培养和综合素质提升，从而使学生在人文积淀和创新精神上"先天不足"，不利于学生发展的持续性。从个体因素来看，职教师范生自身素质不同、内驱动力不同、成长阶段不同，核心素养的发展也会存在差异。积极上进、自我要求高、自控能力强、目标明确的学生，相对而言，核心素养提升较快；高年级学生相对于低年级学生，因社会经历增长、课外活动增多、文化熏陶增加等，核心素养水平更高；同时，男生女生在核心素养不同的维度和要素之间存在差异，这主要是因为性别因素导致的身心需求、兴趣爱好、群体关注内容等方面存在不同。从学校层面来说，文化氛围浓厚、校园活动丰富、课程设计合理等因素，对于职教师范生的核心素养提升起到较大的推动作用。

第二节　职教师范生核心素养培养路径探究

职教师范生核心素养的培养是一个系统工程。高校要在培养大学生"全面发展"的目标下，根据职教师范生的实际情况，以一体化、协同化、特色化为抓手，构建育人新模式，营造育人新生态，全面提升核心素养和综合素质。高校要充分发掘各要素，努力实现"第一课堂"与"第二课堂"；"专业培养"与"素质拓展"；"校内育人"与"校外育人"协同推进，形成各方联动、齐抓共管、贯穿全程的育人环境。

一、健全"三全育人"机制，强化育人制度保障

高校要以习近平新时代中国特色社会主义思想为指导，坚持和加强党的全面领导，紧紧围绕立德树人根本任务，以坚持社会主义办学方向、传承红色基因为核心，以提高师生思想政治素质、培育时代新人为根本，以理想信念教育为核心，以社会主义核心价值观为引领，以培养服务乡村振兴战略人才为导向，以全面提高人才培养能力为关键，以学生全面发展和核心素养提升为目

标、强化基础、突出重点、建立规范、落实责任，一体化构建内容完善、标准健全、运行科学、保障有力、成效显著的育人工作体系，使育人工作体系贯通活动体系、学科体系、教学体系、科研体系、管理体系等，推动形成全员全过程全方位育人格局，着力培养德智体美劳全面发展的社会主义建设者和接班人，着力培养具有教师情怀、高尚品质的担当民族复兴大任的时代新人，着力培养有理想信念、有道德情操、有扎实学识、有仁爱之心的"四有"好老师。一是坚持育人为本、德育为先。把坚定正确的政治方向、坚定理想信念放在首位，把促进学生成长发展作为学院一切工作的出发点和落脚点。始终坚持用习近平新时代中国特色社会主义思想武装师生头脑，将育人工作融入办学治校全过程，培育和践行社会主义核心价值观，切实提高学生思想政治素质。二是坚持遵循规律、因材施教。遵循学生成长成才规律，梳理挖掘各群体、各领域、各岗位的育人元素，实施对象化、分众化、互动化、融合化的教育，管理、服务和指导工作，把握特点、精准发力，不断提高工作针对性、亲和力和实效性。三是坚持创新发展、提高实效。深入推进十大育人体系，注重配合，网上网下融合，创新工作模式、载体、方法和途径，始终保持育人工作生机和活力。构建一体化育人工作体系，将各项工作的重心和目标真正落到育人效果上，实现活动育人更有深度、教育教学更有温度、思想引领更有力度、立德树人更有效度的建设目标。四是坚持齐抓共管、凝聚合力。建立健全制度机制，优化合力育人模式，推动各部门协同配合、有效互动、责权明晰、全员参与；聚焦重点任务、重点群体、重点领域、重点区域、薄弱环节；强化优势、补齐短板，着力形成全员、全方位、全过程的良好生态和格局；家校互动、校企合作，创造多方联动、多措并举，全力育人的良好氛围。

二、创新"第二课堂"载体，丰富课外活动内容

2018 年，共青团中央、教育部印发《关于在高校实施共青团"第二课堂成绩单"制度的意见》的通知。"第二课堂成绩单"制度是充分借鉴第一课堂教学育人机理和工作体系，整体设计高校共青团工作内容、项目供给、评价机制和运行模式，实现共青团组织实施的思想政治引领、素质拓展提升、社会实践锻炼、志愿服务公益和自我管理服务等第二课堂活动的科学化、系统化、制度化、规范化，实现高校学生参与第二课堂可记录、可评价、可测量、可呈现的一整套工作体系和工作制度①。这一制度在高校的推广，将有利于第二课堂活动育人实效的提高，为构建职教师范生核心素养培养新模式提供了制度遵循②。充分发挥第二课堂内容丰富、形式多样的特点，利用校内外资源，打造政治锤炼、知识实践、素质拓展、技能提升的载体平台。高校可以结合实际，积极探索创新，形成具有学校特色的育人体系。"第二课堂"课外活动形式包括教学技能大赛、征文赛、歌唱赛、舞蹈赛、辩论赛、器乐赛、书法赛、绘画赛、摄影赛、演讲赛、朗诵赛、教学技能比赛、多媒体网络大赛、科技作品大赛、创新创业大赛等；活动类型包括：教学类、文艺类、科技类、学习类、体育类、创新创业类、实践类、专业类、文化类；组织方式是：学校团委、学生会、社团协会组织的各类活动，专业老师组织的相关专业实践活动，寒暑假的社会实践活动等。根据职教师范生的特点和培养目标设计的第二课堂活动可以锻炼提高师范生的核心素养和综合素质，大部分学生愿意参与其中。当前师范院校开始重视第二课堂活动开展，但是，活动的目的就是丰富大学生的校园生活，并没有真正地从师范生的培养角度去顶层设计和整体考虑，既不能提高师范生活动参加的积极性，也不能满足师范生核心素养和职业能力提升的要求，更没有形成良性循环。存在活动没有整体方案、设计针对性不强，主题过于宽泛、性质偏向娱乐性、教育意义不足、质量不够等问题。这些问题折射出第二课堂的开展没有制度化、体系化、项目化，内容还不够完善，形式还比较单一，职教师范生的特性体现不明显，师范生的参与感与获得感不强，没有走上良性发展的正轨，需要不断探索和改进③。构建职教师范生"三全育人"背景下的"第二课堂"活动体系，有利于深化培育核心素养，深入落实全面立德

① 共青团中央，教育部．印发关于在高校实施共青团"第二课堂成绩单"制度的意见［EB/OL］．http：//tuanwei．hfut．edu．cn/2018/0705/c842a167290/page．htm．2021．07．07．

② 谢鑫．基于学生职业核心素养专本硕贯通培养的第二课堂建设［J］．河北职业教育，2019，3（3）：96－102．

③ 翁菊芳，徐焕英．师范生第二课堂对核心素养的培育作用［J］．文存阅刊，2021（15）：75－76．

树人①。课程体系是"第二课堂成绩单"制度的实施基础，本质上是对"第二课堂"活动的分类整合和体系构建，建立满足学生发展需求、符合学生成长需要、衔接一二课堂教学的科学合理课程体系，实现菜单式选课模式，将极大地调动学生参与的积极性，形成一二课堂良性互动、协同育人的良好局面。如湖南农业大学在实施"第二课堂成绩单"过程中，建立了由学生参与"第二课堂"活动经历和成果记录认证、学生参与"第二课堂"活动成果转换学分两部分组成的课程体系。

学校结合人才培养方案，推进"六求"素质拓展活动教育规范化、科学化，建立"基础教育（低年级）+ 专业教育（高年级）+ 素质拓展（四年）"的人才培养模式。"六求"素质拓展活动教育实行项目制管理。"六求"素质拓展活动教育学分认证范围包括：求真学术科技、求善文明道德、求美文化艺术、求实社会实践、求特个性发展、求强就业创业 6 类活动教育项目。学校遴选出 165 个"六求"素质拓展活动教育常规项目，包括校外项目和校内项目两种类型。其中，校外项目由项目主办单位组织实施，校内项目由申报者（可为单位、学生团队或学生个体）负责组织实施；校外、校内项目均可以个人或团队形式参加，也可由学校相关单位组织学生参加。"六求"素质拓展活动教育的管理坚持谁组织谁负责的原则。对于校外项目，由学校相关单位组织学生参加的，相关单位应认真做好过程记录、结果统计等工作；由学生自主选择参加的，则由学生自主负责。校内项目由申报者自主负责项目方案制订、过程控制及结果统计等工作。"六求"素质拓展活动教育实行学分制评价，即对"六求"素质拓展活动教育常规项目设置一定学分，对参与项目并达到相关要求的学生计算此学分。本科学生在校学习期间，须获得 4 个素质拓展活动教育学分方可毕业。获得 4 学分以上的，多余部分可冲抵公共选修课学分，最多可冲抵专业人才培养方案设定的公共选修课学分限额的 20%。学校在每届本科学生的第一至第七学期末，对"六求"素质拓展活动教育常规项目进行学分认定，在第八学期初，将学生在校期间所获素质拓展活动教育项目学分记入学

---

① 王艳."第二课堂"多维培育核心素养［J］.思想政治课教学，2020（9）：30 – 33.

生档案。认定工作采用先申报再审核的方法。申报分个人申报和单位申报两种方式。对于学生个人申报的项目，学校采用材料审核和网上审核相结合的方式，其中，材料审核采用班级团支部、学院团委、校团委三级审核机制，网上审核采用院团委、校团委两级审核机制；对于单位统一申报的项目，采用院团委确认资格、校团委审核数据的方式进行学分认定[①]。湖南农业大学教育学院根据学校的实施方案，制定了适合职教师范生的具体实施方案，将学院的品牌活动"园丁工程"纳入"六求"素质拓展活动学分认证体系，将师范生核心素养的提升和综合素质的提高相结合，专业教育与通识教育相衔接，校园活动与社会实践相融合，实现了职教师范生人才培养第一课堂与第二课堂的互联互通，协同育人，为学校人才培养评估、学生综合素质评价、社会单位选人用人提供重要依据[②]。

三、构建完善育人体系，提升人才培养质量

全面统筹办学治校各领域、教育教学各环节、人才培养各方面的育人资源，从体制机制完善、项目带动引领、具体操作规范、组织条件保障等方面进行系统设计，从宏观、中观、微观层面一体化构建全方位育人工作体系，促进学生全面发展，优化学生健康成长的生态环境，全方位辐射大学生思想政治工作，充分发挥各方面工作的育人功能，挖掘育人要素，完善育人机制，优化评价激励，强化实施保障，实现各项工作的协同协作、同向同行、互联互通。

（一）切实加强思想建设

教师肩负着神圣的社会责任，承载着塑造灵魂、塑造生命、塑造新人的时代重任，不能仅做传授书本知识的教书匠，要立德树人，努力成为塑造学生品格、品行、品位的"大先生"，在价值塑造、能力培养、知识传授上大有作

① 中共湖南农业大学委员会.关于印发《湖南农业大学"六求"素质拓展活动教育实施办法》的通知［EB/OL］.http：//cy.hunau.edu.cn/cxcyzc/xxzc/201805/t20180510_228201.html.2021.07.07.
② 刘建军.高校实施共青团"第二课堂成绩单"制度的原则与路径［J］.高校辅导员，2019（4）：54－56.

为①。高校要以习近平总书记关于教育的重要论述作为遵循，加强师范特色校园文化建设和学生思想价值的引领，建立师生学习、生活和成长共同体。充分发挥教师在学生品德提升、人生规划和学业进步等方面的作用。通过开展实习支教、师生"面对面"、志愿服务等形式，切实培养职教师范生的职业认同和社会责任感。通过组织经典诵读、文化畅游、专题讲座、参观研讨等形式，推动师范生汲取中华优秀传统文化和革命传统文化，弘扬师德师风，涵养教育情怀，做到德技并重，知行合一。师范生应树立正确的教师观、学生观和教育观，了解教师的职业价值和多重角色，将教师职业道德要求转化为自己信念并付诸行动②。

（二）统筹推进课程育人

加强教学管理，梳理各门专业课程所蕴含的思想政治教育元素和所承载的思想政治教育功能，融入课堂教学各环节，实现思想政治教育与知识体系教育的有机统一③。从内容上看，以模块理线索、以问题引思考。尊重学生认识教育教学的基本规律和特点，从现实感知到理性分析再到客观评价，由浅入深层层推进。深度挖掘课程的育人元素，通过系统教学活动，促使学生掌握与职业教育有关的基础知识、培养其从事职业教育教学活动的基本方法和能力，坚定其从事职业教育的理想和信念。选取现实中职业教育发展的种种典型现象进行凝练，以问题形式展开教学，激发学生主动思考现实问题，直面毕业后即将面对的职业教育工作情境，探寻可能的解决途径。将理论与现实相互渗透、融会贯通。从方法上看，以示范激情感、以参与强能力。营造"以身示范、学教融合"的课程教学文化。打铁还需自身硬，任课教师要紧紧抓住信息化教学能力提升这一现实需求，不断自我充电、自我提升，革新传统的教学方式，兼顾教育类课程的针对性、基础性和动态性，在大胆解构和重构课程内容的基础

① 教育部等七部门. 印发《关于加强和改进新时代师德师风建设的意见》的通知［EB/OL］. http：//www. moe. gov. cn/srcsite/A10/s7002/201912/t20191213_ 411946. html. 2021. 07. 07

② 左崇良. 师范生核心素养框架建构的探析［J］. 湖南第一师范学院学报，2020，20（2）：78－84.

③ 中共教育部党组. 关于印发《高校思想政治工作质量提升工程实施纲要》的通知［EB/OL］. http：//www. moe. gov. cn/srcsite/A12/s7060/201712/t20171206_ 320698. html. 2021. 07. 07.

上，充分利用信息化手段辅助教学，积极参与教学技能竞赛，深入职业学校一线调研。除课堂讲授和讨论外，利用云班课、学习通等网络平台开展课堂活动，推送相关资源供学生课外学习。充分发挥学生在教学活动中的主体性，广泛而深入地推动教学主题的深入，实现课堂教学与课外自学的融合与互补。从评价上看，以过程督行动、以激励促提升。通过抢答、众答、头脑风暴、课前课后测、小组研讨、问卷、直播等形式的教学活动，以及课程平台、专业频道、专题网站等多元化的教学空间，督促学生进行课内学习与课外学习相结合、线上学习与线下学习相结合、自学与小组合作学习相结合，将对职业技术教育学的学习不断拓展、延伸、深化，激励学生形成"比学赶帮超"的学习氛围，实现课程学习理论素养提升和实践思辨能力增强的目标①。

（三）着力加强科研育人

（1）优化科研管理制度设计。改进科研环节和程序，把思想价值引领贯穿选题设计、科研立项、项目研究、成果运用全过程，把思想政治表现作为组建科研团队的底线要求。建立教研一体、学研相济、产教相融的产学研协同育人机制。完善科研评价标准，改进学术评价方法，促进成果转化应用，引导师生在科研中树立正确的政治方向、价值取向、学术导向，培养师生至诚报国的理想追求、敢为人先的科学精神、开辟创新的进取意识和严谨求实的科研作风。

（2）加强学术诚信体系建设。健全集教育、预防、监督、惩治于一体的学术诚信体系，治理遏制学术研究、科研成果不良倾向，深入推进学术道德和学风建设的宣传教育，将其纳入学生教育教学各环节，教育引导师生遵守学术规范、恪守学术道德、坚守学术诚信。

（3）加强创新平台与团队建设。加强科技创新平台建设，搭建师生科研交流互动平台，培养师生的科学精神和创新能力。推动实施科研创新团队培育支持计划，引导师生积极参与科技创新团队和科研创新训练，及时掌握科技前

① 赵玉娟，陈爱民．"互联网＋"背景下混合式学习共同体研究［J］．柳州职业技术学院学报，2018，18（2）：64－70．

沿动态，强化集体攻关、联合攻坚的团队精神和协作意识。加大学术名家、优秀学术团队先进事迹的宣传教育力度。

（四）扎实推动实践育人

（1）构建实践育人长效机制。坚持理论教育与实践教育相结合，推动专业课实践教学、社会实践活动、创新创业教育、志愿服务、军事训练等载体有机融合，形成实践育人统筹推进工作格局。整合各类实践资源，与政府、社会、企业等社会主体共同构建实践育人协同体系。培育建设一批实践育人与创新创业示范基地。

（2）加强创新创业教育。完善创新创业教育顶层设计及体制机制。健全创新创业课程体系，打造课程学习、项目实践、创业孵化、以赛促学的大学生创新创业实践全流程服务平台，推动"专业教育 + 双创教育"深度融合，构建独具特色的一体化"双创"人才培养新模式。

（3）深化社会实践精品项目建设。大力弘扬"奉献、友爱、互助、进步"的志愿服务精神，不断推动志愿服务活动科学化、制度化、专业化发展，丰富实践内容，创新实践形式，广泛开展社会调查、生产劳动、社会公益、志愿服务、岗位实习等社会实践活动。例如组织开展家庭美德、职业道德和社会公德大讨论，激发全院学生心中蕴藏的美好思想品德；组织学生积极参加西部计划，到西部去，到基层去，到祖国最需要的地方去干事创业、建功立业，深入推进志愿者活动。

（五）深入推进文化育人

文化育人是一项系统工程，既要协同多个文化育人主体，又要有效衔接、整合多方面教育的方法形式①。注重以文化人、以文育人，深入开展中华优秀传统文化、革命文化、社会主义先进文化教育，推动中国特色社会主义文化繁荣兴盛，牢牢掌握高校意识形态工作话语权，践行和弘扬社会主义核心价值观，优化校风学风，繁荣校园文化，培育大学精神，建设优美环境，滋养师生

---

① 冯刚，张芳．新时代高校文化育人的理论与实践探析［J］．湖北社会科学，2019（5）：176 –183.

心灵、涵育师生品行、引领社会风尚。校园文化活动是推进文化育人的良好载体，通过开展思想性、知识性、趣味性兼备的校园文化活动，构建以对话交流、文化体验、社会实践为主体的校园文化活动体系[①]。活动着眼于学生的专业发展、个性成长、素质拓展、能力提升；致力于为学生营造一个充满文化气息和人文关怀的校园环境。高校文化育人工作是一个由诸多要素构成的统一整体，各个要素之间既各司其职、各有分工、有鲜明的个性，又相互联系、相互作用、有交叉的共性，在根本任务、教育内容、教育方式、效果评价、机制构建上都需要掌握系统优化的方法，一方面要从整体和全局的角度统筹安排文化育人工作，另一方面要把文化育人系统的各个部分和要素优化组合，推进文化育人功能不断优化、程度引向深入。高校要着力于育人体系逐步完善，育人平台逐步优化，活动内涵逐步丰富，逐步形成具有特色的校园精品文化活动。

（六）大力促进心理育人

将心理健康教育融入生活，着力打造心理育人活动体系，提高学生心理素质。以"5.25 我爱我"大学生心理健康节为依托，打造系列精品活动，深入开展感恩节心理电影展演、校级手语舞大赛、心理情景剧大赛等心理健康教育活动。宣传大学生心理保健知识、加强学生自我保护意识，珍爱自己，关爱他人，形成良好的自助、互助与求助的心理健康教育氛围，创建和谐健康的校园环境。通过引进与培养，建设专职辅导员、专业教师、校外辅导员和学生骨干参与的，年龄结构合理的学生咨询成长辅导队伍；建设一支具有一定专业素质、有责任感、细心、对工作充满热情的朋辈互助队伍。运用各种教育引导手段，以互动交流的方式及时疏导同学们在成长过程中遇到的各种生活、学习、就业、心理、情感等困惑，帮助学生解决实际困难，构建工作前移、重心下移的工作新模式，确保大学生健康成长和全面成才。

① 周曦，刘萍．新时代高校"文化育人"的理论深化和实践创新［J］．青年与社会，2020 (27)：187－188.

第三节 基于"第二课堂"视角的职教师范生核心素养培养实践

我国职教师范生主要依托高校进行培养，高校学科综合化的发展趋势不仅弱化了师范教育，更加忽略了职业教育的层次性、专业特色性和人才培养的特殊性，其人才培养理念滞后、培养模式单一，培养过程中理论知识传授与实践技能训练脱节，培养的师范生核心素养和综合素质欠缺，难以胜任新时代国家战略发展要求。在此背景下，湖南农业大学教育学院提出在"五维一体"人才培养模式下构建"六艺并举"园丁工程活动育人体系，打造精品活动，提升师范生的六大核心素养。园丁工程包括"园丁文""园丁书""园丁辩""园丁颂""园丁秀""园丁艺"，通过10多年的实践和理论研究，在不断丰富和完善的基础上，建立整体活动框架，形成了完整的活动体系，活动覆盖面广，可操作性强，实际效果好，成效显著。

活动育人体系的构建遵循教育规律，瞄准研究目标，聚焦主要问题，采取边实践、边研究、边提升、边推广的方法，逐步完善职教师范生育人体系。以活动教育为载体，以文化传承为根本，以专业教育为导向，以素质提升为目标，注重育人功能的发挥和育人实效的实现。在实践路径上加强整体设计，构建体系框架，深挖育人内涵，强调活动实效，根据理实一体，德知技并重，六艺并举的思路，通过活动教育的推动，比拼竞赛的促进，实习实训的提高，提升职教师范生的核心素养。

一、完善整体框架，构建育人体系

注重整体设计和科学规划，加强保障机制建设，凝练育人理念，优化育人途径，形成育人合力，构建四位一体的文化育人体系。

一是明确文化育人理念。学院结合办学特色和培养目标，提出铸师魂、强师能，提师技，培养有"农""职"情怀的中职师范生的专业文化育人理念。

二是完善育人保障机制。建立"一体两翼三平台"文化育人保障机制，即以活动教育为载体，以第一课堂和第二课堂为支撑，以专业文化平台、志愿服务平台、实习实训平台为依托，加强专业文化活动的制度化，科学化和体系化，形成"全方位"育人局面。

　　三是优化文化育人过程。优化板块设计，遴选活动项目，并将活动内容融入课堂教学，提升师范生教学技能和实际操作能力。将活动教育贯穿于学生成长各阶段、各年级、各专业，进行分类设计，合理实施。根据各年级学生不同文化需求和专业成长需要，开展不同形式的活动。"园丁工程"是学院打造的专业文化品牌活动，分为"园丁文""园丁辩""园丁颂""园丁艺""园丁书""园丁秀"六大活动板块，每个板块主题鲜明，目标明确，设计新颖，形式多样。"园丁文"旨在培养学生的文字写作能力和科学创新能力，提升学生文学素养。开展了汉字听写大赛，主题征文，学术科技作品大赛等活动。"园丁辩"旨在培养学生的逻辑推理能力和统筹分析能力，提升学生思辨素养。开展了新生辩论赛、新老生辩论对抗赛、舌战浏阳河等活动。"园丁颂"旨在培养学生的语言表达能力和敏锐思维能力，提升学生思想修养。开展了"中华诵"主题演讲比赛、英语演讲比赛等活动。"园丁艺"旨在培养学生的教学技术能力和教学操作能力，提升学生师范素养，开展了学生教学技能竞赛、板书设计大赛、教案设计大赛、微课比赛等活动。"园丁书"旨在提高学生的教学基础能力和文化鉴赏能力。提升学生文化修养，开展了书法比赛、绘画比赛、摄影比赛等活动。"园丁秀"旨在提高学生的审美认识能力和艺术创作能力，提升学生艺术修养。举办了迎新晚会、团支部风采大赛、园丁才艺秀等活动。"园丁工程"六大板块，以学生成长成才和全面发展为根本，围绕活动主旨，兼具专业性、文化性、创新性，巧妙设计各板块活动主题和形式，合理构建活动教育体系。

　　四是拓宽文化育人途径。以求真学术科技、求善文明道德、求美文化艺术、求实社会实践、求特个性发展、求强就业创业的"六求"素质拓展为核心，结合学院专业特色，通过活动教育阵地、网络传播阵地、实践育人阵地，形成生动活泼的育人环境。

二、深化专业内涵，搭建育人平台

六艺并举，德知技并重，实现专业文化内涵发展和外延建设的深度融合。一是加强建设，整合资源，实行项目化管理。重视活动教育的体系化建设，不断加强制度保障，制定实施方案和具体措施，确保人员和经费投入。明确专人负责，部门管理，每年投入一定经费用于项目的推进。同时，在学院形成合力育人的共识，专业老师在活动中给予学生专业的指导并全力支持。二是贴近专业，优化设计，强化育人功能。围绕职教师范生培养目标，设立活动板块，实现传承性和灵活性的统一。依据学院特色，在系列活动中着力打造精品活动，成为代表性活动。同时，根据学生的意见和选择，在不同板块活动中加入新的活动形式和元素，增强学生的满意度。在活动内容上，突出专业培养目标和素质拓展活动的统一。活动的开展主要围绕学生专业成长和全面发展，强调师范生综合素质和核心素养的提升。系列活动要具有专业性、文化性、实践性、创新性，巧妙设计各板块活动主题和形式，合理构建活动教育体系。三是全面覆盖，分类指导，丰富育人手段。以学年度为周期，制定每年的活动方案。根据学院人才培养方案的需求，建立"三阶段"核心素养提升计划。第一阶段是核心素养培育阶段，主要针对大一学生和大二学生人文素养的提高。加强引导，鼓励学生根据自己的兴趣和爱好，选择板块参加活动，提高学生活动的主动性。学院在新生入学时，将活动教育作为学生素质拓展教育的第一课，深化学生的认识，提高学生参与的积极性。在管理过程中，项目纳入学校素质拓展学分，作为第二课堂成绩，成为人才培养体系的重要组成，提高学生参与积极性。第二阶段是核心素养提升阶段，主要针对大三学生专业发展的需要。根据学生活动参与情况和个人发展需求，专业老师积极参与，加强指导，专项训练，将第二课堂活动与第一课堂教学紧密结合。例如，举办学生教学技能大赛，专业老师全程参与，在活动中选拔优秀选手，进行集中培训，教学演练和一对一专业指导，强化师生互动，深挖学生潜能，提高师范生专业素质和教学技能。第三阶段是素质巩固阶段，主要针对大四学生就业能力的提升。学院实习实训基地，开展教育实习和教育见习。作为学院人才培养体系的重要组成，在前期活动教育对职教师范生核心素养和能力培养基础上，将文化育人与实践育人紧密联系。为每位毕业生配备就业指导老师和基地指导老师，与学生同吃同住，对实习学生课堂教学、班级管理、活动组织进行一对一指导，强调育人的渗透功能，在实践中将学生知识、素质和能力转化为专业技能，实现学有所用，教学相长，促进学生专业发展和就业能力的提高。

三、创新活动形式，深化质量提升

教育部《高校思想政治工作质量提升工程实施纲要》提出构建"十大育人"体系中强调聚焦短板弱项，坚持把破解高校思想政治工作不平衡不充分问题作为目标指向，着力构建一体化育人体系，打通育人"最后一公里"。"园丁工程"是全面育人、全方位育人、全过程育人的一项文化育人系统工程。以专业文化为基础，以活动教育为载体，以实习、实训、实践为手段，以社会需求和职业能力提升为导向，创新活动形式，丰富活动内涵，构建凸显师范特色的专业文化品牌。经过多年的探索，建立了较为完善的体系框架，项目作为文化育人的途径，不仅局限于学生文化活动的开展，还将志愿服务、实习实训等实践活动有机融合，达到互相渗透、同行同向、协同育人。融入更加贴近学生专业能力提升的活动和竞赛，引导学生提高专业兴趣，更加有针对性地提升师范生的核心素养和专业能力。例如，主题征文、演讲比赛、辩论赛和"三字一话"比赛等旨在提高师范生的人文素养和教学基本技能。学生教学技能大赛、教案设计大赛、板书设计大赛、微电影比赛、摄影摄像比赛着力提升的是师范生的专业能力和核心素养。"创未来"创新创业大赛、简历设计大赛重点提高学生的创新思维和就业能力。同时，结合职教师范生的专业特色，建立实践基地，搭建实习实训平台，提高学生的操作能力和实践能力。例如，农学教育的学生参加"六边"综合实习和技能比赛，动物医学教育学生参加动物医学专业技能大赛等专业类实践和竞赛。通过文化活动竞赛和专业技能比赛，提高学生的专业思想、创新意识、就业能力，促进文化活动和专业竞赛的有效融合，人文素养和科学文化素质的有效统一，形成"比、学、赶、超"的良好育人氛围。

四、融入人才培养过程，形成学院"三全"育人格局

活动教育体系人才培养的系统工程，学院将其渗透到学生大学各阶段的全过程，分阶段、分年级、有针对性地开展活动教育和素质培养。创新"课堂教学—第二课堂—实习基地—就业基地"专业人才培养途径，将第二课堂活动和课堂教学，教育实习实训有机结合。在学生培养过程中，全员动员，师生互动，将素质教育与专业教育有机融合，从而达到专业竞赛有突破，实习实训有体现，就业创业有成效。

一是强化全员育人新意识。以新思政观引领改革，立足新时代，从中国特色社会主义教育是知识体系教育同思想政治教育的结合与综合这一基本认识出发，科学认识把握思想政治工作的定位，通过挖掘各群体、各岗位的育人元素，整合各方育人力量，努力形成育人工作合力。全体干部、教师和职工自觉承担起对学生进行正确价值引领和优秀品质塑造的育人职责，把促进学生健康成长、成才作为学院一切工作的出发点，将育人工作渗透到知识传播、行政管理、生活服务等各项工作中，落实到全体教职员工的职责规范中，营造人人"守好一段渠、种好责任田"的全员育人氛围。党政领导分别担任班主任或联系相应班级，对相应的入党积极分子进行培养，对相应的重点关注学生进行谈心谈话，对相应的就业困难学生及时提供帮扶，促使学生高质量就业创业。任课教师对学生进行全面的专业教育，为学生科学规划学业生涯与职业生涯，为学生讲授多门课程并将思政教育贯穿其中，带领学生到实习单位进行 1~2 个月的教育实习，并驻点指导。辅导员、关工委老师对学生进行思想政治教育、综合素质培养和常态化日常管理。管理人员、教辅人员为学生学习与生活提供周到、便利、优质服务。所有党员与学生干部积极发挥先锋模范作用，营造传帮带学的良好氛围。

二是建立全过程育人新机制。针对学生成长的不同时期，从各环节入手，把育人工作贯通融入人才培养全过程，着力打通育人存在的盲区、断点，打通育人"最后一公里"，真正把各项工作的重心和目标落在育人效果上，更好地适应和满足学生成长诉求、素质提升需求、社会进步需求。大学一年级主要是

引导学生适应大学生活。在入学之初开展入学教育、专业介绍、开设职业生涯规划课程，帮助大一学生建立良好的生活习惯，适应大学阶段的学习要求，鼓励学生参加各类学校活动，加强学生对于学校文化的认同感，引导他们正确认识自我，找准自己的定位。大学二年级主要是引导学生端正学习态度，找到适合自己的学习方法，学好各科知识，奠定专业基础。开展各项素质拓展活动，鼓励大家积极参与，在实践中检验自己的学习成果，提高自己的实践经验。始终将六艺"园丁工程"作为学院育人特色，提升学生师范素养。组织"三下乡"活动，让学生去实地实习，真切感受到实地工作的开展，提前接触到实地工作，积累经验。开办企业班，提供学院学生接触企业的机会，提前了解企业需要的人才，从而有针对性地锻炼自己，将自己培养成企业所需要的人才。大学三年级主要是引导学生合理定位与专业学习。开展考研经验交流会、考证经验交流会，提高学生考研考证的能力，培养大学生的创造能力、应变能力、沟通协调能力、合作意识、心理适应能力。组织学院学生参加实习，参观企业，感受企业的氛围，帮助学生提前了解并思考自己的求职方向，为以后毕业求职打下良好的基础。大学四年级主要是引导学生规划职业生涯。开展以求职技巧、职业心理转变、公务员考试、职业道德培养等为主题的就业创业讲座，从不同方面提高毕业生的求职能力，帮助学生树立正确的就业观念，积极投身于就业当中去。积极与企业联系开展企业招聘会，组织院内企业招聘，及时与学校组织的企业招聘取得联系，提供企业招聘岗位，鼓励学院学生积极参与其中。

第五章 职教师范生学习满意度的实证分析

　　2018年两会期间，中共中央总书记、国家主席、中央军委主席习近平提出要推动乡村产业振兴、人才振兴、文化振兴、生态振兴和组织振兴。2018年9月26日，中共中央、国务院印发的《乡村振兴战略规划（2018－2022年)》中也明确，要科学有序地推动乡村产业、人才、文化、生态和组织振兴。谁来推动乡村振兴，必然离不开农村人才振兴。推动人才振兴，就是要通过留住一部分农村优秀人才，吸引一部分外出人才回乡和一部分社会优秀人才下乡，以人才会聚推动和保障乡村振兴，增强农业农村发展内生动力。因而，培养"下得去、用得上、留得住"农村中职教师，对于持续提升乡村人才质量，推动农村经济与社会的发展有着重大的意义。农村中职师范生的培养质量是一个值得重视及研究的领域。

　　现有的研究对教育教学机构的人才培养质量的评价指标体系从多个方面构建，比如学生学业成就、学生就业情况、课程设置与社会需求的匹配度、教师素质、学校管理制度等。但是，人才培养质量关键取决于资源投入是否满足了学生需求。学生是教育教学机构提供的服务受益者，是整个服务过程的参与者、体验者，学生满意度表征了学习服务是否满足了学生需求，它使学习过程质量和结果质量形成统一。① 因而衡量教育机构为学生提供的教育教学服务是否有效的指标体系中，学生满意度应为最重要的且具有代表性的指标之一，职业教育师资培养院校的人才培养质量水平采用学生满意度来测量。

---

① 文静. 大学生学习满意度：高等教育质量评判的原点［J］. 教育研究，2015，36（1）：75－80.

第一节　学生学习满意度概述

一、学习满意度的内涵

有关满意度的解释，本意认为"满意"是一种心理状态，是指一个人对一段关系质量的主观评价，是人对某事、某物所表现出来的态度。如果用数字来衡量这种心理状态，这个数字被称为"满意度"。1965 年，Cardozo 将其引入对客户购买意愿的研究中，首次提出了"顾客满意度"概念，他认为顾客满意度是客户的需求被满足后的愉悦感。是顾客实际使用产品或服务后的效果（或结果）感知与对产品或服务的事前期望之差。客户满意是客户忠诚的基本条件，提高顾客的满意度，顾客会产生再次购买的行为。[①] 顾客满意度成为了评价企业质量管理绩效的重要手段。后来，学者将此概念引入各行业，不断与多种研究技术和理念相结合，发展出满足不同需求的满意度调查模型和方法，对各行业的质量管理绩效进行科学监测与分析。

教育领域中，研究人员同样利用学生学习满意度来检测与分析教育服务的提供者所提供服务或者产品的质量。研究者认为教育是一个改变的过程，在这个过程中，按照市场运行法则，教育机构创设教学运行场所，准备教学活动开展的设施，设计课程、提供学习支持服务等产品与服务。学生犹如顾客，是教育产品与服务的消费者，学生对其所学习的地方所接受的教育的满意度是学习持续的基本条件。对于学生满意度的定义，有研究认为是学生对于教育机构的体验期望和最终的体验结果感知之间的差。教育机构应该根据其需求与期望提供有效的服务才能缩短差值，提升满意度。Eilliot 和 Healy（2000）将学生学

---

① Cardozo R N. An Experimental Study of Customer Effort, Expectation, and Satisfaction ［J］. Journal of Marketing Research，1965：244 - 249.

习满意度定义为学生接受教育服务后，学习者对于这种服务体验的短时态度。[①] Wiers－Jenssen 等（2002）将其描述为学生产生的一种对教育机构提供的服务后的幸福感。[②] 综上所述，学生学习满意度是学生的一种主观心理状态，是对整个学习环境以及过程中的一切事物的体验感知与学生事先期望比对后形成的心理感觉。感觉愉悦或有积极的态度意味着满意，反之，则意味着不满意。这种感知来自于学习者各维度的体验，包括服务提供的场所、工作人员提供的产品、运行管理制度和顾客受到的支持服务等。总之，学生作为产品与服务的消费者、体验者，在高校办学质量的评估指标体系构建中，学生学习满意度是一个非常重要的表征指标。

二、学习满意度的影响因素的研究现状

不少学者也从多个维度对学生满意度实施调研，Kasalak G. 和 Dagyar M.（2020）认为学生满意度的测量维度应包括学生对教育机构中工作人员、咨询求助服务、管理服务、资源、信息技术、课程等的满意度。工作人员满意度是指师生之间的交互行为及教师所提供的教育教学的评价。咨询求助服务满意程度体现在咨询师对交流的开放性、咨询师的可访问性、为学生提供专业指导方向、介绍相关课程、注意事项、要求等信息。管理服务满意度强调对工作人员以及部门管理者的可访问性。管理者鼓励学生积极组织和参与学术性、社会性活动。资源满意度指教室、图片复制、图书馆、课外活动场所、技术、工具和资源等的可利用性。信息技术满意度代表了网络、计算机和软件资源的可利用性和可访问性。课程满意度是指学生对课程目录、课程开设数量、课程内容及课程分布时间安排等的满意度。[③] Starr（1971）提出学习满意度的测量包括 5 个维度：环境和设备、学业成就、管理措施与服务、人际关系以及学生对于教

① Elliott K M，Healy M A. Key Factors Influencing Student Satisfaction Related to Recruitment and Retention ［J］. Journal of Marketing for Higher Education，2000，10（4）：1 – 12.

② Wiers－Jenssen J，Stensaker B，Grøgaard J B. Student Satisfaction：Towards an Empirical Deconstruction of the Concept ［J］. Quality in Higher Education，2002，8（2）：183 – 195.

③ Kasalak G，Dagyar M. University Student Satisfaction，Resource Management and Metacognitive Learning Strategies ［J］. Teachers and Curriculum，2020（20）.

师和管理人员的尊重。① Corts 等（2000）用了 5 个环境因素去研究它们如何影响学生满意度。研究结构表明，提供的服务能有利于学生未来职业准备和课程内容供给是学习满意度的最大影响因素。商讨对学习者满意度有积极的影响。② Eom 和 Ashill（2016）提出，学术支持、基础设施和福利支持是学生满意度的重要内容。③ Gaziel（1997）的研究发现重视学术、持续的学校发展和规则等学校文化对于学校效果有着重要影响。④ Wei 和 Ramalu（2011）认为，学生的学术经历和社会融合是影响学生满意度和成就的重要维度。⑤ Ataman 等（2019）认为，影响学生满意度的因素有管理措施、硬件设施、工作人员、教学过程、学术性和社会性活动、教学人员和其他同伴、教室的布局等。⑥

　　综上所述，学生满意度与教育机构提供的各类服务紧密相关，其中校园生活服务和社交生活服务是最为重要的服务。这也是因为教育服务质量和学生满意度感知大体由服务提供的地方、全体成员提供的服务、组织运行和学生感知到的服务来评价。因此，有关学生满意度的影响因素探究，学者也大多从社会文化与组织机构两个方面来进行了探索。组织机构因素包括绩效管理制度与教学实施；社会文化因素包括大学所提供的社交、文化和体育活动实施等。总的影响因素可归纳为：学习环境、管理、教师、课程、学业成就、人际关系、学校文化。然而，学习满意度是人的主观体验，是人与事先期望比对后的结果，因而除受到教师、课程、管理制度以及学习环境等其他外部因素的影响以外，还会受到学生的个体特征因素的影响，比如学习者的背景信息、学习风格、学

　　① Starr A M. College Student Satisfaction Questionnaire（CSSQ）Manual［J］. Attitude Measures，1971：24.

　　② Corts D P，Lounsbury J W，Saudargas R A，et al. Assessing Undergraduate Satisfaction with an Academic Department：A Method and Case Study［J］. College Student Journal，2000（34）.

　　③ Eom S B，Ashill N. The Determinants of Students' Perceived Learning Outcomes and Satisfaction in University Online Education：An Update［J］. Decision Sciences Journal of Innovative Education，2016，14（2）：185 - 215.

　　④ Gaziel H H. Impact of School Culture on Effectiveness of Secondary Schools with Disadvantaged Students［J］. Journal of Educational Research，1997，90（5）：310 - 319.

　　⑤ Wei C C，Ramalu S S. Students Satisfaction towards the University：Does Service Quality Matters？［J］. International Journal of Education，2011，3（2）：15.

　　⑥ Ataman O，Adıgüzel A. Yükseköğretimde kalite algısı：Düzce Üniversitesi örneği［J］. Elektronik Eğitim Bilimleri Dergisi，2019，8（15）：39 - 56.

习自我效能感、自我调节学习能力、学习动机等都对学生满意度存在显著影响。职教师范生多来自于中等职业技术学校，这部分学生大多是在中考中失利，被分流至各中等职业技术学校。过去的学习经历、生活经历使心理特征对其学业成就的获得具有显著影响，因此，探讨职教师范生的学习满意度应考虑个体因素、组织因素、文化因素等维度。本书试图基于相关社会学习理论、学生参与理论，从学生个体因素、组织因素、社会文化因素等内、外两方面，全面、系统地探索学生满意度的影响因素及其作用机制。

三、学生学习满意度研究的理论基础

（一）学生投入（卷入）理论

什么样的学生更容易获得学业上的成功？已有研究表明，能够认真听讲，积极参加课内外活动，能与老师、同学之间积极交流，每周花费在学习上的时间较多的学生，通常能获得更好的成绩。[①] 学业成就与学习满意度存在正相关关系。学习成绩好的学生相较于成绩差的学生，对学校的满意度将更高。简言之，学生的学习及其发展与他在学习活动中卷入的质和量成正比。学生的学习投入越多，学业成就水平越高，学习满意度越高。因此，学习投入对学生的学习绩效和未来发展发挥着重要作用，成为教育改革研究中比较关键的研究主题。

对于学习投入理论的解释，最为著名的是 20 世纪 80 年代中期，Astin 在已有研究的基础上，提出了经典理论——学生学习卷入理论，也可称为学习参与、学习投入。他认为"卷入"意指一种行为成分，学生要想获得高学业成就，必须成为学习过程中的积极参与者。[②] 按照美国 NSSE 对学生参与的解释，学习参与是学生在他们的学习和其他的以教育为目的的活动中所投入的时间和努力。还有学者将动机、情感、认知方面的投入也纳入学习投入的概念范畴，比如学习兴趣、学习动机、学习态度、自我调节能力等。因此，学习投入意味

---

① 李汪洋. 教育期望、学习投入与学业成就［J］. 中国青年研究，2017（1）：23－31.

② Astin A W. Student Involvement：A Developmental Theory for Higher Education［J］. Journal of College Student Development，1984，40（5）：518－529.

着外在生理行为和内在心理能量的共同投入，心理上的投入往往通过外在的生理行为表达出来。在教育公平研究领域，大多数的研究结果表明，学生的家庭经济基础对学生学业成就存在显著影响，这也表明，除时间投入、精力投入、心理投入以外，还有经济投入。但一般来说，投入多分为三类：行为投入、认知投入、情感投入。行为投入是指学习者积极参与学习活动和完成相关学习任务的行为状态，包含学习者学习投入时间；认知投入是学习者对学习的认识和努力程度；情感投入是学习者对教师或学校的态度与情感。

由于学习投入与学业成就存在紧密的正相关关系。因而大量研究对影响学习者学习投入的因素进行了探究。Astin 认为，学习者的学习投入变化是一个可测量的连续体，不同学生投入活动的能量随时间的推移和目标的不同而变化，学生的学习期望与动机对学习投入存在正向影响。其他学者的研究也表明学习者的个体特征、学习者所处的外在环境，比如教师的支持、同伴的竞争、学习氛围等都对学习者的内在学习动机产生影响，决定在学习中投入多大的精力。由此可见，学习投入不仅受到学习者本身带有的个体因素的影响，而且在学习过程中，所经历的教育措施的效能对增进学生卷入的效果也存在直接相关。

（二）社会学习理论

作为学生学习满意度的影响因素及作用机制分析的基础理论，班杜拉的社会认知理论被广泛接受，也被证明能有效解释与预言学生行为和明确行为改变模式。也有助于解释教育机构提供的服务质量和学生满意度。理论探究了环境、人的认知与行为之间的动态相互决定关系。认为认知因素、环境因素和人类行为之间存在三元互为因果关系。即认知主体在与外部环境的相互交互过程中，影响着主体的行为。

行为受认知因素和环境因素的双重影响。认知因素是指个体的认知、情感和生物遗传。环境因素是指可以影响一个人的行为的社会和物理环境。大量研究表明学习环境影响学习者行为和学习绩效。学习环境包括物理环境和社会环境两方面，物理环境具体表征为：教室中学习、课外活动开展场所、教师所提供的学习内容、计算机和网络等硬件设施；社会环境包括学习氛围，师生、生生交互，来自教师、同伴的关注与关心等。Teven 和 McCroskey（1997）的研究表明，教师对于学生的关注也有着积极的影响，也提升了学生对教师的评价。[①] Lee（2011）研究了师生交互对于学校满意度的影响。发现当教师能够关心和支持学生时，对学生的学校满意度产生积极影响。[②]

环境通过个体的认知机制影响个体的行为。具体表现为人们采取某项行动的动力或激励力取决于其行动结果的价值评价和预期达成结果可能性的估计。因此，依据社会认知理论，影响个体行为的两个关键认知因素为：绩效期望和自我效能感。绩效期望是学习者通过学习，她/他的学习能力的获得期望。自我效能感是指人对他/她执行特定行为的能力的判断和信心。[③] 研究表明，绩效期望对学习者学习绩效和学习满意度存在积极影响。但如果人认为自己不具备任务执行的能力，那么绩效预期将毫无意义。自我效能感决定了人付出多大的努力来达成期望。自我效能感高的人认为自己有能力完成某项任务，将具有更高的绩效预期并努力达成。即自我效能感可以提高学习的积极性和持久性，影响绩效预期，从而影响学习态度、学习动机和学习行为。自我效能感的形成受到四个方面的影响：①过去的经验和对类似活动的熟悉程度；②替代学习或模仿；③社会支持和鼓励；④自我情绪唤醒。其中，过去的经验对自我效能感的影响最大，一般来说，过去成功的经验会提高自我效能感，多次的失败将降低自我效能感。如果所遇到的情景与自己曾经所观察到的情景相似，学习者的自我效能感也会增强，而当遇到阻碍与困难时，能够获得他人的帮助与支持，学习者将容易获得完成任务的信心，同时也需要学习者具备良好的情绪调节与管理能力，能够有克服困难的学习品质。

综上所述，学生的学习满意度作为教育教学机构人才培养评估体系中的重要指标。是学习者对教育教学机构所提供的产品与服务的一种主观感知结果。

① Teven J J, McCroskey J C. The Relationship of Perceived Teacher Caring with Student Learning and Teacher Evaluation［J］. Communication Education，1997，46（1）：1 - 9.

② Lee Y J. A Study on the Effect of Teaching Innovation on Learning Effectiveness with Learning Satisfaction as a Mediator［J］. World Transactions on Engineering and Technology Education，2011，9（2）：92 - 101.

③ Bandura A. Self - Efficacy：The Exercise of Control［M］. W. H. Freeman，1997.

它产生于学习者的过程体验，即学习满意度的形成也是一个连续体，它既受到个体本身特征因素的影响，也受到学习过程中的组织环境、文化环境的影响。在学习过程中，学生应首先根据他自己以前的经验及对未来的期望启动自我系统，决定投入多大的精力用于学习。其次学习者本身的学习期望、自我调节学习能力，与同伴所提供的帮助及教师所提供的教学支持、安排的教学内容等学习组织环境要素之间发生交互作用，合理调用学习策略，获得或好或坏的学习结果，从而影响学生满意度。同时，在学习生活的过程中，人际交往、学术交流等活动将创建不同的校园文化氛围，它将对学习者的学习投入产生影响，从而最终影响学生满意度。学生学习过程体验是一个重要的维度，同时，不同维度之间也存在相互影响。当学习环境一样时，学习者不同，学习结果也不同，学习满意度也将产生差异。

第二节　研究设计

一、研究方法

本书采用学生自报告问卷调查法，调查数据结果能在一定程度上真实反映学习者的体验感知程度。对于调查数据结果，采用均值描述性数据来反映学生满意度的基本情况，采用多元回归分析来探讨教育教学机构在教学组织与实施过程中，学习者特征、组织特征、环境特征等对于学校满意度的影响机制，为措施的提出提供科学依据。

二、问卷设计

依据上述学生满意度的影响因素模型，因变量为学习收获感知（满意度）。学生满意度是个多维概念。学者从不同的视角对学习满意度进行了测量。依据前文的内涵解释，学习满意度被定义为人的主观体验，是学习者在接受教育教学机构提供的产品与服务后，与事先期望比对后的结果。依据布鲁姆的教学目标分类法，感知结果的测量维度应该包括认知领域、操作技能领域、情感态度领域，因此，满意度的操作化定义包括两个方面：一个是学习者对知识获取的满意度、能力提升与情感态度上的学习结果满意度，另一个是学习者对教育教学机构的再选择意愿等，一共有八个题项。

自变量包括五个部分：一是人口学变量，包括年级、性别、专业、是否已毕业等。二是学习者的个体特征变量。学生满意度是学生期望、需求得到满足后的愉悦感。依据社会认知理论，学生的绩效期望、自我效能感、原有的认知水平等都影响学习者的学习行为。绩效期望从知识水平、技能提升、人际交往、未来职业等方面进行设计，共有五个题项；自我效能感从学习能力、人际交往等方面设计了三个题项。三是学习投入行为变量，在本书中，利用自我调节学习来测量学习者的学习投入行为，因为自我调节学习能力能体现学生学习时的个体投入在心理、认知、情感上的投入特征，被认为是学生是否能认识自己的学习的重要能力。现有有关学习者自我调节学习能力的研究多见于远程教育研究中。学者研究结果表明学生的自我效能感知越高，自我调节学习能力越强，自我调节学习能力显著影响学生的学业成就，进而影响学习满意度。自我调节学习能力包括各种认知与元认知能力（帮助学生控制自己的认知）、资源管理能力（学生管理他们自己的学习时间、学习环境、努力管理、寻求支持等）。学生的资源管理能力辅助学生管理可用的环境和资源的策略，对学生的动机具有重要的作用。其中，时间管理能力是指学习者能够根据任务的特征，合理规划分配学习时间、提高学习效率的能力；学习环境管理能力是指寻找和营造适合于学生自主学习的环境；努力管理是指个人应努力学习，不断保持注意力，实践不同的学习策略，自我强化，并继续在困难的任务和科目中无所畏惧地工作；寻求支持策略是学生在学习遇到困难时向教师、同伴寻求支持与帮助的能力。自我调节学习能力共有十二个题项。四是组织特征变量。学习满意度是学习者在学习过程中对教育教学机构提供的服务体验。显然，影响因素除了个体特征因素外，还应有组织因素。教学系统的基本四要素包括教师、学生、教学媒体、教学内容。因而组织特征变量包含：教师的教学创新、教学能力，信息化操作技能；课程内容设置、课程内容组织形式；课外社团组织等，主要是从过程的角度分析这些变量是否满足学习者未来的职业需求，共十个题项。五是环境特征变量。环境影响人，学生的学习活动主要包括校园社交活动和学术活动。因而，学生满意度的环境特征变量分为：文化环境、物理环境和人际环境。文化环境主要是指教育教学组织提供的人文、艺术活动以及氛围创建。物理环境主要是指教育教学过程实施的场所、计算机硬件、网络环境、生活条件等硬件设施建设。人际环境是指在大学学习过程中，学生与教师、学生与学生、学生与管理者等教学实施主体之间的关系。环境特征共设计了九个题项。

在具体的操作化题项设计与表述上，综合各项指标的内涵解释和厦门大学史秋衡教授主持的国家大学生学习情况调查（National College Student Survey，NCSS）学习满意度问卷的英文修订版。通过学生自评的方式，采用李克特5级量表，主要是判断情况的符合程度，希望调查对象能根据自己的体验，从"完全符合"到"完全不符合"进行如实的选择问答项，1代表"完全符合"、2代表"符合"、3代表"一般"、4代表"不符合"、5代表"完全不符合"。对于满意度变量的测量，则采用1代表"非常满意"、2代表"满意"、3代表"一般"、4代表"不满意"、5代表"非常不满意"的问项来向调查对象进行调研。

初步设计好问卷题项后，为避免问卷题项的结构和语义问题，聘请3位专家仔细审阅全部题目，并提出修改意见，经过修改后随机抽取50位受访者进行预测试，利用SPSS23.0软件对数据进行探索性因子分析。结果显示因子分析的KMO检验值为0.934，Bartlett's球形检验结果：$\chi^2/df = 12.28$，$p < 0.001$，达到显著，数据适合做探索性因子分析。利用主成分分析法并配合最大方差法进行正交旋转分析求出旋转因子负荷矩阵，项目选取标准大于0.5，依据因子特征值大于1提取公因子，经过几次探索，删除了4项载荷值较低的因子后，提取出了8个公因子，根据实际情况命名为自我效能感、学习者期望、努力管理能力、学习时间投入、认知与时间管理、教师教学支持、课程教学、组织环境8个变量，总贡献率达67.053%。说明方差解释率较好。8个变量的克朗巴哈系数均达到了较好的水平，数据可信度高。如表5-1所示。

表 5 – 1　探索性因子分析及 Cronbach's α 信度系数结果

变量	题项	克朗巴哈系数
认知与时间管理	课前会做好预习	0.917
	经常自主学习	
	经常与老师进行讨论	
	课后复习笔记	
	会经常进行知识点总结	
	时刻提醒自己合理安排时间	
	按自己的节奏学习	
	积极参与课外活动	
	从阅读材料中甄别关键信息	
组织环境	大学提供了学业支持	0.896
	大学提供了很好的硬件条件	
	大学为身心健康提供了支持	
	大学提供了就业指导	
	大学提供了各类课外文化活动	
	大学创造了与他人的交流机会	
期望	期望大学能让我探索到更多的知识	0.867
	期望大学生活自由	
	期望能获得高分	
	期望能有很好的未来	
	期望能有良好的师生关系	
课程教学	课程强调知识记忆	0.845
	课程强调理论的应用	
	课程强调信息整合	
	课程强调教学内容能跟上社会需求	
努力管理	我会经常主动提问	0.841
	我会主动回答老师提问	
	我经常与其他同学合作解决问题	
	我遇到困难会求助他人	
	课堂上我很投入地听课	

续表

变量	题项	克朗巴哈系数
教师教学支持	任课老师能清晰解释课程目标	0.870
	任课老师能给予及时的指导	
	任课老师能给予及时反馈	
自我效能感	我能按老师的要求完成任务	0.737
	我能独立思考解决问题	
	我能跟随老师教学进度进行学习	
学习时间投入	平均每周花多长时间用于自学	0.747
	平均每周写作业的时间多长	
	平均每周阅读的时间多长	

三、问卷发放与数据获取

本书以职业技术师资培养院校的在校生与毕业生为调查对象,采用随机抽样的方式,通过网络,向受调查者发放问卷,获取调研数据。2020 年 10 月 10 日开始随机发放问卷,2021 年 1 月 10 日截止。共回收问卷 427 份。剔除无效样本后,得到有效问卷 333 份,有效率为 78%。样本构成情况如表 5 - 2 所示。

表 5 - 2 样本基本情况

名称	类别	人数
性别	男	113
	女	220
中学就读学校	中职	291
	普高	42
年级	毕业班	152
	非毕业班	181

第三节　研究结果分析

一、描述性分析

(一) 学生满意度感知与差异情况

本书利用学习者自报告的知识获取的满意度、能力提升与情感态度等学习结果满意度感知以及学习者对教育教学机构的再选择意愿来测量学习满意度。各个满意度测量题项的具体结果如表5-3所示。本问卷1代表非常满意，2代表满意，3代表一般，4代表不满意，5代表非常不满意。代表值越大满意度越低，值越小满意度越高。表中数据显示，每一个学习结果满意度的均值都在3以下，结果表明，学生对理论知识水平、技能、非认知能力三个维度的学习结果都处于中等偏强。满意度最高的是自我认知、人际交往和教学能力，通过在校期间的学习，学生的非认知能力和教学能力都得到了显著提升，但在理论知识水平、教师教育知识水平、组织能力上还有较大提升空间。满意度感知也会反映在对就读学校和专业的再选择行为上。调查结果显示，学生的再选择意愿偏强。表明学生的满意度处于一般至满意之间，还有提升的空间。

表5-3　满意度测量题项均值情况

题项	极大提高	较大提高	一般	没有提高	完全没有	均值
理论知识水平	35	147	138	12	1	2.39
教师教育知识水平	32	156	133	9	3	2.38
组织能力	34	145	135	19	0	2.42
自我认知	42	191	95	5	0	2.19
人际交往	36	182	107	5	3	2.27
教学能力	39	175	111	6	2	2.27
题项	一定会	会	无所谓	可能不会	一定不会	均值
是否会再选择所在的学校	60	192	27	49	5	2.24
是否会再选择所读的专业	60	168	30	62	13	2.36

为了更好地发现调查对象在满意度上的差异情况，本书利用各变量的操作化题项的均值来表征学生的整体学习结果满意度和再选择意愿，采用独立样本T检验，测量毕业班与非毕业班，不同性别是否存在满意度差异，如表5－4所示。结果显示，毕业班的整体教学目标满意度均值为2.236，而非毕业班的整体学习结果满意度均值为2.391，由于在本书的研究中1代表非常满意，2代表满意，3代表一般，4代表不满意，5代表非常不满意。两组的均值都小于2.5，因而可判断无论是毕业班还是非毕业班对于在学习期间所获得学习结果满意度都属于中等偏上，认为自己在认知、技能提升和非认知（情感）能力上都得到了提高，但还可再提升。学习结果满意度变量的Levene检验的P值为0.624，说明方差齐性，其平均值等同性T检验Sig.值为0.013（p＜0.05），则说明毕业班与非毕业班对于学习结果满意度的感知存在显著差异。毕业班的满意度高于非毕业班。而学习结果满意度和再选择意愿的平均值等同性T检验Sig.值分别为0.119和0.925，表明学生满意度不存在性别差异。

表5－4　学生满意度差异情况

		人数	均值	标准差	Levene 检验		平均值等同性T检验	
					F	P	t	Sig.（双侧）
学习结果满意度	毕业班	152	2.236	0.5607	0.241	0.624	-2.499	0.013 *
	非毕业班	181	2.391	0.5705				
再选择意愿	毕业班	152	2.500	0.9841			4.461	0.000 ***
	非毕业班	181	2.132	0.8590	9.991	0.002 **		
学习结果满意度	男	113	2.252	0.6059				
	女	220	2.3553	0.5496	0.968	0.326	-1.565	0.119
再选择意愿	男	113	2.292	0.8882	0.843	0.359	-0.094	0.925
	女	220	2.302	0.9596				

注：＊代表 p＜0.05，＊＊代表 p＜0.01，＊＊＊代表 p＜0.001。

（二）学生学习投入程度

学生的学习投入程度通过学生在学习过程中的认知投入、时间投入、情感投入三个变量表征，学习投入的核心是学生在学习中的动机、努力和策略的使用。具有较高学习投入水平的学生，在学习上会付出较大的努力。Pintrich 和 DeGroot 认为，认知投入的本质是自我调节学习的水平，在学习上更投入，他们付出更多的心理努力，显性表征出来的行为便能反映学生的学习投入程度，因而在本书中是通过自主调节学习行为来表征的，通过探索性因子分析，学生的自主调节学习分解成两个二级变量：认知与时间管理、努力管理。因此，本书中被调查的职业技术师范生的学习投入情况如表 5 - 5 所示。

表 5 - 5　学生学习投入情况

变量	课前会做好预习	均值
认知与时间管理	经常自主学习	2.47
	经常与老师进行讨论	2.78
	课后复习笔记	2.42
	会经常进行知识点总结	2.38
	时刻提醒自己合理安排时间	2.75
	按自己的节奏学习	2.77
	积极参与课外活动	2.35
	从阅读材料中甄别关键信息	2.21
努力管理	我会经常主动提问	2.60
	我会主动回答老师提问	2.47
	我经常与其他同学合作解决问题	2.12
	我遇到困难会求助他人	2.21
	课堂上我很投入地听课	2.15
时间投入	平均每周花多长时间用于自学	2.78
	平均每周写作业的时间多长	3.03
	平均每周阅读的时间多长	2.02

结果显示，在学习投入上，学生缺乏自主学习时间（M = 2.78），用于完成作业等任务的时间不长（M = 3.03），与教师的交流不够积极主动（M = 2.60），时间规划能力（M = 2.75）和自主调节学习能力（M = 2.77）还需提升。

（三）课程教学情况

课程是人才培养目标实施的基石，是指学校学生所应学习的学科总和及其进程与安排。课程是对教育的目标、教学内容、教学活动方式的规划和设计。职业技术师范学院的课程内容安排以及课程教学过程满意度感知情况可能对最终的学习结果满意度和再选择意愿造成影响，本书通过四个题项对其进行了调查。数据结果如表5－6所示。从表中数据可知，整体而言，学生对于课程开设和实施过程的均值较高（M＜2.5），处于较满意，其中，学生认为课程教学内容与社会需求的匹配度最高（M＝2.16）。表明课程开设对于学生未来的求职与发展的有用性程度较高。

表5－6　课程教学情况

题项	非常符合	符合	一般	不符合	完全不符合	均值
课程强调知识记忆	43	164	110	14	2	2.3
课程强调理论的应用	44	160	110	16	3	2.32
课程强调信息整合	43	162	103	22	3	2.34
课程强调教学内容能跟上社会需求	48	190	90	5	0	2.16

（四）教师教学支持情况

教师是人才培养目标实施的践行者，在本书中，主要考察教师在教学过程中对学生所提供的学习支持情况，结果如表5－7所示，教师能够清晰地向学生解释课程实施目标，但是在指导和反馈的及时性上，其均值稍低（M＝2.27和M＝2.24），还可再提升。

表5－7　教师教学支持情况

题项	非常符合	符合	一般	不符合	完全不符合	均值
任课老师能清晰解释课程目标	53	187	87	5	1	2.14
任课老师能给予及时的指导	43	172	104	12	2	2.27
任课老师能给予及时反馈	47	176	98	8	4	2.24

（五）组织环境

环境育人，环境影响人，学生所处的组织环境对其学习存在一定的影响。在本书中组织环境包括硬件环境、人文环境和人际环境，具体结果如表5-8所示。

表5-8　组织环境情况

题项	非常符合	符合	一般	不符合	完全不符合	均值
大学提供了学业支持	49	166	103	13	2	2.26
大学提供了很好的硬件条件	37	195	91	9	1	2.23
大学为身心健康提供了支持	51	199	74	7	2	2.13
大学提供了就业指导	39	191	100	2	1	2.20
大学提供了各类课外文化活动	55	204	64	8	2	2.09
大学创造了与他人交流的机会	50	195	85	2	1	2.13

结果表明，大多数学生认为学校关心学生的身心健康，采取了多种措施为学生创建了良好的身心发展环境（M=2.13）。课外文化活动组织上，也提供了丰富多样的课外活动（M=2.09），创造了与他人交流的机会（M=2.13），因此，在这几个题项上显示出较高的均值。相对来说，学校需要加强学业支持，这也是符合逻辑的。因为学业支持具有较强的个体特征，也具有相对较高的难度。学习需求不同，其学业支持的精准性很难及时得到满足。

二、回归分析

本书中因变量分为两个维度，学习结果的满意度和再选择意愿。为了探究各因素对职业技术师范生学习满意度的影响，本书采用多元线性回归方法来分析各自变量对学习者再选择意愿的影响。自变量与因变量都是定序变量，为了数据分析的简便性，我们使用主成分分析法，对各维度变量进行了公因子提取，并将其进行0~1标准化的数值作为变量的取值。人口学变量中的高中就读学校类型、年级、性别等分类变量虚拟化，并作为控制变量放入模型中。最后，将教师教学能力、课程教学、组织环境、自我效能感、期望、努力管理、认知与时间管理、时间投入等分为三个层次变量纳入回归方程。结果如表 5 – 9 所示。显著性 F 变化量达到显著说明各模型拟合度较好。各系数显著性如达到显著反映了自变量与因变量的显著关联，对学生的再选择意愿都具有一定的预测作用。

表 5 – 9　各变量对学习者再选择意愿的回归分析结果

变量	B	S. E.	F	显著性 F 变化量	R^2
常量	0. 140	0. 096			
非毕业班	– 0. 489 ***	0. 105	10. 133	0. 000 ***	0. 085
性别	0. 1	0. 013			
高中学校类型	0. 471 **	0. 156			
组织环境	0. 142 **	0. 051	7. 698	0. 002 **	0. 040
课程教学	– 0. 014	0. 031			
教师教学	0. 129 *	0. 051			
期望	0. 202 ***	0. 491	7. 989	0. 000 ***	0. 041
自我效能感	0. 008	0. 021			
认知与时间管理	0. 147 *	0. 053			
努力管理	0. 082	0. 021	7. 110	0. 007 **	0. 030
时间投入	0. 029	0. 023			

注：＊代表 $p < 0.05$，＊＊代表 $p < 0.01$，＊＊＊代表 $p < 0.001$。

分析结果显示，学生是否是毕业班、高中时就读的学校类型对于学习者再选择就读学校和就读专业的意愿具有显著影响。相对于毕业班，非毕业班的再选择意愿偏低（B = – 0.489）；参照高中是中等职业技术学校，来自普通高中的学生再选择意愿更强（B = 0.471）。组织环境提供的支持、教师教学、学生的个体期望、学生的认知投入对学习者的再选择意愿具有显著影响。其中，学生个体的初始期望对学生再选择意愿的影响最大。其他因素对学生的再选择意愿不存在显著影响。

同样采用多元线性回归方法来分析各自变量对学习者学习结果满意度的影响。自变量与因变量都是定序变量，为了数据分析的简便性，我们使用主成分分析法，对各维度变量进行了公因子提取，并将其进行 0 ~ 1 标准化的数值作为变量的取值。将人口学变量中的高中就读学校类型、年级、性别等分类变量进行虚拟化，并作为控制变量放入模型中。最后，将教师教学能力、课程教学、组织环境、自我效能感、期望、努力管理、认知与时间管理、时间投入等分为三个层次变量纳入回归方程。结果如表 5 - 10 所示。

表 5 - 10　各变量对学习者学习结果满意度的回归分析结果

变量	B	S. E.	F	显著性 F 变化量	R²
常量	- 0. 262	0. 078			
非毕业班	- 0. 315 ***	0. 085	3. 952	0. 009 **	0. 035
性别	0. 105	0. 091			
高中学校类型	0. 166 *	0. 126			
组织环境	0. 233 ***	0. 041	13. 388	0. 000 ***	0. 163
课程教学	0. 177 ***	0. 031			
教师教学	0. 274 ***	0. 041			
期望	0. 285 ***	0. 031	18. 232	0. 000 ***	0. 113
自我效能感	0. 186 ***	0. 021			
认知与时间管理	0. 352 ***	0. 053			
努力管理	0. 209 ***	0. 021	14. 404	0. 000 ***	0. 167
时间投入	- 0. 003	0. 023			

注：* 表示 $p < 0.05$，** 表示 $p < 0.01$，*** 表示 $p < 0.001$。

从表 5 - 10 中可见，显著性 F 变化量达到显著，说明各模型拟合度较好，对学生的学习结果满意度都具有一定的预测作用。

分析结果显示，学生是否是毕业班、高中就读学校类型对于学习者的学习结果满意度具有显著影响。相对于毕业班，非毕业班的学习结果满意度偏低（B = - 0. 315）。来自普高的学生，其学习结果满意度更高（B = 0. 166）。组织环境、课程教学、教师教学、学生的个体期望、学生的自我效能感、学生的认知投入、努力程度对学习者的学习结果满意度具有显著影响。其中，学生的个体认知与时间管理对学习结果满意度的影响最大，表明在学习过程中，学习者的自我调节学习对学习结果满意度的影响较强，其次是个体期望。由此可推断，学习者个体的内在因素对学习结果的获得发挥了更为重要的作用。

第四节　结论与讨论

区域经济发展需要高素质的人才参与。中等职业教育承担着为区域经济发展培养合适人才的重任。而高素质人才的培养需要高素质的师资队伍，职业技术师范学校为中等职业教育培养后备力量，其办学效果对于我国当前现代化的进程、精准扶贫的实施、乡村振兴的发展、教育公平的实现等都具有举足轻重的作用。因此，职教师范生人才培养现状如何，学生是否满意值得深入研究。本书从课程开设、教师教学、学生个体特征、学习投入、学校组织特征等维度进行了相关探索，期望把握未来职教师范生培养的工作重点。发现：

（1）学生满意度处于中等偏上程度，还有较大提升空间。总体而言，学生认为自己通过大学期间的学习，获得了理论知识、提升了操作技能、培养了非认知能力。特别是在自我认知、人际交往和师范生的教学技能三个具体学习结果上，学生的满意度最高。但在其他方面仍有较大的提升空间，再选择就读学校和专业的意愿中等偏上。满意度是一种主观的心理反应。是需求得到满足、预期目标实现之后的一种愉悦感。因此，学习满意度与学业成就有较大的关联，影响着学习持续性。学习满意度是建立在学生对就读机构所提供的产品或服务过程的体验上的。因此，体验对象是客观的，是就读机构在教学过程中所提供的一切资源，体验结果是主观的，是一种长期作用的主观感受。本书的调查结果也表明，毕业班的学习结果满意度高于非毕业班。学生通过四年的完整学习，对专业的了解程度、知识获得的完整性都有了比较全面的认识，感受更为积极。

（2）学生的先前学习经历影响着学生满意度。毕业班学生的再选择意愿和学习结果满意度都相对较高。高中就读于普通高中的学生，对就读学校和就读专业再选择意愿和学习结果都表现出更高的满意度。这一结论也与其他研究的结论相符。学习者的先前学习经历与学生的自我效能感和自主调节学习能力有紧密的关系，在学习过程中，自主调节学习水平代表了学生的认知策略调用与管理能力。自主调节学习能力也与学业成就存在紧密的关联。当前，中国很多省份都实现了中考分流制度。依据中考成绩排序划定分流线，成绩排名靠前的学生进入普通高中，另一部分学生进入中等职业技术学校。因此，高中就读于普通高中的学生，其认知策略的调用和管理水平可能表现更佳，学习效率更高，进而学习满意度更高。

（3）外部环境与学习者之间相互作用显著影响学生满意度。除时间投入和性别外，组织环境提供的支持、课程教学、教师教学、学生的个体期望、学生的自我效能感、学生的认知投入、努力程度对学习者的学习结果满意度都具有显著正向影响。其中，学生的个体认知投入对学习结果满意度的影响最大，其次是个体期望，教师的教学和组织人文、人际环境也表现出较显著的正向影响。认知主义学习理论认为学习是学习者与外界刺激相互作用的结果。知识是学习者主动建构的。个体学习期望越高，学习动机越强，学习主动性与参与度越高，而具备学习动机仅能解决学习情绪问题，大一新生都具有较高的学习期望，表现出较高的学习热情和活动参与热情，但是在大学期间是自由的，所提供的活动是丰富的。大学的学习、生活强调自我管理、自主学习、自我服务。在四年的大学生活中，自主调节学习能力不足的学生，可能会因缺少约束，无法合理地安排学习与娱乐、课外活动的时间，用高效的学习方法完成学习任务，进而影响学业成就，降低学习结果满意度感知。

除学习者内在因素外，学习环境也显著影响学业成就。如课程教学活动开展、教师的教学态度、教学能力、就读学校的学术氛围，学习氛围、师生关系、生生关系等都对学习者产生显著影响。人具有社会性属性，人与人之间的关系远大于物理环境对人的影响。有研究表明，教师的教学是对学习满意度贡献力最大的要素，其次是大学生的人际关系要素。学习氛围会较大程度地贡献于学习满意度的形成。

因此，虽然学生的满意度中等偏上，但职业技术师范生培养院校还有较大的提升空间：①课程设置应依据中等职业技术学校教师能力素养要求，合理增加职业技术教师教学理论知识与技能训练课程的安排。②制定教学奖励制度，激励教师进行教学学术研究与改革，注重学习者个性差异，有效地、及时地为学习者提供必要的学习支持和帮助。③围绕着教师职业特点，开展丰富多彩的课外活动，让学习者在活动中获得未来教师的教学知识和技能。④定期开展学术研讨或学术讲座活动，创建良好的学术氛围。⑤加强班级管理，在学术研讨、课外活动参与、课程学习过程中，创造师生、生生人际交流机会，提升学生的人际交往能力。通过氛围激发学生的学习动机，积极投入学习的良好氛围。⑥自主学习能力的促进与提升是学校人才培养的重点。应将学生自主调节学习能力的培养作为所有措施开展的"指挥棒"。在教学中育人、在活动中育人、在氛围中育人。

本书亦存在不足之处，主要表现在：首先，本书的抽样仅包括湖南省职业技术师范学院部分学生，在将结论推广至更广泛的职教师范生群体时需要谨慎；其次，本书采用的是横断研究设计，虽然这种研究设计能够反映一定时期内，职教师范生感知的组织环境、教师教学、课程开设、学生自我效能感和学习满意度之间的作用关系，但局限性在于横断研究只能反映变量之间的相关关系而非因果关系，并且无法真正揭示这些变量之间的动态变化和作用机制。今后仍需要采用实验和追踪研究设计来考察、揭示这些变量之间的相互作用机制。同时，本书主要采用问卷调查的方法，今后需要考虑结合质性研究方法来深化对作用机制的理解。

第六章 高校职教师范生培养路径选择

第一节 新时代政策背景下高校人才培养质量改革

一、创建高校职教师范生特色培养模式

（一）优化培养方案，突出人才培养特色

高校职教师范生是中等职业学校教师的预备者，不仅要具备一般的教学技能、技巧，还应该具备与行业、专业特点相关的较强的实践教学能力。高校培养时期的职教师范生是成为合格教师前的重要准备时期，处于夯实理论基础、提升教学水平、强化职业情感、坚定职业意志的重要阶段。中等职业学校教师这个职业具有"双师型"特征，带有师范性、学术性、技术性"三性"兼具的特色，进而为职业教育师资队伍建设奠定基础与目标，"双师"特征被作为培养者的认定标准之一，这在某种程度上体现了培养的价值标准。培养单位在评定高校职教师范生培养目标预期的检验结果时，必须把"双师型"相关专业领域作为基础性要素囊括在内，了解参与培养对象的调查状况，知晓师范生培养的现行状态，在面对学生发展载体的基础上，结合相关学者的有效学科观点及社会经济发展的具体需求，把卓越"双师型"师范生作为进一步培养目标。人才培养方案是提升层次，将培养方向简单化、目标化的重要形式，是完成教育教学活动与改进教学模式的重要依据，更是面对学习能力完成情况的监控与评价的基本性条件，对于高校职教师范生培养方向的确定具有指导作用。

但对于中国现阶段高校职教师范生培养现状，培养方案的完善必须集中在明确培养"双师"基本内核，这其中不单单是注重培育职业技术师范生的知识储备，同样也突出学术性、师范性与技术性的相互融通，达到工程实践能力的一体化。

高校职教师范生是我国职业教育培养高素质技能人才的重要师资保障，当前我国高校职教师范生培养存在"职前培养"先天不足、培养政策体系不健全、行业企业参与不足、职业院校缺乏长期培养规划、职业院校职业发展意识淡薄等问题，致使高校职教师范生培养成效甚微。职业院校教师是职业教育发展的第一资源和关键力量，所以高校职教师范生教师培养亟须构建政府、行业组织、企业、职业院校、教师之间的"五位一体"协同培养机制，以解决培养中的实际问题。《教师教育振兴行动计划（2018—2022 年）》提出，要"为中等职业学校（含技工学校）大幅增加培养具有精湛实践技能的'双师型'专业课教师"。① 国务院 2019 年初出台的《职教 20 条》中正式提出，我国"双师型"教师培养目标：至 2022 年，我国职业院校"双师型"教师为专业课教师总数一半以上。同年 9 月，在教育部等四部门印发的"职教师资 12条"中再次强调了我国职业院校"双师型"教师培养的上述目标，并要求用5～10 年时间，建成一支德技双优的"双师型"教师队伍。由此可见，"双师型"教师队伍建设现已成为新时代国家职业教育教师队伍建设的新要求。然而，根据中华人民共和国教育部 2019 年 2 月公布的统计数据，中等职业学校"双师型"教师占专任教师总数的 31.48%、高等职业学校"双师型"教师占专任教师总数的 39.70%，与我国"双师型"教师培养目标相去甚远。问题的症结在于当前我国"双师型"教师培养中存在着诸多实际问题。这不仅违背了新时代国家职业教育教师发展的新要求，也使"百万扩招"背景下招生规模扩大的目标受到影响，同时也制约了我国"双师型"教师的有效培养。因此，今后"双师型"教师队伍建设还需要进一步探索与实践。

---

① 教育部等五部门关于印发《教师教育振兴行动计划（2018—2022 年）》的通知［J］. 中华人民共和国教育部公报，2018（4）：141－145.

从总体趋势看，具有职教师范生培养资质的高校缺乏长期的培养规划，导致"双师型"教师培养成效甚微。首先，学校专业技能培训内容不足、形式单一。师范生参与培训时间短，培训内容偏重于理论学习，职业性、实践技能性的培训内容不足；培训形式单一，以专题讲座、会议为主，研讨形式培训较少。其次，一些高校不重视校企深度合作办学模式。没有校企深度合作平台，职教师范生没有参与实践锻炼的机会，师范生实践技能水平难以提高。所以高校职教师范生培养亟须形成政府部门统筹管理、行业组织、校企深度融合培养机制，进一步完善高校职教师范生培养体系。

（二）以市场为导向，衔接职位需求

职教师范生培养最根本点必须要做到与社会规律相适应，最明显的表现是实现人才培养和社会需求的无缝对接。从这个角度出发，衔接职位的需求，建立符合劳动力市场人才需求的教育目标体系，选择与之匹配的专业类课程内容，设定一些必要的教育实践训练环节，着重培养学生动手能力与示范能力，是提升培养质量的必要条件。一方面，结合社会人才需求，建立高校职教师范生人才培养目标体系，各学科要完成对区域经济发展现状和人才需求的真实合理评价，深入了解市场人才需求结构，并结合评估结果指导高校制定相应的人才培养目标；另一方面，高校还需要加强与行业、企业的交流沟通，邀请企业与相关行业协会共同参与职教师范生教育目标的制定与课程质量的评价，以促使高校培养的职教师范生更好地适应劳动力市场需求。根据以往高校职教师范生培养中出现的问题：高校课程设置应立足于教育类专业课程，最后脱离教学需求，弱化了高校职教师范生的教育实践能力。面对课程教材的不断调整，选择适合学生的教学内容，深化课程教材改革，编写教学教材，有效衔接高校和中职学校教学内容，再根据教育教学实践开展情况进行调整。此外，学校还需要根据毕业生所在的工作环境获得经验，面对教学中遇到的困难及时变通，快速调整课程内容和教学安排，最大限度地发挥课程内容效果。重点培养高校职教师范生专业知识、专业能力、教学能力与教育水平、职业意识与职业技能，通过大面积完成一体化课程网络建设，统筹训练内容，全面提升学生的实践能力，使其成为高校职教师范生专业发展的必备条件。学校在大幅度推进实施一体化课程过程中，更应该要重视拓展专业教学论课程和"劳动过程为指导方向的职业技术学科"，以市场为导向，及时调整以适应社会职位需求。

（三）更新传统认识，深化职业认同

在现行国家政策的支持下，职业教育蓬勃发展。具有培养职教师范生资质的高等学校应多宣传国家对职业教育的优惠政策，职业教育师资的未来发展空间提高职业师范教育专业的吸引力。中职师范专业受欢迎程度低于普通教育师范专业，其中很大一部分在于职业教育的吸引力低于普通教育。为了从根本上解决中职师范专业吸引力低的问题，首先要从外部环境中提高职业教育的声望，通过宣传使职教师范生进一步了解职业性质，引导有志从教中职学校的师范生树立正确的态度和观念，提升职业教育认同感，鼓励其从事职业教育的一线教学工作。

（1）借助政府作用。为了改善职教师范毕业生的工作待遇和社会地位，政府应建立完善的社会保障体系，以革新人们对职业教育的认识；提倡跟普通教育师范生同等待遇，发放一定的补贴；在学校购买设备器材时给予一定补助；在招聘中等专业学校教师时，设置有利于职教师范生的就业门槛。政府若能制定上述相关的政策，使家长、学生和教师看到职业教育教师的魅力，将会吸引更多考生报考，从根本上提高中职师范专业学生的质量。

（2）充分利用互联网优势。目前职业教育与高等教育之间的桥梁越来越完善，职业教育的发展潜力巨大，将不再是人们观念中的职业教育次于普通教育，改变人们心目中长期存在的"学而优则仕"的观念，需要充分利用互联网技术的迅猛发展的优势，通过建立微信公众号、微博、论坛、贴吧等形式对职业教育、职业教育师资进行宣传，进而提高中职师范专业的吸引力。

（3）提高中职师范专业的认可度。不仅要把高校职教师范生的培养与相关应用型本科、二级学院、高职区别开来，如汽车工程（职教师范生）专业，应用型本科、二级学院（汽车与交通学院）、高职都有此专业，还得明确职教师范生的培养特色定位，避免职教师范生操作技能逊于应用型本科、二级学院、高职学生，同时教学技能弱于学科师范学生的尴尬地位。通过组织职业教育院校管理实践等相关主题讲座，促进职教师范生与中职学校教师、管理者或专家学者的交流，多途径、全方位地获得职业情感共鸣，深化职业教育认识，并将其内化为坚持职业选择的不懈动力，进一步增强对职业本身以及职业教育的情感与理性认同，增强职教师范生的职业认同感。

（四）高校职教师范生教学模式

教学模式是高校培养职教师范生过程的主要呈现，各高校也在不断地探索改革、努力优化教学模式，提高教学效率，不断提升职教师范生的培养质量。从教学内容的选择到教学方法的呈现，最后使用教学评价方法评价教学内容、评价教学目标的达成情况。教学的每个部分都密切相关，不可忽视。

（1）合理选择教学内容，凸显职教师范生培养特色。教学内容是教师向学生呈现教学目标的最直接载体，教学内容的选择关系到如何选择教学方法，合适的教学方法能更好、更生动地展现教学内容，达到最佳的教学效果。教学效果还与教学评价方法的选择有关，选择合适的教学评价方法可以有效衡量教学内容的接受效果。

第一要注重教材。教学内容的选择主要以教材为依据，职业教育的教材大多是由无数专家经过精心挑选和不断推敲而制定的，权威性很强。但教材种类繁多，所以教师只有对教材有透彻的认识，选择好教材，才能为选择好的教学内容创造前提条件。

第二要注重教学环境。教学环境也是影响教学内容选择的重要因素，高校教师要利用学校现有的资源（如多媒体、实训室等）整合教学内容，教学内容的选择不能超出客观环境。如何合理有效地利用现有的教学环境，达到最佳的教学效果，取决于教师的教学能力和教学研究能力。职教师范生培养中"教学性"和"职业性"两大习性的习得需要有高模拟度的教学环境以供大量实践，对此，高校应积极与企业开展合作，创建高校实训基地，将教学带到真实的生产环境中，带学生去中职学校，观察真实的中职教师如何备课、上课；对于不能建立实训基地的高校，可以充分利用当今快速发展的互联网技术，通过软件进行高度仿真模拟生产和服务环境。毫无疑问，这些方法可以在一定程度上有效地表达教学内容。高校教师应根据学校的实际情况，结合教材和教学环境等选择最合适的教学内容。

第三要注重隐性知识的传授。在教学内容的选择上，无论是对职教师范生"教学性"和"职业性"习性的习得，还是成为一个具有学术科研能力的"双师型"教师，都要特别注重隐性知识的传授。尤其是"职业性"的习得，它是以典型的职业活动的工作过程为导向的，在这个以工作过程为参照标准的教学过程中，隐性知识即过程性知识，难以用语言表达，因此，合理选择隐性知识的教学内容有利于解决"如何做"（经验）和"如何做得更好"（战略）的问题。显性知识主要是陈述性知识，只能解决"是什么"（概念、事实等）和"为什么"（操作规则、原理等）。姜大源认为在职业教育中，过程重于结果，能力重于资格。因此，高校教师在选择教学内容时，不仅应参加相应的考试以获得教师资格证书、专业资格、专业技术资格和职业资格，还应具备这些资格所要求的全部能力。这些证书是其自身"职业性"和"教学性"能力的实质体现，并且这些能力所涵盖的范围远远超出了这些证书的考试内容。注意教材的选择，教学环境的利用，隐性知识教学内容的传递，在过程中习得经验、策略，明确"怎样做"及"怎样做更好"，加之显性知识（概念、规律、原理）的获得，必将有助于职高师范生成长为具有教研能力的准"双师型"教师。

（2）勇于创新教学方法，力求达到中职师资的培养目标。教学方法不仅能激发高校教师的创新能力，还能激发学生的创新能力和反思能力。有关学者调查研究发现，很多高校的教学方法比较单一，"灌输式"的教学方法占了很大比重，基本上就是教师"一说到底"，虽然很多学校大力推行教学方法改革，但收效甚微。这一现象几乎存在于所有高校，同样包括职教师范生的培养。然而职教师范生与普通教育师范生有着根本的不同，与普通教育相比，职业教育具有更广泛的实践要求和更深的技术定位。尽管国家教育部于2013年9月印发了《中等职业学校教师专业标准（试行）》，但是该标准的大部分内容借鉴普通教育教师专业标准，没有凸显职业教育教师的特色和技术内核。职教师范生的教学方法与普通教育师范生使用的教学方法相比，应突出传递"职业性""教学性"及一定的学术研究能力的功能。在教学方法创新的过程中，高校教师应组建教学团队，结合中职师范专业的特色，不断地研究创新，结合本校的实训基地、模拟实验室，利用现代不断更新的互联网技术，寻找适合中职师范专业的教学方法。鉴于中职教师专业的实践特点，技术知识占很大比重，但理论知识在技术知识中的导向作用不容忽视，中职师范专业应采取理实一体化的教学方法。特别是像机械工程专业、自动化这些对操作技术能力要求比较高的专业，理实一体化的教学方法可以兼顾技术性知识和理论性知识的传授，又可以很好地传递过程知识。例如可以采用案例教学法、情境教学法、任务驱动教学法、项目教学法等教学方法，力争对职教师范生培养有所创新。

（3）丰富教学评价方式，适应中职师资的多元发展。教学评价是按照一定的标准对教学过程和结果进行评估，并根据评估所反映的问题进行改进，最终目的是为了促进、调节和激励教学，而现在部分教师为了评价而教学。如果教学评估标准不全面，那就会造成教学顾此失彼，所以，教学评估要为教学服务者服务，而不是为指挥者服务。教学评价应具有的是衡量教学价值、作用与意义的功能，而不是教学被动地服从评价。高校职教师范生专业的教学评价应具备师范类职业教育专业的特点，适应课程与教学改革的趋势，发挥好监督检查作用。教学评价理应成为当之无愧的高校中职师范专业课程教学改革的促进者。

首先，建立多层次、多主体的教学评价体系。中职师范专业的教学评价方式多为考试、作业和学生平时的课堂表现，评价主体主要是教师，相对单一，评价方式亟待丰富。职教师范生应建立多层次、多样化的教学评价体系。教学评价的根本目的是提高教学质量，促进学生发展，因此，应以学生为中心，对教师课堂教学进行同行评价、专家评价、学生评价以及自评，多方面接受反馈信息，建立多层次、多主体的教学评价体系。

其次，应采用以能力为本位的教学评价方式。中职师范专业的教学评价体系应不同于普通教育专业，中职师范专业相对来说更具有实践性，应注重实践教学体系的构建。设计实践教学体系应注意几个原则：第一，要体现中职师范专业的特色，中职师范专业要求成长为具有一定学术能力的"双师型"教师，即放到企业可以作为工程师，放到学校可以是一名合格教师；第二，要符合科学性原则，遵循职业教育师范专业的客观规律，能够客观地从不同侧面展现教学的要求；第三，要具有导向性，教学评价的方向应是指向培养目标的，如以工作过程为导向的教学过程各个步骤完成的达标程度；第四，尽可能地具有可测性，尽可能地制作量化指标，把复杂的问题简单化；第五，可行性原则，为各个主体参与到评价中创造条件，不仅是停留在理论层面的教学评价，而是操作性极强的可行性教学评价。如在中职师范专业的教学评价中，可以制定以获取职业资格证和中职教师资格证为要求的双证书培养目标，但在评价是否具备获取双证书的能力时，不应仅着重展开获取以通过考试为主要内容的评价，评价内容应是以能力为本位的，最终目的是使职教师范生既具备成为相关专业工程师的能力，又具备成为具有一定科研能力的中职教师的能力。

综上所述，教学内容的选择、教学方法的创新、教学评价的多元化，都离不开一支专业的教师队伍，也离不开学生的积极参与，同时需要现代多种教学资源的辅助。高校需要一支专业的"双师型"教师队伍，只有"双师型"教师团队才可以更好地促进相关专业教学法的开发、教学性与职业性的融合等。目前"职业性"与"教学性"、理论性与实践性分隔严重，正是由于高校缺乏这样一支"双师型"队伍。对于高校现有的教师队伍，我们应进行职后培训，争取理论课教师可以结合实践进行理论解析，专业课教师可以运用教育规律与原理等更好地传授知识。在教学中，学生才是学习的主体，学生的能动性是决定职教师范生培养质量的关键，在培养过程中应积极采取措施提高学生的学习热情与积极性，只有作为知识接受体的学生主动地与教师交流，教师才可能更有效地改进教学模式。在当前教学中，同样也离不开现代化教学媒体的应用，只有紧跟时代前进的步伐，教育才能适应当前的社会。

（五）高校职教师范生课程体系

课程是传承教育理念、实现教育理想的载体，因此课程历来是教育的一个永恒课题。在近代课程形成过程中，课程专家围于泰勒课程研究的科学思路，热衷并致力于课程编制的方法和技术，使其日益形式化。高校职教师范生培养的课程体系似乎遵循了这一形式，课程的价值受到了冷落。

（1）更新职教师范生培养的相关课程理念。课程体系作为中等职业教育"双师型"教师职前培养实施的重要依据，必须引起研究学者及各培养主体的高度重视。课程理念作为课程体系的核心灵魂，有利于指导课程体系的构建与实施。在后现代课程观中，重新界定了课程的含义，课程"Curriculum"的词源"Currere"原意是"to ran the race course"（在跑道上跑），而现代课程观只注重了"racecourse"（跑道），忽视了其中的核心"run"（跑）。将课程看作开放的体系，着重关注人的心灵成长，认为课程不是传承特定意识形态、价值观念的工具，而应该是在传播特定意识形态、价值观念的同时，培养和激发学生的主体意识、批判意识和创新能力；后现代课程观重视过程性，强调师生对话，在后现代课程观认为的新型的师生关系中，授课教师不再是权威，只不过是更有能力的交流者，鼓励帮助学生理解课程并获得多方面成长；后现代课程观提倡多元文化，关注边缘叙事，重视课程的启迪功能，这种方式为课程引入了多种声音，帮助学生更好地培养自身的主体意识、批判能力和创新能力。同时后现代课程观也有一些不足之处，过分强调课程文化的多元性，忽视了主流价值的引导作用，容易使学生陷入各自的主观意识中；过于强调学生的主体与参与作用，导致课程缺失整体性与系统性。

第一要注重课程的开放性，关注职教师范生心灵成长。目前，中等职业教育"双师型"教师职前培养的课程基本上是沿用普通教育师资培养的模板，自身的特色与个性不够鲜明，在这方面我们应学习后现代课程观的理念中的开放性的特点，彰显中等职业教育"双师型"职前培养课程体系的包容性，容纳中等职业教育"双师型"教师培养的特色与个性，如中等职业教育"教学性"与普通教育教学的不同，"职业性"即专业实践与学科教学的差异所在，凸显"双师型"的重要性能。后现代课程观不仅对课程持一种开放的态度，而且关注学生的心灵成长，心灵成长是我们在这个时代生存的必备武器，培养职教师范生的课程同样不可以忽视这一方面。

第二要注重课程的过程性。在中等职业教育"双师型"教师培养课程体系中，我们借鉴后现代课程观要重视过程性，注重这一过程中师生之间的交流互动，只有关注组成课程每一环节，将每一环节把握完善，才有可能获得最优的结果，在课程中注重教师与学生之间的互动，有利于师生之间更好地反馈彼此的信息，改进课程使之愈加适应教师的教授和学生的学习，使课程更加优化。

第三要注重课程的多元性。后现代课程观注重多元文化的影响，同时关注边缘文化，多元文化和边缘文化的加入，可以拓展高校职教师范生除专业知识之外的视野，可以丰富职教师范生的课程体系，有利于促进职教师范生的全面发展，有利于培养职教师范生的创新意识、自主意识等。但是在吸纳后现代课程观的一些理念时，我们也应该同时注意它的一些副作用。多元价值、边缘文化的浸染有可能会使学生忽略主流价值观，容易剑走偏锋，影响学生融入中等职业教育"双师型"教师队伍乃至社会圈子，同时过于强调学生的主体参与，多元文化、边缘文化的渗透作用，会严重影响整个课程体系的整体性和系统性。对于如何避免这些问题，更好地借鉴后现代课程观的优势，需要在课程体系的规划上斟酌。

（2）明确具有"双师型"特色的课程目标。一切教育目的都必须以课程为载体才能实现，课程目标要体现教育目的、培养目标的要求。明确的课程目标不仅可以成为连接课程与教育目的、培养目标的桥梁，还可以为课程内容的有利选择、组织起到助力作用，并为课程实施和课程评价提供依据。成长为一名准中等职业教育"双师型"教师是职教师范生的培养目标，而如何修建好课程目标这一通往中职学校"双师型"教师培养目标的桥梁，需要我们对课程目标认真解析。泰勒认为目标的陈述形式应该是"既指出要使学生形成的那种行为，又要言明这种行为能在其中运用的生活领域或内容"。泰勒的课程目标理论也有一定的缺陷，对目标的制定明确具体，容易测评是否达到目标，但是有些隐性知识很难转化为行为内容，这样会使课程趋向于强调容易明确识别的目标因素。职业教育课程目标中体现的"职业性"会对中等职业教育"双师型"教师的课程目标起到一定的借鉴作用，职业教育课程目标的特征可以总结为以下几个方面：一是整体性，各类目标彼此之间是相互联系的，而不是彼此孤立的，职业教育的课程目标是针对特定的职业或职业群，职业教育中即使是普通文化课，也应体现出一定的职业性，这在一定程度上维持了整个课程体系的完整性。二是实践性，职业教育的培养目标是为了培养有较强工作能力的人才，这需要依赖较多的实践知识，只有理论知识转化为实践知识，才可以运用到工作行动中去。三是适应性，职业教育的课程目标应及时调整，不断适应社会市场上职业岗位不断变化的需求，是一个紧跟经济发展的动态过程。四是导向性，课程目标对课程的发展趋势、努力方向起着重要的引导作用，是对课程进行评价的标准，有利于激发学生的学习积极性和创造性。职业教育课程目标的一些特性对于中等职业教育"双师型"教师职教师范生课程体系中课程目标的制定也有一定的适用性，可以作为参考。

首先，关注课程目标的组成部分。从泰勒对课程目标的描述来看，为培养出合格的中等职业教育"双师型"教师，课程目标至少应包括两部分，一是中等职业教育"双师型"教师应具备能力的外在行为表现是什么？二是这些行为是如何运用在中等职业教育"双师型"教师的各个工作领域的？

其次，强调职业教育课程目标的特性。结合职业教育的特色，对中等职业教育"双师型"教师职教师范生课程体系中课程目标的制定具有重要的借鉴意义。第一，整体性是对课程体系的格局要求。课程目标要求的职教师范生所具备的"教学性"和"职业性"相辅相成，相互渗透，孤立任何一个，都会抹杀掉中等职业教育"双师型"教师的鲜明个性。第二，实践性表明课程目标的最终目的是为了让职教师范生成为一名合格的中等职业教育"双师型"教师，成功地走向工作岗位，能够胜任该工作，一步步的实践正是中等职业教育"双师型"教师的一个个工作模块，实践性是课程目标的关键特性。第三，适应性是课程目标的重要特性之一。随着中等职业教育"双师型"教师内涵的不断丰富，以及"教学性""职业性"的不断发展，课程目标也应同时呈现动态性，不断适应新的要求。第四，导向性是中等职业教育"双师型"教师课程目标最首要的特性。只有具有正确的导向性，即向"教学性"和"职业性"两个标准努力，努力成长为一名准中等职业教育"双师型"教师。

（3）推进"教学性""职业性""学术性"三合一的课程设置。课程目标的表达、课程实施的进行，各类课程的数量、比例等问题是创建课程体系的前提。目前中职学校所需要的教师除了具有"双师型"教师的"教学性"和"职业性"之外，还应具备一定的学术功底，即教学研究能力。课程的设置要力争呈现的课程内容涵括"双师型"教师的"教学性""技术性"及学术性。

在通识类课程上，应该注重"宽基础"。注重"宽基础"，有利于实现学生今后在生活和学习上的可持续发展，使其可以自主选择，实现个性化发展。"宽基础"的课程设置不仅可以促进学生自身的可持续发展，同时还可以使课程保持相对动态的稳定。课程设置的"宽基础"可以保证学生成长相关专业发展的所需基本知识，在此基础上，更新跟进经济社会发展所需要的知识，将不断及时更新的知识内容作为课程体系中的"活模块"。然而在我们秉持"宽基础"这一标准时，如何把本专业做精做强，如何权衡"宽基础"与"求精"二者之间的关系，这又是高校职教师范生培养面临的一大难题。尤其在专业技能方面，"宽基础"有可能造成职教师范生在各专业都只是一般的水平，而难以发展强势特色专业。创建"宽基础"的同时发展品牌特色，才能增强职教师范生的核心竞争力。

　　职教教师培养课程体系应该注重调整课程数量与比例。平衡职业性与师范性课程，凸显出职教教师师资队伍"职业性"与"师范性"并重的特点。在课程数量比例上，要合理分配"职业性"与"教学性"课程，同时，不可以忽略学生教学研究能力的发展。"职业性"与"教学性"是当代中职"双师型"教师必备的两大特性，是成为中职"双师型"教师的必要条件，而教学研究能力即学术性，可以促进"职业性"和"教学性"的增长。各高校也应通过调查学生的基础与需求等，不断调整课程结构，使之最符合学生的发展需要。此外，在课程设置中，我们尤其要重视整合性课程。在这方面，我们要重视"教学性"课程与"职业性"课程的整合，"职业性"与"研究性"的整合，"教学性"与"研究性"的整合。目前的各类课程是分散的，这是由教材、师资等客观条件所限制的，为了促进整合性课程的发展，我们要发展高校"双师型"教师队伍，这样不仅有利于教学类课程与专业类课程的整合，还有利于进一步深入研究促进提升本专业的职教师范生的方法策略等；除此之外，还要引进相关专业的中级、高级工程师与高校教师共同研发、制定校本课程，中、高级工程师可以保证技术的精良，高校教师可以为课程添加教学性、学术性，双方互相探讨，彼此知识互相融合，不断适应，可以推进整合性课程的发展。

　　综上所述，后现代课程观理念的引导、课程目标的明确及课程设置的优化，有利于职教师范专业课程体系的建立。后现代课程观的开放性、重过程、多元性符合职教师范生的培养特色；课程目标的整体性、适应性、实践性、导向性有利于突出职教师范专业的"教学性"与"职业性"特色；在课程设置上注重宽基础与品牌特色并举，各类型课程不断调适，力争课程体系可以达到最优化。

二、注重职教师范生综合素质能力培养

（一）以立德树人为根本，增强高校职教师范生专业技能

"立德树人"是教育的根本任务。高校应在教育管理工作中贯彻落实"教育以人为本，道德教育为先"的教育理念，将学生专业技能的提高与职业精神的培养有机地结合起来，培养出高素养、高技能、全身心发展的技能型劳动者。"立德树人"是为我国培养德、智、体、美全面发展的现代化建设者与接班人。《国务院关于大力发展职业教育的决定》提出，坚持思想政治是第一位，增进诚信培养和敬业教育，开展各种类型的教育活动，培育学生诚实守信、发愤图强和勇于追求的精神，让学生的身心得到全面发展。

《职业教育提质培优行动计划（2020—2023年）》提出进一步创新思想政治教育模式，将社会主义核心价值观融入人才培养全过程。一是推动习近平新时代中国特色社会主义思想进教材、进课堂、进头脑，推进理想信念教育常态化、制度化，加快构建中国特色职业教育的思想体系、话语体系、政策体系和实践体系。二是落实全员全过程全方位育人，教育引导青年学生增强爱党爱国意识，听党话、跟党走，引导专业课教师加强课程思政建设，将思政教育全面融入人才培养方案和专业课程。在职业学校遴选认定一批"三全育人"典型学校、名班主任工作室和德育特色案例。将党建和思想政治工作评价指标全面纳入学校事业发展规划、专业质量评价、人才项目评审、教学科研成果评估等。三是加强中职学校思想政治、语文、历史和高职学校思想政治理论课课程建设，开足开齐开好思政必修课程；加大专职思政课教师配备力度，建设一批思政课教师研修基地，开展德育骨干管理人员、思政课专任教师培训，通过遴选一批思政课教学创新团队、示范课堂和课程思政教育案例，推动职业学校思

想政治教育模式创新。

抓思想政治工作的完整性，将思政教育与职教学科进行融合，高校应聚集思政教师、专业课教师、思政工作人员之力，形成思政教育共同体，实现多学科优势叠加，举办形式多样的思想政治教育活动。根据学校实际情况，举行主题团日活动、五四青年节活动、红色主题舞台剧、红色历史知识竞赛等思政教育活动，突出思想政治教育的重要功能；构建与健全高校思想政治工作的长效机制。在开展思想政治工作时，学校首先应对学生以后的学习和发展做好顶层设计，从学生需求出发，联合多学科教师，构建教学合力，融合创新打造思政教育体系。

2019 年，国务院印发《国家职业教育改革实施方案》（国发〔2019〕4号），明确指出"职业教育与普通教育是两种不同教育类型，具有同等重要地位"。教育大计，教师为本，国家高度重视职业教育发展和职业教育教师培养。职教师范生是职业教育教师的预备者，中国教育部教师工作司副司长黄伟在 2019 年"国家职业教育改革实施方案"新闻发布会上表示，教育部支持全国重点建设职教师资培养培训基地中的本科院校成立职业技术教育（师范）学院，每年培养职业技术教育师范生 2.4 万人。职业技术教育师范生即本书所指的"职教师范生"。教学技能是教师职业生涯发展的重要生存技能，周萍（2010）认为，教师如果没有掌握熟练的教学技能，就不可能有效地促进学生主动学习，就不可能取得良好的教学效果。韩美荣（2013）认为，如果不训练教学技能，学生在就业竞争中就会缺乏竞争力，就无法体现师范专业的底蕴和特色。可见，尽管职教师范生是尚未入职的学生，但是加强其教学技能的培养与训练是非常重要的。师范院校在职教师范生教学技能培养过程中既要关注学生理论教学技能的训练，又要关注实践教学技能的提升，最终使职教师范生具有开展理实一体化课堂教学的能力。

李运萍（2012）认为，掌握一般的教学技能、技巧还有与行业、专业特点密切相关的教学技能都是中职学校教师所应具备的。高校职教师范生的教学技能可以分为两大模块，一类是师范类教学技能，另一类是专业技术类教学技能。无论是哪一模块的教学技能，都是高校职教师范生开展理论与实践教学的必要条件。学校开设教育教学类知识课程，要求学生掌握教学设计、课堂教学，教学评价技能，切实夯实职教师范生理论知识基础，奠定职教师范生有效的理论课教学。学校还通过校企合作以及校内校外教学实习等渠道积极为学生搭建教学实践平台，设立项目，建立实训基地，进一步提高学生将理论知识转化为实践的能力以及理论与实践的有机融合，委派专业的指导教师以及企业师傅引导职教师范生参与到基层实践中，在真实环境中锻炼，提高学生的专业教学能力。为从根本上提高职教师范生培养质量，制造一批适应产业变革和经济迅猛发展以及企业岗位需求的人才，高校需重视职教师范生的教学实习，建立正确的理论实践观。

教师队伍的教学技能优劣在一定程度上影响了职教师范生的培养质量，因此无论是中职教师还是学校管理者都应深刻认识到教学技能的重要性。一名真正合格的教师是通过日积月累的教学实践，总结归纳教学技能技巧转变而来，学校有责任、有义务对教师进行专业技能培训，引导教师树立正确的教学技能观，并且职教师范生教学技能掌握程度是学校考核与认可的重要指标。中职教师作为教学的主要承担者，更应该明白高质量、高效率的教学与自身的教学技能息息相关，教学技能的掌握需要长时间的训练与积累，教师从教前是教学技能学习的黄金期，完成学校规定的专业课程与教学实习是学习教学技能的重要活动，从教后在日常教学工作中检验教学技能优劣，不断改进、完善，最终形成一个全面、有效的教学技能系统。为提高职教师范生培养质量，学校应将教学技能掌握程度纳入考核体系，督促中职教师不断提升自身教学技能。

高校职教师范生应该掌握理论教学技能以及实践技术教学技能，这两种技能的培训同等重要。传统理论教学技能培训需要对职教师范生的教学设计、课堂教学及教学评价等技能进行检验，互联网技术以及产业变革的冲击，使职教师范生理论教学技能培养必须与时俱进，多媒体技术、云课堂技术、翻转课堂理论学习应进入职教师范生的课堂。并且对教师教学技能要求进行细化，教师教学语言、身体语言、讲解技术应得到进一步重视。对实践教学技能的训练，除了要强化教师对简单教学软件的操作能力，还要提高其研究与设计教学的能力。为进一步提高职教师范生培养质量，可采取丰富教学技能训练内容的措施。除以上两种技能外，还可对中职教师的教学研究技能提出要求，锻炼其进行教学研究和撰写教学论文的能力，夯实自身的文化知识基础。

及时为教师反馈教学技能信息，聚焦于教师的课堂教学情况，建立完善教学技能评价系统。以教学内容安排合理、教学语言得体准确、教学目标设置清晰、现代化教学手段灵活掌握等作为评价指标。学校教学管理人员、企业师傅、教师、学生皆可参与评价过程，以保障信息反馈的全面性、准确性。

（二）加大实践力度，提高理论运用于实际的能力

学生专业技能在实践的过程中得到巩固与提高，积累丰富的教育实践知识有助于教师专业素养的进一步提高。在整个教学能力培养的环节中，教学实习是不可或缺的重要一环，这从绝大多数高校将教学实习纳入学分系统的举措就能看出其重要性。但是，就教学实习推行的实践经验来看，存在大量问题。最突出的问题即学生实习的时间太短，除此之外，接受实践培训的专业种类较少、学生实习制度不健全、合法权益得不到保障、实习成效并无严格标准或反馈体系等问题普遍存在，造成了高校职教师范生对其职业无自信且认可程度较低。所了解到部分职教师资培训点的高校，在安排学生进行教学实习中。根据实习带队教师及实习学生的反馈，实习时间太短，学生实习工作刚渐入佳境时离开、实习学生过度饱和导致排不上课、实习工作进程与实习学校校领导态度息息相关。走出现实困境，作为举措落实最重要的主体，学校肩负重任。首先，学生应完成学校规定的理论课程学习，取得规定学分后开展教学实习工作，确保学生具有实操理论基础。其次，面对每个学期安排的各项实习工作，学校要做到教学与实习融合。如今多数高校课堂中，以个人或小组形式汇报展示是提高学生理论运用于实践能力的重要途径之一。除在规定学期进行教学实习外，学校要将学生的假期充分利用起来，增加新的教学实习形式，例如支教，鼓励学生积极主动参与支教等具有教育意义的实践活动。如：德国慕尼黑大学的职业教育师范生所在的一年级进行的教学实习，实习时间为期两年，且在实习期内，每周还要学习理论课程，做到融会贯通。但是高校学习年限通常为四年，学生在规定时间内接受理论与实践课程学习较仓促，因此延长实习时间相对来说比较困难。所以学校要深刻认识到教学实习的重要性，通过各种途

径及形式优化教学实习，例如校企合作、顶岗实习等。学校还需建立配套优质教师队伍，从根本上提高人才培养质量。这种实习形式不仅保障了学校实习生的质量，还提高了高校职教师范生的实践技能和综合素质。

学校应建立一个多元参与的实践共同体。高校指导教师、中职学校指导教师、企业实习师傅、实习学生在这样一个系统中各自发挥作用。指导教师和企业实习师傅发挥着领导和管理的作用，实习学生之间相互交流、借鉴、学习，因此实习学生既是参与者也是传递者。这样的多元参与的实践共同体有利于高校职教师范生真正成为实习主体，并且在实习过程中有所收获，扎实提高自身的专业教学能力。

第二节　职教师范生培养的外部支持保障

一、强化政策保障

（一）规范招生制度

要改革高校职教师范生培养方式，除了在培养过程上下功夫外，控制培养源头的环节是最为有效的，也就是规范和完善招生制度。只有选拔出最适合、擅长并且乐于从事职业技术教育的学生，才能从根本上提高培养质量。选拔真正优质的生源，需要从学生对专业的态度以及基础技能等方面进行考核。但现今的高校职教师范生招生制度难以适应时代发展以及学生发展的需要。因此迫切需要从选拔主体以及选拔方式两个方面进行改革。产教深度融合的趋势使得与中职学校合作的本科师范高校在进行招生选拔时不再具有话语的独占权，除高校自主招生外，还与合作的企业团队共同进行生源选拔。面试环节的权重不断加大，高校愈加重视考生在面试环节的应变能力，以此来选拔优质生源，从源头上保证职业教育培养专业的生源质量和规模。职教师范生培养院校、中职学校以及企业构成多元选拔主体。多元选拔主体不仅能够考虑到企业需求，还为高校以及中职学校的学生培养提出了要求，使高校职教师范生选拔过程更加合理优化。而选拔方式的改革主要是指实行多渠道的招生制度。目前的高校职教师范生的来源途径主要是普通高中毕业生以及中职学校的毕业生。为了实现我国职业技术人才培养层次的多样化和满足广大人民自我提升的需要，学生的来源还可以是具备一定的文化知识基础以及有相关的专业实践经历的技术工人。为了确保招生考试的公平性，招生还可以根据生源不同，生源地不同，设置不同的考核侧重点，尤其是向中西部等偏远地区倾斜。例如，普通高中毕业生在文化知识基础方面比较扎实，而从事相关实践的技术工人在此方面比较薄弱。同理，普通高中毕业生并无过多实践经验，因此考核侧重点应不同。不仅需要重视学生的实践操作技能，而且要关注专业知识和文化素养，这样选拔出来的学生才能算是优质生源。这种多渠道的生源选拔方式，有利于促进双师型师范生培养目标的实现。招生制度最重要的原则即公平。根据不同生源的特点，考试可以采取笔试和实践技能操作相结合的形式，分级分类制定相应的具体的招考方法，择优录取。为了满足学生需求以及选拔出最适合的从教人员，不设置专业限制，学生可以跨专业报考。招生地域以及招生比例不设限制，并且可适当向中西部等偏远地区以及贫困地区进行政策倾斜。除此之外，还可为学生提供多次考试的机会，使不同层级、不同类型的招考时间错开。例如，中职毕业生可以先报考本科学校，如果没能成功考取，还可以参加高职院校组织的单独招生考试，给学生提供灵活便利的升学机会。这在一定程度上能够保障职教师资规模与质量，使职业教育专业更具有吸引力，还能优化整个教育体系的结构。

（二）完善办学质量监管评价机制

教育部、国家发展和改革委员会、工业和信息化部、财政部、人力资源和社会保障部、农业农村部、国务院国资委、国家税务总局、国务院扶贫办九个国务院职业教育工作部际联席会议成员单位联合印发《职业教育提质培优行动计划（2020—2023 年）》，此文件要求完善由政府、行业、企业、学校、社会等多方参与的质量监管评价机制。职业学校应该把职业道德、职业素养、职业技能水平以及学生就业质量和创业能力作为其衡量人才培养质量的重要指标，作为完善学校评价制度的重要标准。教育及相关部门应进一步研究并制定职业学校办学质量考核的方法。省级部门应统筹开展职业学校办学质量考核。除此之外，政府还需完善以章程为核心的校内规章制度，健全职业学校内部治理结构，切实发挥职业学校质量保证主体的作用，努力构建国家、省、校三级职业教育督导及评价体系。该文件的发布不仅体现出国家对职业教育的重视，而且从政策上保障了职业学校办学质量，加快了职业教育的发展。对于高校职教师范生培养的最终落脚点在于人才的培养质量，因此，要完善培养过程中的质量监管，构建完整的高校职教师范生培养质量监管体系，这对未来的职教师资质量整体提升有着重要的导向作用。首先需确立科学合理的高校职教师范生师资认证标准，把好从业关卡。其次需成立融合多方主体的职教师资质量评估委员会，将高校指导教师、中职学校指导教师、企业指导师傅以及专家一并纳入评价主体，时刻关注高校职教师范生培养过程，进行综合的动态化评估，并及时反馈培养过程中存在的问题，为进一步提高职教师范生培养质量提供参考。最后还需设立多元参与的督导机构，对整个高校职教师范生的培养过程进行监控，多方就培养过程中存在的问题进行协调和改善；还可以引入第三方评价机制，根据专业机构的评估和反馈，针对培养过程中存在的问题及时调整培训策略，修改和完善人才培养方案。

（1）建立健全职业教育质量评价和督导评估制度。顺应时代发展，校企合作、产教融合水平必将成为职业教育质量评价体系的核心，其他重要指标还有学习者的职业道德、职业素养、职业技能水平以及就业质量和创业能力。应加大对职业技能等级证书认证的监管，定期对职业技能等级证书的有关工作进行抽查。落实职业教育质量年度报告制度，并定期向整个社会公示，做到评估透明、结果透明。鼓励多方主体共同参与高校职教师范生质量评价，并积极引入第三方机构对培养质量进行科学评估，将其作为提升人才培养质量的重要依据。建立健全职业教育督导评估机制，积极落实报告、约谈、奖惩等制度，督导机构就评估状况进行定期汇报与反馈。

（2）支持组建国家职业教育指导咨询委员会。动用多方力量，成立国家职业教育指导咨询委员会。该委员会成员应包括政府人员、职业教育专家、企业专家、职业教育研究人员以及关注职业教育发展的社会团体。为中国职业教育改革发展指明方向，就现存问题提出参考意见，完善创新职业教育发展模式。委员会成员还应参与职业教育相关的法律法规起草、制定工作，提高政府决策的民主化与科学化水平，确定科学合理的职业教育标准。

（三）健全高层次应用型人才培养制度

目前，我国高校职教师范生出现了严重短缺的现象，就此问题提出以下路径：本科毕业生可以到中职学校担任教师，而要到高职院校任教至少需要获得研究生层次的学历，所以首先可以鼓励一批应用型本科大学培养职教师范生。其次职教师范生的理论知识终究要落实到实践之中，因此高校要积极搭建学生实践技能锻炼的平台，高校可采用校企合作、产教融合的人才培养模式，还可以采取多渠道招生的措施。职业教育招生不仅面向普通高中毕业生以及中职毕业生，还可以吸纳一些具有一定的文化知识基础和相关专业实践经验的技术人员，扩大高校职教师范生招生规模。"十年树木，百年树人"，学生的培养工作并不是一蹴而就的，与普通本科生不同，职业教育对职教师范生提出了技术性培养和师范性培养的要求，因此高校职教师范生的培养需要时间保障。

适当延长高校职教师范生的培养年限是可行的路径之一，即推行本硕连读培养模式。这种模式可以先按照应用型本科的培养方式，着重提高高校职教师范生的理论素养以及技术实践的能力，给予其充裕的学习时间来保证学生对知识的掌握，有助于职教师范生打下扎实理论基础。与普通本科生的培养不同，高校职教师范生的培养对其师范性以及教育学术性提出了较高的要求。因此可以在硕士阶段，着重提高职教师范生的教育理论素养以及教育教学实践能力，开展形式多样、种类繁多并且具有教育意义的教学实践，进一步巩固职教师范生的教育教学能力。普通的四年本科培养，由于时间过于仓促，难以彰显职业教育的特色，并且使职教师范生的质量得不到保障。这种本硕连读的培养模式还可以吸引更多有兴趣从事中职教育事业的优秀生源报考，解决当前高校职教师范生短缺的问题。

《职业教育提质培优行动计划（2020—2023年）》中也明确提出，要进一步加强专业学位硕士研究生的培养，即以职业需求为导向，以实践能力培养为重点，以产学研用结合为途径的专业学位研究生培养模式。积极鼓励有条件的普通高校开办应用技术类型的课程或者专业，支持部分普通本科高校向应用型高校转变，在部分高校内进行职业教育试点。除此之外，进一步完善入学政策，为选拔高端技术技能型人才，对受国家认定大赛获奖选手实行免试入学，吸纳更多优秀生源。还提倡将与军队相关的职业教育纳入国家职业教育大体系，推动优质的职业教育资源向军事人才培养开放，鼓励和支持退役军人进入职业院校和普通本科高校接受教育。

（四）改善高校职教师范生就业环境

作为优质中职教师队伍的重要储备资源，高校职教师范生的培养与社会发展以及职业专业性和社会性都有密切联系。因此，除了从高校职教师范生培养内部进行改革外，还需要制定相关的配套政策来不断优化高校职教师范生培养的外部环境。政府在政策制定过程中具有绝对的引领性地位，通过制定相关法律法规以及丰富和优化职业教育的政策，为高校职教师范生培养提供权威保障。政府在对整个职业教育进行宏观调控的过程中，不仅要考虑市场在职业教育事业中所发挥的决定性作用，为了促进多方力量积极主动地参与到职业教育事业的建设过程中来，政府部门还需保障相关利益主体能够在职业教育事业投资中实现良性循环。中观层次的各级教育主管部门需根据国家教育方针，结合职教师范生培养过程中的现实情况，对学科建设，课程建设以及专业技术训练的教学工作提出明确要求和目标。积极主动为当地的高等院校和企业共建师资基地牵线搭桥，实现产教深度融合。对于微观层次的培养院校来说，高校职教师范生外部环境的优化最有力的途径即加快人事制度的改革，使高校职教师范生进入企业实践的通道流畅起来。在职教师范生招生过程中强调国家对职业教育的重视和政策倾斜，积极主动与知名大学尝试联合培养。目前，职教师范生在整个职教师资培养体系中的地位尴尬，这是因为政府对于高校职教师范生的培养支持力度不够，并且职教师范生培养专业在开放多样的职业技术师范教育体系中无法彰显自身特色与优势，所以在改善高校职教师范生培养外部环境方面，为增强职教师范生职业认同，提高职教师范生入职待遇，避免职教师范生入职障碍，政府应加大对职教师范生培养的财政倾斜以及政策倾斜。

（1）物质保障是高校职教师范生培养的前提，政府应重视高校职教师范生培养，加大财政投入。职教师范生培养不同于普通本科生的培养，其专业素养对技术性、师范性、学术性三个方面都提出了较高要求。技术性是指职教师范生教育教学实践能力，而技术实践能力的培养需要建设相应的教学技能实训室以及校内校外实习资源配置体系。师范性是指职教师范生所应具备的教育理论素养，这同样需要提供相应的教学实习机会。学术性是指职教师范生的专业理论基础以及开展教育教学研究的综合素养，这方面能力的培养需要设立相应的研究项目。无论是教学技能实训室的建立，还是研究项目的申请以及在正常教学期内的运转、维护都需要大量的教育经费支持。

（2）大力宣传政府对于职业教育的政策倾斜，凸显国家对于职业教育事业的重视，以吸引更多的优秀生源。尝试在高校推行免费职教师范生制度，给家庭条件相对贫困，但热爱职业教育事业且成绩优秀的学子提供求学机会，并且在整个职业教育教师领域起标杆性的作用。享受该项优惠政策的职教师范生按照规定履行相应的责任与义务，在一定程度上能缓解高校职教师范生紧缺的局面。当前我国职教师范生培养层次主要是本科学历，而近年来多数职业院校对于职教教师招聘的标准为研究生学历，这种招聘错位的关系导致大量职教师范生被职业院校拒之门外，且社会对于中职教育的认可度不高，职教师范生缺乏职业认同，进一步加剧高校职教师范生生源紧缺且质量不高的问题。因此，政府应在高校职教师范生就业时给予政策倾斜。首先，降低中职师范毕业生入职门槛，解决招聘错位的问题。其次，为改善职教师范生就业环境，增强其职业认同，可以优先解决职教师范生的编制问题，提高职教师范生的职业地位。我国职业教育社会地位长期低下且不受重视，导致职教师资质量和内部结构的严重失衡，因此，政府可提高职教师范生的工资待遇水平、完善工资制度、津贴补助制度和社会地位以增强职业吸引力和中职教师专业认同。

二、构建多元化资源支持体系

为培养职教师范生的核心素养必须要对高校职教师范生的培养过程提供质量保证。其中，激发企业参与中职师资培养积极性，将社会、学校、企业三方责任主体明确，因此能构建高校职教师范生核心素养培养框架。整合各方资源以及完善信息反馈，即对接产业发展需求相关的系统，充分做好调研，了解市场所需，想市场所想，才能够更加精准地明确中职师资培养目标的定位。营造开放、多元、共创、共享的职教师范生培养环境，需整合优化实验资源，将科研平台及市场项目建设作为突破口为高校职教师范生的实训及科研奠定有力的前提条件。与此相关，更应建设实训基地，打造创新多样、符合实际的微格教学系统，增加对教育资源开发，并利用网络集成拓展虚拟教育空间的投入，为职教师范生理论向成果转化提供切实保障，同时在可持续力上要加强对经费来源的可持续保证，加大资金投入扩展经费来源，建立强有力的财力支持。与此同时，可以以政府财政的投入为主体，同时多方面多层次吸取社会团体的赞助投资，以此构建持续透明、公平公正、开放绿色的资金保障链，为优质师资培养提供物质支持。在透明度方面一定要完善细化高校职教师范生的质量成果报告，增加资质的透明度、专业化，并促进其发展的专业化、理论化和深层次化。

在重视师范生培养过程中，一定要以政府为主体建立与办学质量规模及成本相匹配的财政投入模式及相关制度。政府要按照相关制度切实落实高校中职师范生经费补贴标准以及公用经费标准，在保障教育投入的同时，促进教育经费向中职教育流入。在政府作为财政主体投入对象的同时，也应该大力鼓励社会团体及各方面积极参与相关培养以及经费捐助，拓宽筹资渠道，从而促进经费制度更加完善、可持续。如在财政拨款上，可以根据本地实际情况适度地向中职学校倾斜，与此同时，必须组织建设产教融合机制，将产业需求作为靶向，使教育经费更多倾斜于企业社会所需的领域和行业的专业，以市场为导向，促进经费分配走向合理化以及社会化，形成良好的产教结合，促进教育同社会共同发展。在地域差异方面，教育经费可以更大规模地向中西部贫困地区倾斜，促进当地职业教育的健康、有序良性发展，保障学生的上学需求，建立动态的教育救助制度，科学、合理、富有人情地进行学生补助分配。

面对高校中职生在培养过程中存在的问题，一定要完善制度的支撑，同时加大政府财政投入，建立以市场经济为导向的资源倾斜制度，长效把控高校职教师范生培养的目标及其目标形成的过程。但同时也一定要理顺各级地方政府及相关职能部门的行政主体地位，即社会企业各类基金会等社会群体的利益倾向。以政府作为财政投入的主体对象，明确把控高校职教师范生培养目标的主体不变，保障其教育成果、教育目的既符合市场经济，也不违背国家所需。如法国明确规定，报考师范班或进入教育教师培训大学的学生可获得教育补贴。法国在1985年以法律形式确定了职业教育的经费来源并出台《职业教育财政拨款法》。但我国目前职业教育经费大多源于政府拨款及学生学费，从整体上看国家教育经费占比远低于国际惯例标准。从高校职教师范生培养过程中可以看到，在未来将有更多的财政经费倾斜，将建立健全以政府投入为主、多方式多层次的资金经费筹措保障机制，促进双师教育队伍建设的市场注资。在师资聘用方面可以由中央作为财政投入主体，地方作为补充，进行适量适度科学合理的岗位补贴。同时政府也应该加大多元资金筹措渠道，大力投入高校职教师范生培养建设，利用税收优惠及专项资金鼓励等方式促进和引导政府进行宏观调控。与此同时，在财政投入过程中也应该大力加强财政监管监督机制，专人专项资金管理，确保资金投入的高效、科学、合理。也要引入社会监督机制，通过定期向社会公布收支情况，使社会对其进行监督，保证其资金的透明度。能够建立多方协同、科学开放、高效有序的经费分配机制促进各方科学配合，提升高校职教师范生的师资水平。

三、建立配套优质教师队伍

职教师资培养的落脚点是"双师型"教师队伍的建设，但是目前在众多高校中出现了一个严重的问题，即专业的理论课教师与实践教师分化较为严重，这与双师型教师培养目标背道而驰。专业理论课教师缺乏相关专业背景及实践经验，实践型教师拥有扎实的专业技能，但其教学理论基础和教学技能比较薄弱，这使学生在以理论化为实践的过程中产生断层。高校职教师范生培养与传统的普通本科生培养不同，其对职教师范生的师范性、教学性、学术性提出了明确要求，但是目前大部分专业课程与师范课程相互割裂，对学生知识融会贯通产生一定阻碍，因此，高校可以尝试将专业型课程与师范类课程有机结合起来，锻炼学生的综合能力，培养一批具有"双师型"特质的优秀教师队伍。

针对高校专业理论课教师，因其本身具有扎实的理论素养，而在专业实践方面有所欠缺，所以应着重加强对高校理论课教师的在职培训，并且积极鼓励理论课教师增加工作经验，组织教师定期去企业观摩学习。从实践出发，了解理论型教师所任教专业的工作流程以及发展趋势，该举措是探索理论教学与实践相融的最佳方式。对于专业技能教师而言，虽具有丰富的专业实践经验，但在实践转化为理论方面还较为薄弱，究其原因是不善于用教育语言进行归纳总结，所以应组织专业技能教师培训教学类课程，学习教育学基本原理和方法。高校可定期对专业型教师进行培训或开展组织交流会，提供教师互相交流、总结教学经验的平台，充分利用校内校外资源，提高专业型教师教学技能，有助于将知识经验通过专业术语传达给学生，起到事半功倍的作用。

建立配套优质教师队伍既是条件也是结果。企业以及中职学校对职教师范生接纳以及认可程度与其培养质量息息相关，为了增加职教师范生的就业机会以及就业多样性，过硬的教学质量是不可或缺的因素之一。并且通过有机结合专业课程与理论课程，探索有效教学模式，提高高校职教师范生的质量，有助于建设一支优秀的"双师型"教师队伍。

四、深化产教融合的协同育人模式改革

（一）规范完善职教师范生实践制度

目前，高校职教师范生培养遇到许多问题，尤为突出的是职教师范生实践环节。实践时间短，实践专业单一影响着职教师范生的培养质量，因此建立完善的高校职教师范生实习制度迫在眉睫。职教师范生实践制度贯穿于师范生培养的全过程，该制度对学生的质量以及培养目标做出了明确规定。在世界格局巨变与经济迅速发展的时代，该制度必须与时俱进。在新的时代，社会对中职教师队伍的素质提出了新的要求，产业变革与经济发展对职教师范生培养规模影响巨大。因此，为了解决职教师范生与企业需求对接的问题，培养适应新时代的"双师型"教师，学校与企业应该携手合作，共同研究产业与经济发展的趋势，教育有关部门应积极调研经济发展的人才新需求和变化，建立反馈信息系统，为高校职教师范生培养指明方向。继续深化产教融合，学校与企业协同育人模式要适应外部环境的变化，通过学校与企业共同制定实践教学项目及开发技术类课程制定相关的职教师范生实践制度，为职教师范生实践搭建平台，切实将职教师范生引入到真实的实践环境中，在参与中进行技能培训，提高其专业实践能力。在互联网技术发达的今天，充分有效地利用大数据、人工智能等新型技术开展专业知识传授，使职教师范生掌握时代前沿技术。除了高校内传统的教学实习之外，调节校内外可行的一切资源为学生提供各种就业实践的机会，由专业优秀的指导教师带队，让职教师范生参与到一系列专业活动中，在锻炼中提升其实践操作水平以及专业实践能力。

（二）严格把控参与人才培养的企业质量

具有有效创新能力的职业教育人才能够促进社会行业的良性变革，催生经济增长新业态。通过实施多元化模式，学校与企业共同开发管理并完善关于职业教育培训方案及体制机制的制定，使社会需求融入职业教育之中，使职业教育更能体现社会需求，实现两方面需求，实现充分满足协调理论与实践的配比，优化职业教育的整体培养过程，促进职业教育成果的进一步转化，使其满足社会真正需求，促进职业教育的社会化有益转换。在新业态产生与旧业态没落的关键过渡时期，以及供给侧结构性改革的关键时期，如何使结构优化、需求明了、配比科学，十分考验学校对高校职教师范生的培养能力，作为职业教育推动者的后备人才，高校职教师范生承担着巨大而光荣的历史使命。因此，高校在进行职教师范生培养过程中应当与时俱进，结合当下时代背景推动优化人才方案改革，主动积极地与相关企业合作，将高校职教师范生的第二课堂设立在企业，在推动学生创新能力提升与理论实践结合力增强的同时，为企业提供更多的有生力量，从而形成高效科学、结构合理的校企育人新模式。在此模式中，我们可以进行有益的思路整理：首先，将人才培养作为第一要义，将校企结合、理论联系实际作为根本方法。招揽行业知名企业，构建校企合作长久机制，达成校企深度合作模式。其次，学校为学生提供与实践相关的理论课程，为学生深入企业这一第二课堂提供理论支撑与技术保障，企业为学生提供专业相关的岗位，实行传帮带的方式，由企业师傅带领学生进行实践，承担一定社会责任感，将技术设备人员资金及管理等要素向实习学生倾斜，为学生理论转换实践提供实际性支持，推动理论更快地向实践转换。校企双方形成深度协作、长期共赢的有效协同长效机制。在两者的深度协作之中，必须要重视政府在其中所应发挥的媒介作用，因此政府也必须积极与学校企业接头了解双方所需，搭建科学合理的人才牵引平台，培养一批优质的"产学深度融合示范院校"及"产学融合优质示范企业"，将其作为标杆，提升其他企业与院校的参与热情，从而形成社会整体的产学融合健康风貌。

（三）建立健全产教深度融合的实践平台

在大众创业、万众创新的时代背景下，中等职业教育必须以市场为主导，建立基于市场需求，整合企业学校社会多方面资源，促进职业教育实践体系的多方面构架。应当根据国家社会对创新创业这一主题的追求，着力培养中等职业教育学生的实践能力，使实践与理论相结合，促进中等职业教育走向应用化、社会化以及规范化，促进中等职业教育与市场的深度融合，积极引导学校与企业的合作，搭建实训实践平台，促进优质实践实训平台及项目的成功落地，为职教师范生提供有效的实践培训平台，在此方面可以通过学校企业在网络建设方面大力开发优质课程资源，构架以实践为目的，当代先进信息技术为手段，市场需求为导向的先进科学优质的线上教育网络平台。创造良好的创新环境，增强职教师范生创新创业的思维能力及意识，在此方面也可以构建多层次宽领域的环体，学校同企业联合开展各类创新驱动型活动及相关竞赛，提升校园整体的创新创业意识，从而进一步使职教师范生意识到创新的重要性以及可行性，提升其创新积极性，企业也可以在职教师范生相关活动中积极提供就业机会，一方面为自身储备人才，另一方面提升相关比赛的重要性及含金量，为学生的创新潜能提供未来性支持，有利于激发学生的参与度。如此才能根据社会需求以及市场走向为职教师范生发展提供有效引导，激发自身的学习动力。同时也为职教师范生培养计划的优化升级提供强有力的导向作用，为其提供经验沉淀，从而完善高校职教师范生培养制度，促进企业与学校之间的向心力发展，凝聚校企共识，共同促进中等职业教育事业的蓬勃向上发展，加速弥补社会中职业教育缺口，为社会行业、企业储备更多的优质人才，为未来社会发展提供良性、强劲和可持续的人才保障。

参考文献

［1］国务院．关于印发国家职业教育改革实施方案的通知［EB/OL］．http：//www. gov. cn/zhengce/content/2019 – 02/13/content_ 5365341. htm.

［2］郑钦华．广东省中等职业教育对经济增长贡献的实证研究［D］．广东技术师范大学，2019.

［3］王磊．职业教育与经济增长关系的实证检验——基于中国 1998 年 –2007 年数据的验证［J］．清华大学教育研究，2011，32（2）：77 – 82.

［4］李瑶．京津冀一体化视阈下中等职业教育与区域经济协同实证研究［D］．天津职业技术师范大学，2018.

［5］蔡文伯，莫亚男．助力经济高质量发展：中等职业教育增质抑或增量——基于系统 GMM 模型与门槛模型的实证检验［J］．现代教育管理，2021（1）：93 – 99.

［6］王伟．职业教育质量对经济增长影响的实证分析——基于动态面板GMM 模型［J］．教育学术月刊，2017（8）：58 – 63.

［7］姜大源，石伟平，邬宪伟，高志刚，庄西真．"中等职业教育发展问题"专家笔谈（一）［J］．中国职业技术教育，2018（25）：5 – 15.

［8］张文龙，谢颖．新中国成立 70 年中职改革发展回顾与展望——基于中职相关政策梳理的视角［J］．教育科学论坛，2019（36）：17 – 23.

［9］王垚芝．新中国成立 70 年中职人才培养目标的发展历程与特征［J］．教育科学论坛，2019（36）：24 – 30.

［10］刘文全，马君．新中国成立 70 年中等职业教育的历史使命与变迁——基于中等职业教育政策文本分析［J］．中国职业技术教育，2019

（24）：28 – 35.

[11] 张兆诚，曹晔．新中国成立 70 年来我国中等职业教育发展历程与成就 ［J］．职教通讯，2019（23）：16 – 22.

[12] 王家源．夯实千秋基业 聚力学有所教——新中国 70 年基础教育改革发展历程 ［N］．中国教育报，2019 – 09 – 26.

[13] 金一鸣．中国社会主义教育的轨迹 ［M］．上海：华东师范大学出版社，2000.

[14] 国家统计局．中国统计年鉴 ［EB/OL］．http：//www. stats. gov. cn/tjsj/ndsj/.

[15] 环球网．全国最缺工 100 个职业排行，有你中意的工作吗？［EB/OL］．https：//baijiahao. baidu. com/s? id = 1689933938525997923&wfr = spider&for = pc.

[16] 俞佳飞．高等教育普及化进程中的中等职业教育：现状、困境与对策——基于浙江省中职毕业生发展状况的调查 ［J］．职业教育（下旬），2020，19（5）：3 – 12.

[17] 刘炜杰．从单一走向多元：当前我国中等职业学校教育改革的方向与路径 ［D］．华东师范大学，2017.

[18] 徐涵．德国中等职业教育发展趋势——基于 1992—2016 年的数据分析 ［J］．中国职业技术教育，2020（30）：78 – 86.

[19] 孙翠香．美国中等职业教育的现状、特点及启示 ［J］．职业技术教育，2015，36（19）：68 – 73.

[20] Zirkle C J，Martin L，Mccaslin N L. Study of State Certification/Licensure Requirements for Secondary Career and Technical Education Teachers ［J］. National Research Center for Career & Technical Education，2007.

[21] 左芊．美国职业教育师资培养的特色、经验及其借鉴 ［J］．职教论坛，2019（8）：171 – 176.

[22] 禹文颂．我国中等职业教育财政制度研究 ［D］．中南财经政法大学，2018.

[23] 翟志华．从发达国家职业教育教师标准看我国的"双师"建设——

以德国、美国、英国和澳大利亚为例［J］．武汉工程职业技术学院学报，2020，32（4）：78－82．

［24］翟海魂．英国中等职业教育发展研究［D］．河北大学，2004．

［25］陈蕊花，刘兰明，王芳．英国现代学徒制嬗变历程、战略管理及经验启示［J］．职教论坛，2020（2）：164－170．

［26］宋东霞．加强高校教师师德师风建设的思考［J］．北京教育（德育），2020（5）：39－42．

［27］李梦翔．高校人力资源管理激励机制的构建研究［J］．中外企业家，2020（2）：122．

［28］周建松，陈正江．改革开放以来我国高等职业教育发展政策的演进［J］．教育学术月刊，2019（12）：3－8．

［29］《深化新时代职业教育"双师型"教师队伍建设改革实施方案》发布——聚焦高素质打造职教"双师型"教师［J］．职业教育（中旬刊），2019，18（10）：12．

［30］钱艾兵．人本教育思想视野下提升高校教师队伍素质的策略探析［J］．湖北省社会主义学院学报，2019（3）：67－70．

［31］陈宝生．认真学习贯彻全国教育大会精神　开启加快教育现代化、建设教育强国新征程［J］．人民教育，2018（19）：7－10．

［32］孔祥富．以"引路人"的价值标准引领新时代中职教师队伍建设［J］．职教通讯，2018（10）：1－4．

［33］徐颖．高职院校"双师型"教师队伍建设：内涵变迁与实践意义［J］．中国职业技术教育，2017（24）：81－86．

［34］王勇．中职学校师资队伍建设的探索与实践［J］．河南教育（职成教版），2017（7）：94－95．

［35］朱玉梅．农广校"双师型"教师队伍建设的思考与探讨［J］．农民科技培训，2017（4）：23－24．

［36］方娟．高职院校"双师型"教师队伍建设问题研究——以学前教育专业为例［J］．现代职业教育，2017（7）：178．

［37］刘大军，陈琼珊，杨丽花，李辉妹，朱君辉，朱兆峰，郇弘．近5年中职教师队伍建设问题研究述评［J］．中国职业技术教育，2017（7）：74－81．

［38］邵长兰．中职学校师资队伍建设存在的问题分析——基于天津、淮南、宁夏、包头、广州五地示范校的调查［J］．职业教育研究，2016（12）：38－42．

［39］赵红杰，高军．中职学校"双师型"师资队伍建设的制约因素分析［J］．职教通讯，2016（22）：66－71．

［40］李伟娟，王丹，王才，毛艳，陈迎春．稳定的校企合作是中职师资队伍建设的有效途径［J］．河南农业，2016（9）：10－12．

［41］李建英．中职学校"双师型"教师队伍建设现状与对策研究［D］．四川师范大学，2015．

［42］李传伟，董先，姜义．双师型师资队伍建设的研究与实践——基于现代学徒制培养模式下的师资队伍建设［J］．湖北工业职业技术学院学报，2015，28（1）：19－22．

［43］赵方方，张桂荣．我国中职学校师资队伍结构变化分析及建设建议［J］．职业教育研究，2014（9）：11－14．

［44］周国华，蒋国伟．论我国高校教师激励机制的问题、原则及其实现［J］．教育与职业，2013（12）：66－67．

［45］黎凤环．构建以人为本的高职院校企业兼职教师激励机制［J］．柳州职业技术学院学报，2012，12（3）：37－40．

［46］周毅刚．科学发展观指导下高职高专院校德育实施体系和运行机制的对策研究［J］．神州，2012（14）：138．

［47］宁永红，凌志杰．中等职业学校师资队伍建设的薄弱环节及应对策略［J］．职业技术教育，2012，33（13）：49－54．

［48］宁永红，张萌，孙芳芳．中等职校"双师型"师资队伍建设存在的误区及建议［J］．职教论坛，2012（10）：58－63．

［49］张伟罡．当前中等职业学校师资队伍建设的几点思考［J］．职教论

坛，2012（7）：63-65.

［50］苗长兵．校企合作：国家中职示范校师资队伍建设的捷径［J］．职教通讯，2012（7）：73-78.

［51］加快建设一支高素质专业化中职教师队伍《教育部关于"十二五"期间加强中等职业学校教师队伍建设的意见》评介［J］．职业技术教育，2011，32（36）：33.

［52］王迎新．中职学校教师考核机制存在的问题及对策［J］．学理论，2011（35）：212-213.

［53］聂伟进，吴娟．关于职业技术师范院校发展目标定位的思考［J］．河南科技学院学报，2010（6）：6-9.

［54］宋玉良．区域中等职业教育师资队伍现状分析及对策研究——山东省临沂市中职学校师资状况调查［J］．中国职业技术教育，2010（13）：46-49.

［55］韩培庆．中职教师职业倦怠成因及对策［J］．中等职业教育，2004（24）：17-19.

［56］覃丽．职业学校"双师型"教师队伍建设途径探析［J］．职业教育研究，2004（11）：37.

［57］李梦翔．高校人力资源管理激励机制的构建研究［J］．中外企业家，2020（2）：122.

［58］易玉屏．非定向型职教师资培养模式研究［D］．湖南农业大学，2006.

［59］教育部．《职业技术师范教育专业认证标准》和《特殊教育专业认证标准》的通知［EB/OL］．http：//www. moe. gov. cn/s78/A10/tongzhi/201910/t20191030_405965. html.

［60］周明星．中国职业技术师范教育论纲［J］．河北师范大学学报（教育科学版），2013，15（7）：72-76.

［61］唐玉凤．职技高师人才培养模式的构建［J］．高等农业教育，2004（4）：72-74.

［62］孟庆国．职业技术师范教育——中国高等教育的一个特殊群体

[J]．职教论坛，2013（1）：61－64.

［63］左和平．"三性统一"和"三新"融入：职业技术师范教育的解析与重构［J］．职教论坛，2020，36（6）：95－99.

［64］刘献君，吴洪富．人才培养模式改革的内涵、制约与出路［J］．中国高等教育，2009（12）：10－13.

［65］许晟．基于职业属性的职技高师人才培养模式的重构［J］．职教论坛，2010（14）：68－70.

［66］孙芳芳．我国职技高师发展问题研究［J］．教师教育研究，2016，28（6）：32－36.

［67］梁杰．中等职教师资培养模式研究［D］．河北科技师范学院，2015.

［68］黄银忠，孟庆国，张兴会，王健民，崔世钢．培养"本科＋技师"型高等技术应用人才的探索与实践［J］．天津工程师范学院学报，2006（4）：1－2.

［69］王宪成．实行"双证书"制，培养"一体化"职教师资［J］．高等工程教育研究，1998（2）：21－24.

［70］罗平．"3＋2"职教师资人才培养模式探索——以广东技术师范学院为例［J］．黑龙江教育（高教研究与评估），2014（12）：68－70.

［71］王红云，陈华竣，杨勇，杜灿谊．"2＋1＋2"职教师资人才培养课程体系的构建——以广东技术师范学院汽车服务工程本科师范专业为例［J］．广东技术师范学院学报，2017，38（2）：43－46.

［72］胡业华．职技高师院校人才培养类型特征及要求探析——以江西科技师范大学为例［J］．职教论坛，2017（28）：59－62.

［73］方健，甄国红，邵芳．"双融入式"产学研用协同育人人才培养模式探索与实践——以吉林工程技术师范学院汽车服务工程专业为例［J］．职业技术教育，2018，39（2）：35－38.

［74］许建平，方健．"校企校互融、教工学结合"职教师资培养模式探索——以吉林工程技术师范学院自动化专业为例［J］．职业技术教育，2013，

34（5）：67－70.

［75］谢芳．职教师资人才培养的困境与思考——以江苏理工学院为例［J］．人力资源管理，2014（6）：186－187.

［76］葛宏伟，王志华．卓越职教师资"六·三"培养体系构建与实施——以江苏理工学院为例［J］．职业技术教育，2021，42（2）：48－52.

［77］黄庆南，梁程华，柯宝中，吴其琦．校—企—校协同培养推进电子信息类职师本科专业教育的探索——以广西科技大学为例［J］．教育教学论坛，2020（4）：45－48.

［78］芒刺．同济大学中国职教师资培养的典范［J］．教育与职业，2008（22）：78＋82－83.

［79］郑敏贤．中等职业学校农科类专业师资培养现状研究［D］．河北科技师范学院，2015.

［80］刘红侠，石民友．打造职教师资教育品牌 培养双师型职教师资——以西北农林科技大学职教师资培养基地为例［J］．新西部（理论版），2012（4）：22－23.

［81］曹晥俊，李仲阳，唐智彬．职教师资"高职—本科—专硕"一体化培养模式初探［J］．中国高教研究，2016（8）：106－110.

［82］杨晓东，张新华，甄国红．职业技术师范大学"应用性、师范性、学术性"内涵及其关系研究——以吉林工程技术师范学院为例［J］．职业技术教育，2017，38（31）：48－51.

［83］胡重庆．职技高师院校职教师范生培养的困境及化解策略研究［J］．中国职业技术教育，2020（3）：61－67.

［84］教育部．关于印发《职业教育专业目录（2021年）》的通知［EB/OL］．http：//www. moe. gov. cn/srcsite/A07/moe_ 953/202103/t20210319_ 521135. html. 2021. 07. 07

［85］刘俏楚．"双师型"师范生培养现状、问题及优化路径研究［D］．湖北工业大学，2019.

［86］梁贵青．独立设置职技高师院校职教师资培养的现状与对策研究

［D］．河北科技师范学院，2011．

［87］杨柳．德国"双元制"职教师资培养模式对我国的启示［D］．江西师范大学，2008．

［88］梁杰．中等职教师资培养模式研究［D］．河北科技师范学院，2015．

［89］陈祝林，徐朔，王建初．职教师资培养的国际比较［M］．上海：同济大学出版社，2004．

［90］王昊．德、美、澳职教师资职前培养模式比较研究［J］．中国职业技术教育，2012（12）：80－83．

［91］宋洪霞．英国职教教师教育与培训体系的特点及启示［J］．职教通讯，2006（11）：33－35．

［92］马彦，周明星．日本、乌克兰"双师型"教师培养模式及借鉴［J］．职业技术教育，2004，25（34）：68－69．

［93］宫照军．日本职教师资教育课程设置指向性研究与启示［J］．教师教育研究，2011，23（1）：68＋77－80．

［94］梁杰．中等职教师资培养模式研究［D］．河北科技师范学院，2015．

［95］颜炳乾．独立设置职技高师院校人才培养模式研究［D］．东北师范大学，2007．

［96］史鹏霜．职教师资培养的国际比较及其启示［J］．继续教育研究，2014（2）：48－50．

［97］汤霓．英、美、德三国职业教育师资培养的比较研究［D］．华东师范大学，2016．

［98］易玉屏．非定向型职教师资培养模式研究［D］．湖南农业大学，2006．

［99］教育部教师工作司关于印发《职业技术师范教育专业认证标准》和《特殊教育专业认证标准》的通知［EB/OL］．教师司函［2019］50号，ht-tp：//www. moe. gov. cn/s78/A10/tongzhi/201910/t20191030_ 405965. html.

［100］周明星．中国职业技术师范教育论纲［J］．河北师范大学学报（教育科学版），2013，15（7）：72－76．

［101］唐玉凤．职技高师人才培养模式的构建［J］．高等农业教育，2004（4）：72－74．

［102］孟庆国．职业技术师范教育——中国高等教育的一个特殊群体［J］．职教论坛，2013（1）：61－64．

［103］左和平．"三性统一"和"三新"融入：职业技术师范教育的解析与重构［J］．职教论坛，2020，36（6）：95－99．

［104］孙芳芳．我国职技高师发展问题研究［J］．教师教育研究，2016，28（6）：32－36．

［105］胡重庆．职技高师院校职教师范生培养的困境及化解策略研究［J］．中国职业技术教育，2020（3）：61－67．

［106］刘献君，吴洪富．人才培养模式改革的内涵、制约与出路［J］．中国高等教育，2009（12）：10－13．

［107］许晟．基于职业属性的职技高师人才培养模式的重构［J］．职教论坛，2010（14）：68－70．

［108］梁杰．中等职教师资培养模式研究［D］．河北科技师范学院，2015．

［109］黄银忠，孟庆国，张兴会，王健民，崔世钢．培养"本科＋技师"型高等技术应用人才的探索与实践［J］．天津工程师范学院学报，2006（4）：1－2．

［110］罗平．"3＋2"职教师资人才培养模式探索——以广东技术师范学院为例［J］．黑龙江教育（高教研究与评估），2014（12）：68－70．

［111］王红云，陈华竣，杨勇，杜灿谊．"2＋1＋2"职教师资人才培养课程体系的构建——以广东技术师范学院汽车服务工程本科师范专业为例［J］．广东技术师范学院学报，2017，38（2）：43－46．

［112］胡业华．职技高师院校人才培养类型特征及要求探析——以江西科技师范大学为例［J］．职教论坛，2017（28）：59－62．

［113］方健，甄国红，邵芳．"双融入式"产学研用协同育人人才培养模式探索与实践——以吉林工程技术师范学院汽车服务工程专业为例［J］．职业技术教育，2018，39（2）：35-38．

［114］林崇德．21世纪学生发展核心素养研究（修订版）［M］．北京：北京师范大学出版集团，2021．

［115］褚宏启．核心素养的概念与本质［J］．华东师范大学学报（教育科学版），2016，34（1）：1-3．

［116］张娜．DeSeCo项目关于核心素养的研究及启示［J］．教育科学研究，2013（10）：39-45．

［117］成尚荣．基础性：学生核心素养之"核心"［J］．人民教育，2015（7）：24-25．

［118］滕珺，朱晓玲．学生应该学什么？——联合国教科文组织最新基础教育学习指标体系述评［J］．比较教育研究，2013，35（7）：103-109．

［119］刘义民．国外核心素养研究及启示［J］．天津师范大学学报（基础教育版），2016，17（2）：71-76．

［120］师曼，刘晟，刘霞，周平艳，陈有义，刘坚，魏锐．21世纪核心素养的框架及要素研究［J］．华东师范大学学报（教育科学版），2016，34（3）：29-37+115．

［121］胡乐乐．国外核心素养体系构建探究［J］．新疆师范大学学报（哲学社会科学版），2017，38（6）：128-140．

［122］姜英敏．韩国"核心素养"体系的价值选择［J］．比较教育研究，2016，38（12）：61-65+72．

［123］荀振芳，郑世鹏，袁春宇．大学生核心素养标准框架建构及现状研究——基于大学本科学生核心素养调查的实证分析［J］．大学（研究版），2020（2）：56-70．

［124］共青团中央，教育部．印发关于在高校实施共青团"第二课堂成绩单"制度的意见［EB/OL］．http：//tuanwei.hfut.edu.cn/2018/0705/c842a167290/page.htm.2021.07.07．

［125］谢鑫. 基于学生职业核心素养专本硕贯通培养的第二课堂建设
［J］. 河北职业教育, 2019, 3 (3)：96－102.

［126］王艳. "第二课堂"多维培育核心素养［J］. 思想政治课教学,
2020 (9)：30－33.

［127］中共湖南农业大学委员会. 关于印发《湖南农业大学"六求"素
质拓展活动教育实施办法》的通知［EB/OL］. http：//cy. hunau. edu. cn/cx-
cyzc/xxzc/201805/t20180510_ 228201. html. 2021. 07. 07.

［128］刘建军. 高校实施共青团"第二课堂成绩单"制度的原则与路径
［J］. 高校辅导员, 2019 (4)：54－56.

［129］教育部等七部门. 印发《关于加强和改进新时代师德师风建设的意
见》的通知［EB/OL］. http：//www. moe. gov. cn/srcsite/A10/s7002/201912/t2
0191213_ 411946. html. 2021. 07. 07.

［130］左崇良. 师范生核心素养框架建构的探析［J］. 湖南第一师范学
院学报, 2020, 20 (2)：78－84.

［131］中共教育部党组. 关于印发《高校思想政治工作质量提升工程实施
纲要》的通知［EB/OL］. http：//www. moe. gov. cn/srcsite/A12/s7060/201712/
t20171206_ 320698. html. 2021. 07. 07.

［132］冯刚, 张芳. 新时代高校文化育人的理论与实践探析［J］. 湖北
社会科学, 2019 (5)：176－183.

［133］周曦, 刘萍. 新时代高校"文化育人"的理论深化和实践创新
［J］. 青年与社会, 2020 (27)：187－188.

［134］林中月. 大学生核心素养体系构建研究［D］. 江苏大学, 2017.

［135］焦敬超. "新工科"本科生核心素养研究［D］. 中国矿业大学,
2019.

［136］汤修元. 核心素养视域下的大学生思想政治素养研究［J］. 教育
理论与实践, 2017, 37 (30)：29－31.

［137］张思婧. 河北省大学新生核心素养状况研究［D］. 河北师范大
学, 2018.

［138］陈琼琼. 新工科视阈下职教师范生核心素养的培养路径研究［D］.
湖北工业大学，2020.

［139］林崇德. 构建中国化的学生发展核心素养［J］. 北京师范大学学
报（社会科学版），2017（1）：66－73.

［140］黄四林，张叶，莫雷，张文新，李红，林崇德. 核心素养框架下
创新素养的关键指标［J］. 北京师范大学学报（社会科学版），2021（2）：
27－36.

［141］熊昱可，许祎玮，王泉泉，任萍，刘霞，林崇德. 核心素养研究
的基本思路与方法路径［J］. 北京师范大学学报（社会科学版），2018（1）：
41－48.

［142］刘霞，胡清芬，刘艳，方晓义，陈英和，莫雷，张文新，赵国祥，
李红，辛涛，林崇德. 我国学生发展核心素养的实证调查［J］. 中国教育学
刊，2016（6）：15－22.

［143］文静. 大学生学习满意度：高等教育质量评判的原点［J］. 教育
研究，2015，36（1）：75－80.

［144］Cardozo R N. An Experimental Study of Customer Effort, Expectation,
and Satisfaction［J］. Journal of Marketing Research, 1965, 2（3）：244－249.

［145］Elliott K M, Healy M A. Key Factors Influencing Student Satisfaction
Related to Recruitment and Retention［J］. Journal of Marketing for Higher Educa-
tion, 2001, 10（4）：1－11.

［146］Wiers－Jenssen J, Stensaker B, Grøgaard J B. Student Satisfaction：
Towards an Empirical Deconstruction of the Concept［J］. Quality in Higher Educa-
tion, 2002, 8（2）：183－195.

［147］Kasalak G, Dagyar M. University Student Satisfaction, Resource Manage-
ment and Metacognitive Learning Strategies［J］. Teachers and Curriculum, 2020,
20（1）：73－85.

［148］Starr A M. College Student Satisfaction Questionnaire（CSSQ）Manual
［J］. Attitude Measures, 1971：24.

〔149〕Corts D P, Lounsbury J W, Saudargas R A, et al. Assessing Undergraduate Satisfaction with an Academic Department: A Method and Case Study〔J〕. College Student Journal, 2000, 34（3）: 399.

〔150〕Eom S B, Ashill N. The Determinants of Students' Perceived Learning Outcomes and Satisfaction in University Online Education: An Update〔J〕. Decision Sciences Journal of Innovative Education, 2016, 14（2）: 185 – 215.

〔151〕Gaziel H H. Impact of School Culture on Effectiveness of Secondary Schools with Disadvantaged Students〔J〕. The Journal of Educational Research, 1997, 90（5）: 310 – 318.

〔152〕Chuah C W, Sri Ramalu S. Students Satisfaction Towards the University: Does Service Quality Matters?〔J〕. International Journal of Education, 2011, 3（2）: 1 – 15.

〔153〕Ataman O, Adigüzel A. Yükseköğetīmde kalite algisi: Düzce üniversitesi örneği〔J〕. Electronic Journal of Education Sciences, 2019, 8（15）: 39 – 56.

〔154〕李汪洋. 教育期望、学习投入与学业成就〔J〕. 中国青年研究, 2017（1）: 23 – 31.

〔155〕Astin A W. Student Involvement: A Developmental Theory for Higher Education〔J〕. Journal of College Student Personnel, 1984, 25（4）: 297 – 308.

〔156〕Teven J J, McCroskey J C. The Relationship of Perceived Teacher Caring with Student Learning and Teacher Evaluation〔J〕. Communication Education, 1997, 46（1）: 1 – 9.

〔157〕Lee Y J. A Study on the Effect of Teaching Innovation on Learning Effectiveness with Learning Satisfaction as a Mediator〔J〕. World Transactions on Engineering and Technology Education, 2011, 9（2）: 92 – 101.

〔158〕Bandura A. Self – efficacy: The Exercise of control〔M〕. W. H. Freeman, 1999.

〔159〕教育部等五部门关于印发《教师教育振兴行动计划（2018—2022年)》的通知〔J〕. 中华人民共和国教育部公报, 2018（4）: 141 – 145.

［160］国务院关于大力发展职业教育的决定［J］. 中华人民共和国教育部公报，2006（Z1）：7－11.

［161］职业教育提质培优行动计划（2020－2023 年）［J］. 教育科学论坛，2020（33）：3－11.

［162］容华. 职教师范生实践性知识的培养路径［J］. 教育观察，2019，8（13）：78－80.

［163］郭建如，邓峰. 院校培养、企业顶岗与高职生就业能力增强［J］. 高等教育研究，2014，35（4）：43－51.

［164］王大鸢. 略论高职教育的专业教育与素质教育［J］. 交通高教研究，2001（3）：99－101.

［165］孙芳芳. 我国职技高师师资培养问题研究［J］. 职业技术教育，2015，36（28）：42－45.

［166］郑晶，阮丽芬. 职技高师师范生教育实习时间调查与问题研究［J］. 当代职业教育，2016（10）：106－109.

［167］茶文琼，徐国庆. 职业教育教师教学能力的构建——基于实践性知识的视角［J］. 职教论坛，2016（21）：23－27.

［168］孙翠香. 职教师资培养：一个亟待关注的问题［J］. 职教论坛，2013（25）：63－70.

［169］徐英俊. 准中职师资职教理论素养及教育教学能力形成与发展的策略［J］. 职教论坛，2012（3）：36－38.

［170］周文清. 现代职教"四位一体"立交桥式人才培养路径探索［J］. 机械职业教育，2019（1）：24－27.

［171］胡重庆. 职技高师院校职教师范生培养的困境及化解策略研究［J］. 中国职业技术教育，2020（3）：61－67.

［172］曹晔. 职业技术师范教育"三性"办学特色辨析［J］. 职业技术教育，2012，33（25）：9－13.

［173］梁杰. 中等职教师资培养模式研究［D］. 河北科技师范学院，2015.

［174］陈祝林. 增强职教吸引力关键在于改善外部环境［J］. 教育与职业，2010（4）：21.

［175］杨文登，叶浩生. 缩短教育理论与实践的距离：基于循证教育学的视野［J］. 教育研究与实验，2010（3）：11 - 17.

［176］Grubb W N. Postsecondary Vocational Education and the Sub - baccalaureate Labor Market：New Evidence on Economic Returns［J］. Economics of Education Review，1992，11（3）：225 - 248.

［177］Meer J. Evidence on the Returns to Secondary Vocational Education［J］. Economics of Education Review，2007，26（5）：559 - 573.

［178］Onsomu E N，Ngware M W，Manda D K. The Impact of Skills Development on Competitiveness：Empirical Evidence from a Cross - country Analysis［J］. Education Policy Analysis Archives，2010（18）：7.

［179］Slaats A，Lodewijks H G L C，van der Sanden J M M. Learning Styles in Secondary Vocational Education：Disciplinary Differences［J］. Learning and Instruction，1999，9（5）：475 - 492.

［180］Xue - mei Z H U. Review of Relevant Research on linkage of Chinese Secondary & Higher Vocational Education［J］. Higher Vocational Education （Journal of Tianjin Vocational Institute），2010（6）.

［181］Dudyrev F，Rozhkova K，Romanova O，et al. Training and Employment of Students of Secondary Vocational Education Programs with Health Limitations and Disabilities［J］. Monitoring of Education Markets and Organizations（MEMO），2020（34）：1 - 8.

［182］Pashkus N A. Breakthrough Positioning of Secondary Vocational Education Institutions in the Era of Globalization［J］. Annals of Marketing - mba，2019（2）.

［183］Ji C，Zhao Z. An Empirical Study on the Economic Literacy of Vocational Education Students：Based on the Survey of Six Secondary Vocational Schools in Three Provinces［J］. Vocational Education Development and Research，2019

（2）：36 –41.

[184] Sun D G. The Exploration of Anhui Secondary Vocational Education in Trans – regioanl Efforts to Alleviate Poverty in West China [J]. Journal of Anhui Vocational College of Metallurgy and Technology, 2019 (4): 66 –69.

[185] Taylor A. The Future of Vocational Education in Canadian Secondary schools [J]. The Wiley Handbook of Vocational Education and Training, 2019: 251 –273.

[186] Salvà F, Pinya C, Álvarez N, et al. Dropout Prevention in Secondary VET from Different Learning Spaces: A Social Discussion Experience [J]. International Journal for Research in Vocational Education and Training, 2019, 6 (2): 153 – 173.

[187] Liu X R. The Construction of Quality Evaluation System of Secondary Vocational Education Based on Equity Theory [J]. Journal of Jiangxi Vocational and Technical College of Electricity, 2019, 32 (6): 46 –47.

[188] Hui Liu A. University an Empirical Study of the Effect of Secondary Vocational Education on Regional Economic Growth—Based on the Pannel Data of Five Economic Zones in Xinjiang [J]. Vocational Education Research, 2019 (4): 27 –32.

[189] Soloveva S, Miniakhmetova O, Kivileva A, et al. Integrative Processes of Different Levels in Secondary Vocational Education [J]. Universal Journal of Educational Research, 2020, 8 (1): 134 –142.

[190] Bochkareva T N, Akhmetshin E M, Zekiy A O, et al. The Analysis of Using Active Learning Technology in Institutions of Secondary Vocational Education [J]. International Journal of Instruction, 2020, 13 (3): 371 –386.

[191] Mulder M, Weigel T M, Collins K M. The Concept of Competence in the Development of Vocational Education and Training in Selected EU Member States: A Critical Analysis [J]. Journal of Vocational Education and Training, 2007, 59 (1).

［192］Sun M L. An Analysis on the Problems of Institutional Environment for Vocational Education Equality in China ［J］. Communication of Vocational Education, 2011（13）: 1 - 4.

［193］Qingbin J, Guoqing X. Project - based Curriculum Research of Vocational Education Based on Task ［J］. Vocational and Technical Education, 2005 （22）.

［194］Hanushek E, Schwerdt G, Woessmann L, et al. General Education, Vocational Education, and Labor - market Outcomes over the Life - cycle ［J］. Journal of Human Resources, 2015, 52（1）.

［195］Hanushek E A, Schwerdt G, Woessmann L, et al. General Education, Vocational Education, and Labor - market Outcomes over the Lifecycle ［J］. Journal of Human Resources, 2017, 52（1）: 48 - 87.

［196］Cedefop. Labour Market Outcomes of Vocational Education in Europe: Evidence from the European Union Labour Force Survey ［J］. Cedefop Research Paper, 2013（32）.

［197］Boreham N C. Handbook of Technical and Vocational Education and Training Research ［M］. Dordrecht: Springer, 2008.

［198］刘子忱. 校企合作下的中等职业教育专业课程设置研究 ［D］. 湖南师范大学, 2012.

［199］周如俊. "工业4.0" 视域下中等职业教育课程设置转型审视——以机电专业为例 ［J］. 江苏教育, 2016（4）: 48 - 51.

［200］王洪德, 王洪义. 农村中等职业教育课程设置的不足及其应对措施 ［J］. 中国校外教育, 2011（1）: 50 + 116.

［201］林晓红. 中等职业教育课程体系的构建探讨 ［J］. 湖北成人教育学院学报, 2008（4）: 10 - 11.

［202］张国方, 仲爱萍. 构建以强化职业能力为目标的中等职教课程新模式——宁波市职业教育中心学校的实践 ［J］. 职业技术教育, 2006, 27（19）: 52 - 55.

［203］姜火文，万佩真，袁佩奇．符合职教需求的计算机师范专业人才培养模式研究［J］．职教论坛，2015（20）：66 - 70.

［204］胡重庆．职技高师院校职教师范生培养的困境及化解策略研究［J］．中国职业技术教育，2020（3）：61 - 67.

［205］杨南粤，张进．以核心能力为导向的职教师资人才培养研究［J］．广东技术师范学院学报，2011，32（1）：79 - 81.

［206］杜平，苏喜庆．融媒体视域下职教师范生媒介素养教育研究［J］．职业教育研究，2020（11）：86 - 91.

［207］任雪浩．职业技术师范院校创新职教师资培养机制的探索与实践——以天津职业技术师范大学为例［J］．广东技术师范学院学报，2012，33（2）：123 - 125 + 141.

［208］陈琼琼．新工科视阈下职教师范生核心素养的培养路径研究［D］．湖北工业大学，2020.

［209］惠转转，孟庆国．中职教师培养质量追踪调研与对策建议——基于职业技术师范院校与普通高校比较的视角［J］．职教论坛，2015（28）：26 - 30.

［210］宋乃庆．高等院校师范专业人才培养模式探究［J］．重庆职业技术学院学报，2004（2）：1 - 3.

［211］刘洁辉．教师教育专业人才培养模式存在的问题及对策——以周口师范学院为例［J］．教育探索，2015（2）：120 - 122.

［212］贾璇，徐大真．"免费职教师范生"教育满意度及其与职业认同的相关研究［J］．高等职业教育探索，2016，15（5）：7 - 12.

［213］丁钢．中国高等师范院校师范生培养状况调查与政策分析报告［M］．上海：华东师范大学出版社，2014.

［214］陈丽君．职业与学业态度对职教师范生隐性知识管理的影响［J］．广东技术师范学院学报，2016，37（7）：78 - 85 + 140.

［215］姚崇，赵可欣，周晨琛，崔萌筱，王党，游旭群．公费教育政策满意度对师范生教师职业认同的影响——社会认知因素的影响［J］．心理与

行为研究，2020，18（2）：241-247.

[216] 陈富，孙雁娥．师范生学习满意度的影响因素及其改进策略——来自实证研究的启示［J］．教师教育学报，2020，7（2）：26-35.

[217] 薛梅青，董仁忠．中职教师培养培训政策：反思与展望［J］．职业技术教育，2010，31（25）：25-29.

[218] 周齐佩，尚晓萍．中职教师企业实践培训模式设计、实现与成效——基于上海市的实践［J］．职教论坛，2017（27）：84-88.

[219] 孔德军．国外职业教师培训对我国职业院校"双师型"师资队伍建设的启示［J］．教育教学论坛，2014（25）：30-32.

[220] 李志红，蒙俊健．对中职教师继续教育培训模式的探讨［J］．职业，2013（8）：89.

附录1 《中学教师教育课程标准（试行）》的课程目标与课程设置

（一）课程目标

目标领域	目标	基本要求
1 教育信念与责任	1.1 具有正确的学生观和相应的行为	1.1.1 理解中学阶段在人生发展中的独特地位和价值，认识积极主动的中学生活对中学生发展的意义 1.1.2 尊重学生的学习和发展的权利，保护学生的学习自主性、独立性与选择性 1.1.3 尊重学生的个体差异，相信学生具有发展的潜力，乐于为学生创造发展的条件和机会
	1.2 具有正确的教师观和相应的行为	1.2.1 理解教师是学生学习的促进者，相信教师工作的意义在于创造条件帮助学生自主发展 1.2.2 了解中学教师的职业特点和专业要求，自觉提高自身的科学与人文素养，形成终身学习的意愿 1.2.3 了解教师的权利与责任，遵守教师职业道德
	1.3 具有正确的教育观和相应的行为	1.3.1 理解教育对学生成长、教师自身发展和社会进步的重要意义，相信教育充满了创造的乐趣，愿意从事中学教育事业 1.3.2 了解人类教育的历史、现状和发展趋势，认同素质教育理念，理解并参与教育改革 1.3.3 形成正确的教育质量观，对与学校教育相关的现象进行专业思考与判断

目标领域	目标	基本要求
2 教育知识与能力	2.1 具有理解学生的知识与技能	2.1.1 了解儿童发展的主要理论和最新研究成果 2.1.2 了解儿童身心发展的一般规律和影响因素，熟悉中学生年龄特征和个体发展的差异性 2.1.3 了解中学生的认知发展、学习方式的特点及影响因素，熟悉中学生建构知识和获得技能的过程 2.1.4 了解中学生品德和行为习惯形成的过程，了解中学生交往的特点，理解同伴交往对中学生发展的影响 2.1.5 掌握观察、谈话、倾听、作品分析等方法，理解中学生学习和发展的需要 2.1.6 了解我国教育的政策法规，熟悉关于儿童权利的内容以及维护儿童合法权益的途径
	2.2 具有教育学生的知识和能力	2.2.1 了解中学教育的培养目标，熟悉任教学科的课程标准，学会依据课程标准制定教学目标或活动目标 2.2.2 熟悉任教学科的教学内容和方法，学会联系并运用中学生生活经验和相关课程资源，设计教育活动，创设促进中学生学习的课堂环境 2.2.3 了解课堂评价的理论与技术，学会通过评价改进教学与促进学生学习 2.2.4 了解活动课程开发的知识，学会开发校本课程，设计与指导课外、校外活动 2.2.5 了解班级管理的基本方法，学会引导中学生进行自我管理和形成集体观念 2.2.6 了解中学生心理健康教育的基本知识，学会处理中学生特别是青春期常见的心理和行为问题 2.2.7 掌握教师所必需的语言技能、沟通与合作技能、运用现代教育技术的技能
	2.3 具有发展自我的知识与能力	2.3.1 了解教师专业素养的核心内容，明确自身专业发展的重点 2.3.2 了解教师专业发展的阶段与途径，熟悉教师专业发展规划的一般方法，学会理解和分享优秀教师的成长经验 2.3.3 了解教师专业发展的影响因素，学会利用以课程学习为主的各种机会积累发展的经验

续表

目标领域	目标	基本要求
3 教育实践与体验	3.1 具有观摩教育实践的经历与体验	3.1.1 观摩中学课堂教学，了解中学课堂教学的规范与过程，感受不同的教学风格 3.1.2 深入班级或其他学生组织，了解中学班级管理的内容和要求，获得与学生直接交往的体验 3.1.3 深入中学，了解中学的组织结构与运作机制
	3.2 具有参与教育实践的经历与体验	3.2.1 在有指导的情况下，根据学生的特点，设计与实施教学方案，获得对学科教学的真实感受和初步经验 3.2.2 在有指导的情况下，参与指导学习、管理班级和组织活动，获得与家庭、社区联系的经历 3.2.3 参与各种教研活动，获得与其他教师直接对话或交流的机会
	3.3 具有研究教育实践的经历与体验	3.3.1 在日常学习和实践过程中积累所学所思所想，形成问题意识和一定的解决问题的能力 3.3.2 了解研究教育实践的一般方法，经历和体验制订计划、开展活动、完成报告、分享结果的过程 3.3.3 参与各种类型的科研活动，获得科学地研究学生的经历与体验

（二）课程设置

学习领域	建议模块	学分要求	
		三年制专科	四年制本科
1. 儿童发展与学习	儿童发展；中学生认知与学习等	最低必修学分（8学分）	最低必修学分（10学分）
2. 中学教育基础	教育哲学；课程设计与评价；有效教学；学校教育发展；班级管理等		
3. 中学学科教育与活动指导	中学学科课程标准与教材研究；中学学科教学设计；中学综合实践活动等		
4. 心理健康与道德教育	中学生心理辅导；中学生品德发展与道德教育等		
5. 职业道德与专业发展	教师职业道德；教师专业发展；教育研究方法；教师语言；现代教育技术应用等		

续表

学习领域	建议模块	学分要求	
		三年制专科	四年制本科
6. 教育实践	教育见习；教育实习	18 周	18 周
教师教育课程最低总学分数（含选修课程）	12 学分 + 18 周	14 学分 + 18 周	

说明：

（1）1 学分相当于学生在教师指导下进行课程学习 18 课时，并经考核合格。

（2）学习领域是每个学习者都必修的；建议模块供教师教育机构或学习者选择或组合，可以是必修也可以是选修；每个学习领域或模块的学分数由教师教育机构按相关规定自主确定。

附录2 《中等职业学校教师专业标准（试行）》基本内容

维度	领域	基本要求
专业理念与师德	（一）职业理解与认识	1. 贯彻党和国家教育方针政策，遵守教育法律法规 2. 理解职业教育工作的意义，把立德树人作为职业教育的根本任务 3. 认同中等职业学校教师的专业性和独特性，注重自身专业发展 4. 注重团队合作，积极开展协作与交流
	（二）对学生的态度与行为	5. 关爱学生，重视学生身心健康发展，保护学生人身与生命安全 6. 尊重学生，维护学生合法权益，平等对待每一个学生，采用正确的方式方法引导和教育学生 7. 信任学生，积极创造条件，促进学生的自主发展
	（三）教育教学态度与行为	8. 树立育人为本、德育为先、能力为重的理念，将学生的知识学习、技能训练与品德养成相结合，重视学生的全面发展 9. 遵循职业教育规律、技术技能人才成长规律和学生身心发展规律，促进学生职业能力的形成 10. 营造勇于探索、积极实践、敢于创新的氛围，培养学生的动手能力、人文素养、规范意识和创新意识 11. 引导学生自主学习、自强自立，养成良好的学习习惯和职业习惯
	（四）个人修养与行为	12. 富有爱心、责任心，具有让每一个学生都能成为有用之才的坚定信念 13. 坚持实践导向，身体力行，做中教，做中学 14. 善于自我调节，保持平和心态 15. 乐观向上、细心耐心，有亲和力 16. 衣着整洁得体，语言规范健康，举止文明礼貌

续表

维度	领域	基本要求
专业知识	（五）教育知识	17. 熟悉技术技能人才成长规律，掌握学生身心发展规律与特点 18. 了解学生思想品德和职业道德形成的过程及其教育方法 19. 了解学生不同教育阶段以及从学校到工作岗位过渡阶段的心理特点和学习特点，并掌握相关教育方法 20. 了解学生集体活动特点和组织管理方式
	（六）职业背景知识	21. 了解所在区域经济发展情况、相关行业现状趋势与人才需求、世界技术技能前沿水平等基本情况 22. 了解所教专业与相关职业的关系 23. 掌握所教专业涉及的职业资格及其标准 24. 了解学校毕业生对口单位的用人标准、岗位职责等情况 25. 掌握所教专业的知识体系和基本规律
	（七）课程教学知识	26. 熟悉所教课程在专业人才培养中的地位和作用 27. 掌握所教课程的理论体系、实践体系及课程标准 28. 掌握学生专业学习认知特点和技术技能形成的过程及特点 29. 掌握所教课程的教学方法与策略
	（八）通识性知识	30. 具有相应的自然科学和人文社会科学知识 31. 了解中国经济、社会及教育发展的基本情况 32. 具有一定的艺术欣赏与表现知识 33. 具有适应教育现代化的信息技术知识
专业能力	（九）教学设计	34. 根据培养目标设计教学目标和教学计划 35. 基于职业岗位工作过程设计教学过程和教学情境 36. 引导和帮助学生设计个性化的学习计划 37. 参与校本课程开发
	（十）教学实施	38. 营造良好的学习环境与氛围，培养学生的职业兴趣、学习兴趣和自信心 39. 运用讲练结合、工学结合等理论与实践相结合的方式方法，有效实施教学 40. 指导学生主动学习和技术技能训练，有效调控教学过程 41. 应用现代教育技术手段实施教学

续表

维度	领域	基本要求
专业能力	（十一）实训实习组织	42. 掌握组织学生进行校内外实训实习的方法，安排好实训实习计划，保证实训实习效果 43. 具有与实训实习单位沟通合作的能力，全程参与实训实习 44. 熟悉有关法律和规章制度，保护学生的人身安全，维护学生的合法权益
	（十二）班级管理与教育活动	45. 结合课程教学并根据学生思想品德和职业道德形成的特点开展育人和德育活动 46. 发挥共青团和各类学生组织自我教育、管理与服务作用，开展有益于学生身心健康的教育活动 47. 为学生提供必要的职业生涯规划、就业创业指导 48. 为学生提供学习和生活方面的心理疏导 49. 妥善应对突发事件
	（十三）教育教学评价	50. 运用多元评价方法，结合技术技能人才培养规律，多视角、全过程评价学生发展 51. 引导学生进行自我评价和相互评价 52. 开展自我评价、相互评价与学生对教师评价，及时调整和改进教育教学工作
	（十四）沟通与合作	53. 了解学生，平等地与学生进行沟通交流，建立良好的师生关系 54. 与同事合作交流，分享经验和资源，共同发展 55. 与家长进行沟通合作，共同促进学生发展 56. 配合和推动学校与企业、社区建立合作互助的关系，促进校企合作，提供社会服务
	（十五）教学研究与专业发展	57. 主动收集分析毕业生就业信息和行业企业用人需求等相关信息，不断反思和改进教育教学工作 58. 针对教育教学工作中的现实需要与问题，进行探索和研究 59. 参加校本教学研究和教学改革 60. 结合行业企业需求和专业发展需要，制定个人专业发展规划，通过参加专业培训和企业实践等途径，不断提高自身专业素质

附录3　职教师范生发展核心素养调研问卷

亲爱的同学：

　　您好！

　　感谢您的参与！本问卷旨在更准确地了解学生素质教育情况，以便改进和提高课外活动的质量。本研究得到的数据信息仅供学术研究之用，不记名。数据由计算机处理，为了保证本次研究的信度，请放心如实回答所有问题。本问卷设计大部分为选择题，请在下列选项中选出最接近您实际情况的选项。非常感谢您参与本次调查，谢谢配合！

一、基本情况（只需要将您认为最符合情况的选项序号填在括号内）

1. 您的性别是（　　　）

A. 男　　　　　　　　B. 女

2. 您的民族是（　　　）

A. 汉族　　　　　　　B. 少数民族

3. 您所在的年级是（　　　）

A. 大一　　　　B. 大二　　　　C. 大三　　　　D. 大四

4. 您所学的专业是（　　　）

A. 教育学　　　　B. 心理学　　　　C. 教育技术学　　　D. 动医教

E. 动科教　　　　F. 农学教　　　　G. 园艺教　　　　H. 食科教

I. 英语教　　　　J. 免费师范生　　　K. 其他

5. 您所在的生源地在（　　　）

A. 省内　　　　　　B. 省外

6. 您的升学方式是（　　　）

A. 职高升学　　　　B. 普高升学

7. 您的家庭所在地在（　　　）

A. 省会城市　　　B. 地级城市　　　C. 县级城市　　　D. 乡镇及农村

8. 您的父亲受教育程度是（　　　）

A. 小学及以下　　B. 初中　　　　　C. 高中/中专　　　D. 大学/大专

E. 硕士及以上

9. 您的母亲受教育程度是（　　　）

A. 小学及以下　　B. 初中　　　　　C. 高中/中专　　　D. 大学/大专

E. 硕士及以上

10. 您的家庭年收入在（　　　）

A. 5000 元以下　　B. 5000 元至 1 万元　C. 1 万～4 万元　D. 4 万～10 万元

E. 10 万元及以上

11. 您在校期间是否获得过奖学金（　　　）

A. 是　　　　　　B. 否

12. 您在校期间是否获得过助学贷款（　　　）

A. 是　　　　　　B. 否

13. 您大学毕业后将（　　　）

A. 就业　　　　　B. 创业　　　　　C. 继续深造　　　D. 其他

14. 您在大学的学生干部经历是（　　　）（不定项选择）

A. 校级学生干部　B. 院级学生干部　C. 班级学生干部　D. 无

15. 您在大学参加学生社团情况（　　　）（不定项选择）

A. 校级社团成员　B. 院级社团成员　C. 其他　　　　　D. 无

16. 您毕业于_____（填写高中或者职中名称）

二、单项选择（请阅读每一段陈述，选择您最认同的答案，在相应表格中打"√"）。

人文底蕴	A. 完全符合	B. 基本符合	C. 不确定	D. 基本不符合	E. 完全不符合
1. 我经常阅读国学经典					
2. 我能感受和理解书法绘画等传统文化中表达的意境					
3. 我能背诵课本以外的古诗文					
4. 我经常参观博物馆、陈列馆等展览					
5. 我对中国历史发展比较了解					
6. 人是需要私人的空间去思考和感知的					
7. 我认为尊重和接受别人的意见和情感是很重要的					
8. 我理解并尊重各地风土人情					
9. 我认为在与别人的交往中自己是很真诚的					
10. 我认为社会发展应该"以人为本"					
11. 我喜欢参加文艺活动					
12. 我善于发现并用相机、绘画或文字工具记录生活中的美好瞬间					
13. 我对日常生活中的艺术设计品感兴趣					
14. 我经常观看或参加音乐会、艺术展、美术展等艺术类活动					
15. 我喜欢去名胜古迹旅游					
科学精神	A. 完全符合	B. 基本符合	C. 不确定	D. 基本不符合	E. 完全不符合
16. 我会应用一些科学知识和方法解释生活现象和问题					
17. 在学习和研究中，我会类比运用所学内容寻找解决办法					
18. 我在学习和生活中，经常进行逻辑推理解决问题					
19. 几个同学争论不休时，我能从他们各自的说法中找出共同点					

科学精神	A. 完全符合	B. 基本符合	C. 不确定	D. 基本不符合	E. 完全不符合
21. 在和别人讨论时，我一般都会提出自己的观点					
22. 我对不合理的事情，能提出自己的意见					
23. 对知名专家发表的观点，我深信不疑					
24. 我解决问题时会多角度思考，选择最优方案					
25. 我会对大家认为理所当然的事情产生疑问					
26. 对生活中的自然现象我有好奇心，想去探究					
27. 我能不畏困难，有坚持不懈的探索精神					
28. 我喜欢学习和掌握先进的科学技术					
29. 我对创新创业类项目感兴趣					
30. 遇到问题时，我能积极寻找有效解决方法					
学会学习	A. 完全符合	B. 基本符合	C. 不确定	D. 基本不符合	E. 完全不符合
31. 我会经常去图书馆或者自习室等场所，进行自主学习					
32. 我能利用搜索引擎检索自己所需要的资料					
33. 我认为学校知识不仅仅是用来考试的					
34. 我对所学的专业具有积极的学习态度和浓厚的学习兴趣					
35. 我信奉并践行"活到老，学到老"					
36. 我在参加社团、班级活动之后，能对自己在活动中的表现进行总结					
37. 我能从历史文化中习得经验教训，并运用在生活实践中					
38. 我建立了错题本，及时总结出错题类型和原因					
39. 我在学生活动中能发现自己的差距					
40. 学习成绩下降，我会及时分析原因					
41. 我在参加活动的过程中，能收集整理与活动有关的资料					
42. 我会熟练运用手机、电脑获得知识					
43. 利用互联网获得信息，我非常警惕网络病毒和垃圾信息，不登录陌生网站					

续表

学会学习	A. 完全符合	B. 基本符合	C. 不确定	D. 基本不符合	E. 完全不符合
44. 收集到资料后，我会判断其真实性和可用性					
45. 我能在与人交往过程中获得自己想要的信息					

健康生活	A. 完全符合	B. 基本符合	C. 不确定	D. 基本不符合	E. 完全不符合
46. 我选择适合自己的运动方式锻炼身体					
47. 我会主动了解促进健康的书籍或电视节目					
48. 我具有良好的生活方式和习惯					
49. 我会经常参加消防演练、疫情防控等安全活动或讲座					
50. 我认为人生的价值在于自我实现					
51. 我常常看到事物积极的一面					
52. 我喜欢参加各种集体活动，与大家交流感情					
53. 我乐于参加团体辅导活动					
54. 我常常感觉生活很美好					
55. 当我受到挫折时能及时调整情绪					
56. 我会经常参加文明寝室创建活动					
57. 我认为抄袭作业是对自己不负责任的行为					
58. 我保持规律的作息时间					
59. 当同时处理几件事情时，我会合理分配时间与精力					
60. 我很清楚自己以后要从事哪种类型的职业					

责任担当	A. 完全符合	B. 基本符合	C. 不确定	D. 基本不符合	E. 完全不符合
61. 我经常参加志愿服务活动					
62. 我经常参加寒暑假社会实践活动					
63. 在生活中我注意垃圾分类处理					
64. 我经常帮助邻里乡亲做力所能及的事情					
65. 我觉得我有较强的集体荣誉感					
66. 对于我国成功举办奥运会，我感到很自豪					
67. 我经常关注社会时政消息					

责任担当	A. 完全符合	B. 基本符合	C. 不确定	D. 基本不符合	E. 完全不符合
68. 我能清楚地说出社会主义核心价值观和中国梦的内涵					
69. 对于中国武术、京剧等国粹，我认为需要继承和弘扬					
70. 我经常主动观看红色影片					
71. 我对联合国、奥委会等国际组织有所了解					
72. 我关注国际形势的变化					
73. 我了解并尊重不同国家的文化习俗					
74. 我关注全球的气候、海洋等问题					
75. 我认为全人类命运是一个共同体，各国之间应该互惠互利，发展共赢					

实践创新	A. 完全符合	B. 基本符合	C. 不确定	D. 基本不符合	E. 完全不符合
76. 在学校，我都积极地参与打扫卫生					
77. 我会参加社区组织的劳动活动					
78. 我在家经常做家务					
79. 我认为劳动意识对个人发展有价值					
80. 学校老师会对我们进行劳动教育					
81. 超出我能力范围的事情，我会寻求他人帮助					
82. 我能够主动地在学习中发现问题，并通过自己的努力解决它					
83. 遇到问题，我会结合实际情况制定合理解决方案					
84. 我会想办法提高自己的专业技术和能力					
85. 我善于通过团队协作来解决问题					
86. 我能利用网络平台获取知识信息					
87. 当工具出现问题时，我能想办法修理好					
88. 我会尝试自己设计创造一些小发明					
89. 我愿意学习和掌握先进的科学技术					
90. 我会把学习到的科技知识技能运用到实践中					

三、多项选择（请阅读每一段陈述，选择您认同的答案，将选项填写在相应的括号里）。

91. 您认为学生发展最重要的核心素养是（　　　）。

A. 人文积淀　　　　B. 人文情怀　　　　C. 审美情趣　　　　D. 理性思维

E. 批判质疑　　　　F. 勇于探究　　　　G. 乐学善学　　　　H. 勤于反思

I. 信息意识　　　　J. 珍爱生命　　　　K. 健全人格　　　　L. 自我管理

M. 社会责任　　　　N. 国家认同　　　　O. 国际理解　　　　P. 劳动意识

Q. 问题解决　　　　R. 技术应用

92. 您喜欢参加的比赛或者活动类型是（　　　）。

A. 教学类　　　　　B. 文艺类　　　　　C. 科技类　　　　　D. 学习类

E. 体育类　　　　　F. 创新创业类　　　G. 实践类　　　　　H. 专业类

I. 文化类　　　　　J. 其他类　　　　　K. 无

93. 您参加过学校或学院组织的哪些活动？（　　　）

A. 征文赛　　　　　B. 歌唱赛　　　　　C. 舞蹈赛　　　　　D. 辩论赛

E. 器乐赛　　　　　F. 书法赛　　　　　G. 绘画赛　　　　　H. 摄影赛

I. 演讲赛　　　　　J. 朗诵赛　　　　　K. 器乐赛　　　　　L. 教学技能比赛

M. 多媒体网络大赛　　　　　　　　　　N. 科技作品大赛

O. 汉字听写大赛　　　　　　　　　　　P. 无

附录4　职教师范生学习满意度调查

1. 您的姓名_____

2. 年级_____

3. 专业_____

4. 性别（　　　）

A. 男　　　　　　　　B. 女

5. 高中就读学校类型（　　　）

A. 中职　　　　　　　B. 普高

6. 在讨论课前会就某一研究主题做好预先准备的报告（　　　）

A. 完全符合　　　B. 符合　　　　　C. 一般　　　　　D. 不符合

E. 完全不符合

7. 会在课堂上质疑老师的观点（　　　）

A. 完全符合　　　B. 符合　　　　　C. 一般　　　　　D. 不符合

E. 完全不符合

8. 习惯于课堂上有侧重地做笔记（　　　）

A. 完全符合　　　B. 符合　　　　　C. 一般　　　　　D. 不符合

E. 完全不符合

9. 考试及作业得到任课老师的及时反馈（　　　）

A. 完全符合　　　B. 符合　　　　　C. 一般　　　　　D. 不符合

E. 完全不符合

10. 经常去图书馆/自习室学习（　　　）

A. 完全符合　　　B. 符合　　　　　C. 一般　　　　　D. 不符合

E. 完全不符合

11. 课外和任课老师讨论课堂中的主题、观点或概念 （   ）

A. 完全符合   B. 符合   C. 一般   D. 不符合

E. 完全不符合

12. 从阅读中甄别关键信息 （   ）

A. 完全符合   B. 符合   C. 一般   D. 不符合

E. 完全不符合

13. 课后复习笔记 （   ）

A. 完全符合   B. 符合   C. 一般   D. 不符合

E. 完全不符合

14. 总结在课程中学到的东西 （   ）

A. 完全符合   B. 符合   C. 一般   D. 不符合

E. 完全不符合

15. 自主地阅读文章或书籍 （   ）

A. 完全符合   B. 符合   C. 一般   D. 不符合

E. 完全不符合

16. 主动积极参与课程以外的工作（如社团活动、学生会）（   ）

A. 完全符合   B. 符合   C. 一般   D. 不符合

E. 完全不符合

17. 在大学生期间我会时刻提醒自己合理安排学习和娱乐时间 （   ）

A. 完全符合   B. 符合   C. 一般   D. 不符合

E. 完全不符合

18. 我能按自己的节奏自主学习 （   ）

A. 完全做到   B. 做到了   C. 基本做到了   D. 做得不够

E. 完全没做到

19. 课堂上主动提问或参与讨论 （   ）

A. 是   B. 否

20. 在课堂上积极回答/思考老师没有既定答案的提问 （   ）

A. 完全符合　　　　B. 符合　　　　　C. 一般　　　　　　D. 不符合

E. 完全不符合

21. 经常与其他同学合作完成课程任务或作业（　　　）

A. 完全符合　　　　B. 符合　　　　　C. 一般　　　　　　D. 不符合

E. 完全不符合

22. 当遇到困难时，会请教其他同学或者老师帮助理解课程内容（　　　）

A. 完全符合　　　　B. 符合　　　　　C. 一般　　　　　　D. 不符合

E. 完全不符合

23. 在课堂上我会非常投入地听课（　　　）

A. 完全符合　　　　B. 符合　　　　　C. 一般　　　　　　D. 不符合

E. 完全不符合

24. 我能按老师的要求完成任务（　　　）

A. 完全符合　　　　B. 符合　　　　　C. 一般　　　　　　D. 不符合

E. 完全不符合

25. 我能跟随老师教学进度安排学习（　　　）

A. 完全符合　　　　B. 符合　　　　　C. 一般　　　　　　D. 不符合

E. 完全不符合

26. 在遇到困难时，我能独立思考解决问题的方法（　　　）

A. 完全符合　　　　B. 符合　　　　　C. 一般　　　　　　D. 不符合

E. 完全不符合

27. 记忆课程内容（　　　）

A. 非常强调　　　　B. 强调　　　　　C. 有点强调　　　　D. 不强调

E. 完全不强调

28. 将概念、理论或方法运用于实际问题或新的情境中（　　　）

A. 非常强调　　　　B. 强调　　　　　C. 有点强调　　　　D. 不强调

E. 完全不强调

29. 综合不同信息，形成新的观点或理解（　　　）

A. 非常强调　　　　B. 强调　　　　　C. 有点强调　　　　D. 不强调

E. 完全不强调

30. 强调教学内容能跟上社会需求（　　）

A. 完全符合　　　B. 符合　　　　C. 一般　　　　D. 不符合

E. 完全不符合

你所在的大学注重为你提供哪些条件？

31. 你就读的大学为你的学业提供了支持与帮助（如学业指导、写作中心）（　　）

A. 完全符合　　　B. 符合　　　　C. 一般　　　　D. 不符合

E. 完全不符合

32. 你就读的大学注重在校园硬件环境上提供比较好的条件（　　）

A. 完全符合　　　B. 符合　　　　C. 一般　　　　D. 不符合

E. 完全不符合

33. 为你的身心健康提供支持与服务（如医疗保健、心理咨询等）（　　）

A. 完全符合　　B. 符合　　　　C. 一般　　　　D. 不符合

E. 完全不符合

34. 提供各类校园文体活动（如艺术表演、运动竞赛）（　　）

A. 完全符合　　　B. 符合　　　　C. 一般　　　　D. 不符合

E. 完全不符合

35. 为你的就业提供指导和帮助（　　）

A. 完全符合　　B. 符合　　　　C. 一般　　　　D. 不符合

E. 完全不符合

36. 开设了有助于你成长的第二课堂（　　）

A. 完全符合　　　B. 符合　　　　C. 一般　　　　D. 不符合

E. 完全不符合

37. 创造了很多与其他同学交流的机会（　　）

A. 完全符合　　　B. 符合　　　　C. 一般　　　　D. 不符合

E. 完全不符合

38. 我能通过自主学习掌握专业知识（　　）

A. 完全符合　　　B. 符合　　　　C. 一般　　　　D. 不符合

E. 完全不符合

39. 与同班级/专业同学相比，你上学期成绩属于（　　　）

A. 排名前50%　B. 前5%~20%　C. 前20%~50%　D. 50%~80%

E. 排名后20%

一般来说，本学年，你平均每周花多少时间从事下列活动？

40. 阅读（　　　）

A. 0　　　　　　B. 1~10小时　　C. 11~20小时　　D. 21~30小时

E. 31小时以上

41. 写作业/报告（　　　）

A. 0　　　　　　B. 1~10小时　　C. 11~20小时　　D. 21~30小时

E. 31小时以上

42. 学习（不包括上课，但包括预习、复习、读相关文献或专业期刊、做作业/实验等）（每周小时总数）（　　　）

A. 0　　　　　　B. 1~10小时　　C. 11~20小时　　D. 21~30小时

E. 31小时以上

大学的学习生活是否使你在以下方面得到提高？

43. 深厚的专业知识与技能（　　　）

A. 极大提高　　　B. 较大提高　　C. 一般　　　　D. 没有提高

E. 完全没有

44. 扎实的教师教育的相关知识（　　　）

A. 极大提高　　　B. 较大提高　　C. 一般　　　　D. 没有提高

E. 完全没有

45. 组织领导能力（　　　）

A. 极大提高　　　B. 较大提高　　　C. 一般　　　　D. 没有提高

E. 完全没有

46. 自我认知（　　　）

A. 极大提高　　　B. 较大提高　　　C. 一般　　　　D. 没有提高

E. 完全没有

47. 人际交往能力（　　　）

A. 极大提高　　　B. 较大提高　　　C. 一般　　　　D. 没有提高

E. 完全没有

48. 中职学校教师能力需求（　　　）

A. 极大提高　　　B. 较大提高　　　C. 一般　　　　D. 没有提高

E. 完全没有

任课老师的教学是否达到了如下目标？

49. 清晰解释课程目标与课程要求（　　　）

A. 完全做到　　　B. 做到　　　　C. 一般　　　　D. 没做到

E. 完全没做到

50. 在作业过程中给予及时指导（　　　）

A. 完全做到　　　B. 做到　　　　C. 一般　　　　D. 没做到

E. 完全没做到

51. 及时反馈考试及作业情况［单选题］（　　　）

A. 完全做到　　　B. 做到　　　　C. 一般　　　　D. 没做到

E. 完全没做到

刚进入大学时，你的学习期望有哪些？

52. 期望能探索更多的事物/知识（　　　）

A. 非常强烈　　　B. 强烈　　　　C. 一般　　　　D. 较弱

E. 非常弱

53. 期望大学生活时间自由（　　　）

A. 非常强烈　　　B. 强烈　　　　C. 一般　　　　D. 较弱

E. 非常弱

54. 在考试中获得高分（　　　）

A. 非常期待　　　B. 期待　　　　C. 一般　　　　D. 不期待

E. 完全没期待

55. 期待未来能有很好的就业/升学前景（　　　）

A. 非常期待　　　B. 期待　　　　　　C. 一般　　　　　　D. 不期待

E. 完全没期待

56. 有良好的师生关系 ［单选题］（　　　）

A. 非常期待　　　B. 期待　　　　　　C. 一般　　　　　　D. 不期待

E. 完全没期待

57. 如果让你重新选择一次，是否还会选择你所在的学校（　　　）

A. 一定会　　　　B. 会　　　　　　　C. 无所谓　　　　　D. 可能不会

E. 一定不会

58. 如果让你重新选择一次，是否还会选择这个专业（　　　）

A. 一定会　　　　B. 会　　　　　　　C. 无所谓　　　　　D. 可能不会

E. 一定不会